La révolution industrielle
1780-1880

Jean-Pierre Rioux

La révolution industrielle
1780-1880

nouvelle édition

Éditions du Seuil

ISBN 2-02-010871-2
(ISBN 2-02-000651-0, 1re édition)

www.seuil.com

Avant-propos

A partir du dernier tiers du XVIIIe siècle, un certain nombre de pays ont connu la plus profonde mutation qui ait jamais affecté les hommes depuis le néolithique : la révolution industrielle. Pour la première fois dans l'histoire, le pouvoir humain de production y est libéré; les économies peuvent désormais fournir, en les multipliant sans cesse jusqu'à nos jours, des biens et des services mis à disposition d'hommes toujours plus nombreux. On passe, parfois brutalement, le plus souvent par des transitions lentes et difficilement perçues, du vieux monde rural à celui des villes « tentaculaires », du travail manuel à la machine-outil, de l'atelier ou la manufacture à l'usine. Des paysans s'adaptent ou s'exilent vers les centres industriels nouveaux, l'artisan s'inquiète ou disparaît, des professionnels surgissent, promoteurs, ingénieurs, techniciens; une élite bourgeoise supplante les notables traditionnels de la terre, un prolétariat naît et combat. Peu à peu, tous les domaines de la vie sont atteints et transformés : travail quotidien, mentalités, cultures.

Devant l'ampleur du phénomène, on conçoit aisément que les contemporains aient été désorientés et surpris par ses conséquences immédiates et si souvent brutales. Aussi est-ce tout naturellement chez ceux qui analysent le sort des travailleurs, agents et victimes des nouveautés, que s'est imposé un vocable nouveau désignant l'ensemble des transformations. Sans doute par référence à la Révolution française de 1789 sur laquelle ils ont tous médité, les socialistes anglais et français du milieu du XIXe siècle parlent volontiers d'une « révolution industrielle[1] ». Le premier, en 1845, le jeune Engels utilise couramment le concept nouveau et en répertorie les conséquences sociales dans sa *Situation de la classe laborieuse en Angleterre*[2]. Il est formulé aussi, mais à des fins différentes, par John Stuart Mill en 1848 dans ses *Principes d'économie politique*. Marx enfin, suivant Engels, use de périphrase dans le *Manifeste du parti communiste* de 1847[3], puis lâche le mot dans la première édition du livre I du *Capital* en 1867[4]. Désormais la croissance économique de l'Angleterre et de certains Etats européens justifie encore mieux l'usage du vocable nouveau, qui passe dans le domaine courant vers la fin du XIXe siècle, après avoir été dépouillé de ses inquiétantes allures subversives du début. Arnold Toynbee la popularise par ses *Conférences sur la révolution industrielle en Angleterre* parues en 1884. Enfin Paul Mantoux, avec sa *Révolution industrielle au XVIIIe siècle*, propose en 1905 une première synthèse historique, qui reste encore classique[5].

La révolution industrielle reçoit là sa définition la plus courante. Certes, en ce début du XXe siècle, les jeunes

1. Cf. G. N. Clark, *The Idea of the Industrial Revolution*, Glasgow, 1953.

2. « L'histoire de la classe ouvrière en Angleterre commence dans la seconde moitié du siècle passé, avec l'invention de la machine à vapeur et des machines destinées au travail du coton. On sait que ces inventions déclenchèrent une révolution industrielle qui, simultanément, transforma la société bourgeoise dans son ensemble et dont on commence seulement maintenant à saisir l'importance dans l'histoire du monde. L'Angleterre est la terre classique de cette révolution... » [214]*, p. 35.

3. « La manufacture, à son tour, devint insuffisante. Alors la vapeur et la machine révolutionnèrent la production industrielle... », p. 16 de l'édition de 1957 aux Ed. sociales, Paris.

4. « Quand John Wyatt, en 1735, annonça sa machine à filer, et, avec elle, la révolution industrielle du XVIIIe siècle... C'est la machine-outil qui inaugure au XVIIIe siècle la révolution industrielle », Ed. Althusser, Garnier-Flammarion, Paris, 1969, p. 272.

5. Cet « essai sur les commencements de la grande industrie moderne en Angleterre » eut un grand succès et fut longtemps médité. Le livre eut 12 rééditions anglaises depuis 1928... et deux en France en 1927 et 1959 [291].

* Voir la référence des chiffres entre crochets et des abréviations dans la bibliographie en fin de volume.

sciences humaines ont timidement assimilé la notion de capitalisme (le concept s'est forgé et imposé vers 1880, après celui de révolution industrielle). En bonne logique on aurait pu déjà considérer alors la révolution industrielle comme l'expression spectaculaire de l'épanouissement de ce système économique triomphant. Mantoux d'ailleurs connaît Marx et le socialisme de son temps. Jamais il ne néglige l'analyse de l'accumulation des capitaux, des modifications des forces productives et de la division du travail. Pourtant, et c'est l'idée centrale de son livre, pour lui la cause est entendue : l'industrie seule, avec ses mutations techniques, donne une explication du monde nouveau qu'elle a forgé. L'âge moderne commence en Angleterre à la fin du XVIIIe avec l'industrie nouvelle. Et la révolution industrielle, c'est d'abord une révolution technique.

Cette définition se comprend bien si l'on se réfère à l'époque où elle fut adoptée. Vers 1900, la révolution industrielle est encore un phénomène largement européen (il faudra attendre la guerre de 1914-1918 pour que la puissance industrielle des Etats-Unis soit révélée à tous). On n'en connaît guère que les effets les plus évidents (croissance des productions, crises, progrès technique, nouveautés sociales), sans songer à analyser les conditions de son émergence et de son succès. Les pays où elle ne s'est pas produite, l'Afrique, l'Amérique latine, l'Asie, pourraient suggérer d'utiles comparaisons : ils intéressent peu encore les historiens et les économistes, ou ne sont intégrés à leurs démonstrations que par le biais de l'expansion coloniale. L'Europe domine avec assurance le monde, par ses capitaux, par ses hommes, par ses techniques. Pour elle, la filiation, la continuité sont évidentes entre la révolution industrielle anglaise du XVIIIe siècle et le progrès technique du début du XXe. Et toute tentative de révolution industrielle nouvelle – en Russie tsariste par exemple – ne peut alors s'expliquer que par référence à un modèle européen, anglais, français ou allemand. Telles sont les perspectives – plus ou moins clairement ressenties par les chercheurs – en fonction desquelles la Belle Epoque définit la révolution industrielle.

Restait à expliquer la croissance économique, à travers

les dépressions et les crises qu'on apprend alors à mieux connaître. Là encore, unanimité. La croissance se poursuit parce qu'elle rencontre périodiquement une révolution dans les techniques, en particulier grâce à l'utilisation de nouvelles sources d'énergie. A la première révolution industrielle, celle du charbon et de la vapeur, succède une seconde, celle de l'électricité, du pétrole et du moteur à explosion. Certains même, bien plus tard, situeront une troisième révolution industrielle, celle de l'énergie nucléaire et de l'informatique. Et ces divisions subsistent encore aujourd'hui dans certains manuels scolaires. Elles conduisent toujours à privilégier le rôle des techniques[1].

Il est normal que cette définition traditionnelle ne satisfasse plus aujourd'hui. Les apports des sciences économiques, qui maîtrisent de mieux en mieux leur matériau statistique, ceux de l'histoire des groupes sociaux et de leurs mentalités, ceux de la sociologie ont rendu les historiens à la fois plus habiles et plus circonspects dans le maniement de la notion de révolution industrielle.

Les critiques les plus claires portèrent d'abord sur l'*a priori* de la révolution des techniques. Angle d'attaque logique, en notre temps qui découvre la relativité du progrès et comprend mal les causes profondes des mutations technologiques. Il est aussi révélateur que les travaux les plus solides soient ceux de spécialistes américains ou anglais, car les premiers sont soucieux de démêler l'héritage européen dans la croissance de leur pays et veulent cerner l'originalité de sa puissance novatrice[2], tandis que les seconds cherchent les causes de la crise britannique du XXe siècle. J.U. Nef donna les premières démonstrations convaincantes. D'abord, en déplaçant vers 1780 et non vers 1750 l'accélération du progrès technique qui lance la

1. On en trouve encore l'expression dans d'excellents ouvrages de vulgarisation. Cl. Fohlen établit en 1969 un clair dossier de documents sur la « Première révolution industrielle », (nº 5296 et 5297 de la *Documentation photographique*). Pour Fr. Dreyfus, « La révolution industrielle du XIXe siècle est d'abord une révolution technique » (*Le Temps des révolutions, 1787-1870*, Larousse, 1968, p. 179).

2. Sur ces tendances, cf. M. Lévy-Leboyer [385].

révolution industrielle anglaise, en privilégiant techniques métallurgiques et usage de la vapeur et non plus le progrès du textile, il réfute certains déterminismes traditionnels. Poussant plus loin la démonstration, il souligne que la révolution industrielle est accélération et non rupture, qu'elle s'insère dans un mouvement pluriséculaire de progrès technique. Pour lui, l'Angleterre, la France, des Etats allemands aux XVe et XVIe siècles ont connu une première révolution industrielle avec les techniques nouvelles, minières et métallurgiques surtout, de la Renaissance[1]. De son côté, T.S. Ashton, un des grands historiens de la révolution industrielle depuis P. Mantoux, fait passer les innovations techniques au second plan. Elles ont certes été décisives, mais elles n'auraient pas pu atteindre leur pleine efficacité si certaines conditions préliminaires n'avaient pas existé dans les secteurs non industriels. L'environnement de la révolution industrielle permet de mieux situer le rôle des techniques : nécessaire mais non suffisant[2]. C'est l'accumulation de forces productives nouvelles, comprimées dans l'ancien cadre économique, qui justifie les nouveautés techniques. Ainsi sautent les goulets d'étranglement de la production. C'est pourquoi les historiens ont mis l'accent sur l'étude de l'accumulation des capitaux, de la main-d'œuvre, de la taille des entreprises, de la formation d'un marché cohérent, intérieur et extérieur, de la révolution agricole, conditions supposées préalables à un épanouissement rentable des techniques nouvelles. Révélatrice est à cet égard la définition donnée par Pierre Léon de la grande industrie. Pour lui, elle existe « lorsque, dans une entreprise assez large pour concentrer plusieurs catégories de travailleurs étroitement spécialisés, à un emploi de machines et d'une technique appuyé sur la science tel qu'il soit capable de commander les phénomènes de production et de vente, viendra s'ajouter un capital suffisamment concentré et accumulé, ainsi qu'une circulation d'argent suffisamment rapide pour provoquer une accélération

1. Cf. *La Naissance de la civilisation industrielle et le Monde contemporain*, A. Colin, 1954.
2. [1], avec une préface de Cl. Fohlen.

constante de la production et, si possible, des produits[1] ».

Accélération : notion clé, qui prolonge les réflexions amorcées par l'étude des techniques. Au temps de P. Mantoux, les économies européennes semblaient à leur zénith. Elles planaient sur le monde, quasi immobiles. Mais le XXe siècle assiste au développement de néo-capitalismes féconds, traversant des crises violentes, des guerres mondiales et trouvant toujours en eux de prodigieuses capacités de renouvellement et de dépassement, au point qu'on parlera souvent de « miracles » économiques. Ainsi, rétrospectivement, la croissance continue, la propension à innover deviennent des critères fondamentaux pour définir la révolution industrielle. Les chercheurs découvrent un phénomène complexe, aux vitesses de propagation variables, soumis aux accidents cycliques; mais ils constatent qu'en moyenne les courbes de production grimpent néanmoins toujours dans le secteur industriel, qu'est toujours possible une vigoureuse autocroissance. Au point que les datations précises (première, deuxième révolution industrielle...) deviennent superflues, qu'il paraît même absurde de vouloir imposer une limite chronologique finale à un phénomène dont la caractéristique essentielle serait la mutation périodique et la croissance continue. Aussi les historiens devraient-ils laisser à des économistes le soin de préciser les étapes d'une « croissance ».

Dans cette optique, un seul problème deviendrait objet d'histoire : celui du démarrage de cette croissance, de ses conditions ou « préconditions », de ses premières manifestations. Au concept désuet de révolution industrielle, trop clos, serait substitué celui de « décollage » ou *take-off*. Il s'agirait de démonter les mécanismes qui modifient à un instant donné les règles de l'ancien jeu économique, puis d'isoler une période très courte, dix ou vingt ans, au cours de laquelle la croissance démarre et s'accélère. La révolution industrielle deviendrait une chronologie du *take-off*.

1. *La Naissance de la grande industrie en Dauphiné* [355], cité par Cl. Fohlen dans sa préface à *La Révolution industrielle* de T.S. Ashton [1], p. 111.

Ensuite, après avoir constaté l'irréversibilité du mouvement bien lancé, l'historien devrait abandonner l'objet de son étude à l'économiste, prêtre moderne de la croissance. Pour un temps, *Les Etapes de la croissance économique* de W. W. Rostow, auxquelles sont empruntées cet arsenal conceptuel nouveau, deviennent la Bible de toute histoire de la révolution industrielle[1]. On ne s'étonnera pas que les historiens de l'économie aient parfois vivement réagi. Aux Etats-Unis ou en Grande-Bretagne, où l'histoire économique du monde contemporain avait depuis longtemps affiné la maîtrise de ses méthodes, Rostow fut paradoxalement moins influent qu'en France, où la recherche en ces domaines présentait de graves lacunes. Pourtant, Pierre Vilar a, le premier, opposé une critique positive à « l'impérialisme » rostowien, refusant de réduire son métier d'historien à celui de vérificateur des chronologies des décollages[2]. En marxiste, il accepte de distinguer des stades dans la transition entre le « féodalisme » et le capitalisme, mais se refuse à détacher l'étude de la production de celle de ces conditions sociales : la croissance n'est pas un absolu ou un modèle, elle est œuvre des hommes. D'ailleurs, « l'escalier mécanique de la croissance autosoutenue » est tombée en panne bien souvent : la crise économique est, pour l'historien, indissolublement liée à la croissance, avec la stagnation ou le conflit international impérialiste. Et surtout, son esprit se refuse à privilégier les aspects positifs de l'âge industriel aux dépens d'un monde « traditionnel » que Rostow situe hardiment de la préhistoire à 1780 et qui serait inébranlablement négatif : toute l'école historique française n'a-t-elle pas scruté avec bonheur les poids respectifs des résistances et des progrès dans les sociétés du XVIIe et du XVIIIe siècle?

Pourtant, accepté ou non, le schéma rostowien a fait date. Sans doute parce que les débats qu'il a suscités

1. Rostow y distingue 5 étapes : société traditionnelle, conditions préalables du décollage, décollage, marche vers la maturité, ère de consommation de masse. Sa chronologie a été souvent critiquée.

2. Cf. « Développement historique et progrès social. Les étapes et les critères », *La Pensée*, juillet-août 1961, p. 27-54.

traduisent la vitalité, c'est-à-dire la complexité, d'un concept de révolution industrielle que le sous-développement remet à l'heure du XXe siècle. Avec des arrière-pensées politiques variées, les consciences occidentales s'interrogent et cherchent des « modèles de croissance » à proposer aux nations pauvres « en voie de développement ». Or le développement se fait attendre. La faim s'installe, les « jeunes nations » piétinent, la décolonisation révèle un vide insoupçonné, tandis qu'augmentent les profits des sociétés industrielles nanties. L'espoir du développement s'annule dans ce qu'on nommait volontiers dans les années 1960 et 1970, le « pillage du tiers monde ». D'où l'intérêt accru pour l'étude du démarrage des sociétés industrielles aux XVIIIe et XIXe siècles[1]. Y trouvera-t-on des « leçons du passé », les recettes de l'avenir? L'explication de « l'échange inégal », des disparités internationales et nationales? Aux inquiétudes des pays développés sur leur croissance économique s'ajoutent celles sur la répartition inégale de cette même croissance pour définir le projet historique face à la révolution industrielle. Elle apparaît comme un calque très infidèle du modèle anglais sur des économies voisines qui avaient réuni les conditions du décollage : l'originalité des croissances nationales est fortement soulignée. Et surtout, on insiste sur les déséquilibres. On découvre que c'est la maîtrise par le commerce colonial d'un marché international plus homogène qui contribue au démarrage de l'industrie européenne : la révolution industrielle s'est-elle nourrie de l'appauvrissement des « nations prolétaires » d'Asie, d'Afrique et d'Amérique du Sud, depuis le XVIIIe siècle? Mêmes déséquilibres à l'intérieur des nations qui s'industrialisent : les inégalités sociales s'y accroissent, des spécialisations régionales se dessinent, des régions moins favorisées sombrent dans un sous-développement feutré. Désormais, en fonction de préoccupations de la fin du XXe siècle, la révolution industrielle est appréciée en termes de produit par tête, d'inégalités entre

1. Voir le numéro de revue *Tiers Monde* sur « Industrialisation et développement », PUF, 115, juillet-septembre 1988.

groupes sociaux, de déséquilibres régionaux et internationaux, de cheminements multiformes.

Ajoutons que l'ouverture du champ de l'investigation historique à de nouveaux domaines de l'activité humaine a précisé des aspects de la révolution industrielle qu'on ne songeait pas à explorer au début de notre siècle : bouleversements de la vie quotidienne, des modes de pensées, de l'éducation. Depuis 1940 par exemple, avec *Les Conditions du progrès économique* de C. Clark, on possède des schémas d'évolution des secteurs primaires, secondaires et tertiaires[1] qui ont permis de révéler des aspects positifs nouveaux de la révolution industrielle : son ouverture de la gamme du travail offert aux hommes, les transformations qu'elle apporte aux professions libérales, le secteur de services dont elle rend la croissance inévitable.

On pourrait multiplier les exemples. Disons simplement que depuis cinquante ans toutes les réflexions économiques nouvelles, tous les problèmes cruciaux du monde actuel ont suggéré des approches neuves du phénomène de la révolution industrielle. C'est dire combien il est fondamental. Mais si son intérêt est plus immédiat, les difficultés à l'exposer sont à l'échelle des problèmes soulevés. Aussi ce livre n'aura-t-il d'autre ambition que de présenter les conclusions les plus solides, les hypothèses de travail les plus fructueuses, sans dissimuler les problèmes en suspens. Face à un phénomène dont on redécouvre l'ampleur et la complexité, et sur lequel on peut bâtir bien des schémas théoriques, ils nous a paru indispensable d'adopter une vision assez strictement historique, afin de donner au lecteur des arguments concrets qui lui permettront peut-être de se mieux guider dans les travaux récents des politiques, des sociologues, des économistes.

Quand commence la révolution industrielle? Quelles conditions président à son démarrage et à son expansion? Quand faut-il en interrompre l'étude dans le temps, après avoir constaté que le mouvement, bien lancé, s'accélère? En partant des groupes sociaux et des individus, jusqu'à

1. Approximativement, les produits agricoles, industriels et les services.

quel niveau peut-on ausculter en eux le contre-choc des nouveautés techniques et économiques? Voilà quelques-unes des interrogations fondamentales sur lesquelles il faudra étayer notre analyse. Une fois posées et étudiées dans un cadre historique, elles permettront au lecteur de juger à leur juste valeur bien des schémas théoriques.

Nous avons privilégié une hypothèse de travail, susceptible, à notre avis, de clarifier bien des problèmes. Nous considérerons la révolution industrielle comme le démarrage d'une croissance d'un type nouveau, auquel correspondent des nouveautés techniques. Mais amorce de croissance d'un capitalisme enfin débridé : la révolution industrielle accomplit le processus de formation d'un nouveau mode complet de production. Elle marque une étape décisive de *transition* à partir d'un stade incomplet, informel, vers un stade où les caractéristiques fondamentales du capitalisme s'imposent : progrès technique continu, capitaux mobilisés en vue d'un profit, séparation plus nette entre une bourgeoisie possédant les moyens de production et les salariés. Nous avons aussi limité notre étude dans le temps. Il nous a semblé logique d'isoler la période séculaire de 1780 à 1880, au cours de laquelle des pays réunissent librement les conditions d'un démarrage et d'une croissance. La notion de révolution industrielle ici présentée reste donc étroitement liée au XIXe siècle, à l'épanouissement d'un capitalisme libéral qui s'adapte à chaque réalité nationale. Pour le XXe siècle au contraire, auquel nous ferons les références indispensables, l'expression semble inadéquate. Les croissances industrielles nouvelles y sont soit favorisées artificiellement par les « aides » variées des grandes puissances anciennes, soit rendues impossibles par l'ampleur du sous-développement et l'existence d'un « gap » technologique quasi infranchissable, soit pensées dans le cadre d'économies socialistes, en URSS et en Chine populaire par exemple. Mais jamais un pays ne peut rassembler seul les conditions d'une révolution industrielle traditionnelle dans le cadre du XXe siècle. Alors qu'au XIXe siècle, ce fut souvent possible : il est dont normal de lui réserver l'usage du terme de révolution industrielle. L'étude sera ainsi limitée. Espérons que le lecteur sera persuadé que ces réserves ne sont pas fortuites, puisque déjà sont perceptibles en effet avant 1880 les contradictions et les espoirs du XXe siècle. La révolution industrielle, c'est l'acte de naissance de notre monde.

Ajoutons une dernière remarque, de vocabulaire. Sur l'objet de notre étude, trois concepts s'affrontent pour le définir dans son aspect essentiel[1] :

– celui de *take-off* dont l'étude, nous l'avons dit, aboutit à isoler une période très restreinte au cours de laquelle, poussée par des forces productives nouvelles trop longtemps comprimées dans des « goulets d'étranglement », une croissance est brutalement mise « en orbite ». Mais comment, si on l'accepte, classer et analyser les pays qui, comme la France, ignorent cette étape ? On comprend que le *take-off*, après avoir fait fureur, soit aujourd'hui fort déprécié;

– celui de croissance, plus général et plus synthétique, qui évacue le problème du démarrage, mais a sur le concept de révolution industrielle l'avantage de souligner l'interaction de tous les secteurs de l'économie dans le passage au monde nouveau et permet de donner sa vraie place à l'agriculture dans le processus. Il permet aussi de souligner que l'industrie n'est que le moteur d'un développement alimenté par d'autres activités;

– celui de révolution industrielle enfin, souvent désavoué, au relent « Belle Epoque » ou « XIXe siècle » insupportable pour nos économètres. Avouons qu'avec beaucoup d'historiens nous gardons quelque tendresse pour lui. Pour trois raisons, auxquelles le métier d'historien rend sensible. La première est la flexibilité d'un concept, adaptable, on l'a vu, aux apports nouveaux des sciences humaines depuis un siècle, et aux interrogations successives : au temps des développements et des recoupements accélérés des méthodes et des champs de la recherche pourquoi ne pas le conserver comme dénominateur commun, comme point d'ancrage ? Ensuite parce que,

1. P. Bairoch, par exemple, dans [16], emploie indifféremment « révolution industrielle » et « décollage ». Cf. les remarques de M. Lévy-Leboyer [108], p. 788 et de J. Bouvier [26].

étymologiquement et pratiquement, il peut rendre compte parfaitement à la fois d'un événement ponctué dans le temps et d'une évolution qui le précède et le suit : *take-off* et croissance peuvent s'y retrouver à l'aise. Enfin et surtout, il permet seul de conjuguer les facteurs économiques et les hommes, bénéficiaires ou victimes, mais toujours acteurs. Si l'on consent à élargir son épithète « industrielle » à d'autres agents économiques et à d'autres forces productives, ce mot « révolution » pour sa part conserve le vieux parfum de l'action créatrice des hommes qui le rend irremplaçable. Révolution industrielle, concept de l'histoire sans frontières. Ecoutons Fernand Braudel : « La révolution industrielle est un groupement de problèmes difficilement dissociables, à l'intérieur d'un fleuve qui les pousse en avant et les déborde. Aussi bien, par son ampleur, elle oblige à s'interroger sur l'histoire générale du monde, sur les vraies transformations et mobiles de la croissance, sur les débuts de la croissance continue [...]. Elle nous incite aussi à réfléchir sur la croissance européenne de longue durée, dont elle a été le moment le plus spectaculaire, entre un passé longtemps incertain et un présent qui le redevient peut-être[1]. »

1. F. Braudel [17], t. 3, p. 534-535.

1

Vers le nouveau monde

Dans quelles conditions des économies anciennes sont-elles projetées dans le cycle de la croissance industrielle? Peut-on poser des préalables, nécessaires et suffisants à la révolution industrielle? Ou bien faut-il se contenter de signaler modestement une série de concordances chronologiques grossières entre des révolutions, agricoles, démographiques, politiques, qui mènent d'une économie de subsistance à une économie de profit? Ces questions sont aujourd'hui largement débattues et nous ne pourrons guère donner qu'un aperçu des difficultés rencontrées. Sans nous leurrer : d'énormes progrès sont probables dans ce domaine, puisque les techniques de la démographie moderne, celles de la comptabilité nationale peuvent être appliquées à de longues séries statistiques du XVIIIe et du XIXe siècle, même si les historiens font des réserves nécessaires et critiquent la qualité du matériau fourni par les documents d'époque, rassemblé ou codifié de manière parfois arbitraire ou anachronique[1]. En outre, nombre d'études récentes se proposent d'abandonner toute explication linéaire de la révolution industrielle et se contentent de décrire tel ou tel changement localisé sans jamais lui donner un rôle quelconque de cause à effet. L'heure, chez les historiens, est à l'observation d'une multitude de facteurs qui traversent des sociétés pré-industrielles mises en

1. Cf. Pierre Vilar, « Histoire quantitative ou économétrie rétrospective? », *RH*, avril-juin 1965, p. 293-312. A compléter par F. Furet, « L'histoire quantitative et la construction du fait historique », *AESC*, janv-fév. 1971, p. 63-75, repris dans *L'Atelier de l'histoire*, Flammarion, 1982, p. 53-72, et par Fr. Crouzet [105], p. 206-222.

état d'instabilité et qui précipitent un mouvement, au sens chimique du terme. On recherche moins les « causes » d'une révolution : on observe le bouillonnement d'un système économique, social et culturel à l'ancienne qui la porte et dont il accouchera çà et là, sans règles impératives ni modèles contraignants[1].

Economies pré-industrielles et proto-industrialisation.

Avant de scruter les prémices du changement, il est nécessaire de dégager brièvement les caractères généraux des économies anciennes, vers le milieu du XVIIIe siècle.

Leur première caractéristique, c'est la prépondérance de l'agriculture, son poids déterminant dans la production, sa valeur effective. Dans les deux pays qui vont les premiers accomplir leur révolution industrielle, l'Angleterre et la France, l'agriculture représente respectivement la moitié et les trois quarts du revenu national. Partout ailleurs elle en produit la meilleure part. A l'exception de quelques régions anglaises, 80 % au moins de la population vit à la campagne et y travaille. Les vieux mondes d'Asie et d'Afrique s'engourdissent dans leur routine agraire et leurs réglementations minutieuses. Seules émergent quelques zones colonisées par l'Europe ou en rapport avec ses commerçants; l'Indien, le Noir des régions côtières d'Afrique, l'indigène des Indes orientales néerlandaises, celui des empires espagnols ou portugais d'Amérique du Sud sont tous passés à l'esclavage ou à un quasi-servage qui les fixe à la terre, pour le plus grand profit du trafiquant, du grand propriétaire ou du planteur. Le grand domaine féodal, les terres louées assurent une maigre subsistance et seule la plantation s'est spécialisée et produit le tabac, le café, le sucre expédiés en Europe, bientôt relayés, à l'aube de la révolution industrielle, par le coton. Mêmes types d'économies dans l'Europe située à l'est de l'Elbe : à l'exception de

1. Voir P. Verley [5], p. 7-10.

rares esclaves de colonat libre dans les Balkans, des serfs travaillent sans espoir ni relâche sur les grands domaines de la Couronne ou d'une poignée d'aristocrates riches en « âmes », qui fournissent à l'occasion l'Occident en blé, en lin, en produits forestiers. On observe une situation semblable, avec des statuts personnels plus souples et moins d'exportations dans presque toute l'Europe méditerranéenne. Par contre, dans l'Europe à l'ouest de l'Elbe, le grand domaine n'est plus une unité d'exploitation, mais un système plus ou moins efficace pour collecter des fermages et des impôts, une machine à sécréter la rente foncière. Le servage a presque totalement disparu et une société rurale à hiérarchie complexe s'est modelée, avec ses ouvriers agricoles (« brassiers » français ou *cottagers* anglais) qui peuvent parfois louer ou posséder de la terre, ses petits et moyens propriétaires, ses fermiers, ses métayers. Tous vivent en autarcie à peu près complète, avec parfois une activité artisanale ou industrielle de complément. Quelques-uns seulement, à l'image des *farmers* anglais, pourront devenir des entrepreneurs agricoles, soumis aux lois du marché nouveau créé par la révolution industrielle. Partout dans le monde, les techniques ont peu progressé, et les productivités sont faibles. A part quelques zones d'Angleterre et des Flandres, les vieux assolements biennaux ou triennaux sont respectés, avec une jachère morte qui laisse la terre improductive; l'élevage reste extensif, sur les « communaux » d'Occident, comme sur les grands domaines d'outre-mer. L'essentiel, c'est la polyculture aléatoire des denrées de subsistance traditionnelles – l'Europe a pourtant reçu le maïs et la pomme de terre –, c'est la production des « grains », ces céréales qui sous forme de bouillies, de galettes et de pain donnent la base de l'alimentation. Que la céréale de base vienne à manquer par suite d'une série d'intempéries, et la catastrophe éclate : la disette, cette familière malédiction, s'étale, le prix du pain augmente, les villes sont vite touchées. Dans des organismes affaiblis par la faim, les épidémies se propagent vite et ajoutent aux mortalités déjà croissantes.

Mais, malgré les incertitudes de la production, malgré la médiocrité d'ensemble, la terre reste le gage le plus solide, le signe de la fortune et de la puissance. Si bien que beaucoup de capitaux accumulés ailleurs – dans le commerce colonial par exemple – s'investissent dans l'achat de domaines et ne serviront pas les nouveautés industrielles. Avec une prudence et une sagesse tirées de l'expérience. En Beauvaisis, des deux dynasties marchandes minutieusement étudiées par Pierre Goubert[1], seuls les Danse issus de la terre et toujours reliés à elle connaissent depuis le XVIe siècle une ascension sociale ininterrompue; les Motte au contraire disparaissent au XVIIIe pour s'être refusés obstinément à l'enracinement foncier de leur fortune. La pensée économique, même la plus neuve comme celle des physiocrates, ne peut pas se détourner de la terre.

Médiocrité et stagnation : les caractéristiques du monde rural se retrouvent dans la production industrielle qui lui reste très liée. Dans toutes les régions isolées, les paysans fabriquent eux-mêmes les objets de première nécessité, tissus, vaisselle, petit outillage, meubles. Du fond des forêts canadiennes aux montagnes balkaniques, les mêmes gestes, souvent des produits de même type et d'usage similaire. Parfois, quelques-uns, plus habiles et plus ambitieux, peuvent colporter à la belle saison leur production de l'hiver. A leurs côtés, des artisans, qui gardent souvent une petite exploitation agricole, donnent des objets plus complexes et mieux finis. A cette industrie paysanne peut s'ajouter une industrie rurale très dispersée dans toutes les régions : des marchands-fabricants des villes vendent une matière première à des ouvriers ruraux, groupés dans des régions déjà plus spécialisées, et s'arrogent le monopole de l'achat et de la vente du produit fini. Couteliers du Bassigny, cloutiers du Périgord, tisserands du Yorkshire ou de l'East Anglia subissent ce *domestic system*, travaillant misérablement avec leur femme et leurs enfants. Parfois, ils utilisent quelques ouvriers et s'intitulent dès lors fièrement « manufacturiers » : mais ils fournissent souvent à la fois le capital – pour acheter la matière première et les instruments de production, comme le métier

1. *Les Danse et les Motte de Beauvais, familles marchandes sous l'Ancien Régime*, SEVPEN, 1959.

à tisser – et leur travail. De plus en plus, au cours du XVIIIe siècle, les activités cependant se différencient : le négociant et le fabricant peuvent être distincts; la « manufacture » qui était une simple réunion commerciale de multiples ateliers familiaux « indépendants » devient parfois un bâtiment, situé près du lieu d'exploitation de la matière première ou à proximité de l'eau et du bois, sources d'énergie, où le fabricant emploie des ouvriers salariés. On passe ainsi, par une multitude de transitions, au *factory system* d'où jaillira l'industrie nouvelle. Mais toujours domine l'aspect rural de l'activité. Toujours aussi ses produits sont quasi exclusivement destinés à la consommation. Les productions lourdes, de biens d'équipement, issues de la mine ou de la forge, restent marginales et dispersées. La seule fabrication massive est celle des produits textiles et dans cette industrie clé, les premières concentrations s'observent : à Abbeville, les Van Robais utilisent 1 500 ouvriers groupés en manufacture et contrôlent 10 000 travailleurs ruraux. Mais ce gigantisme reste l'exception.

En fait, ce qui explique les stagnations de l'agriculture comme la modestie et la dispersion de l'activité industrielle, c'est en grande partie la faiblesse de la circulation. Ces économies semblent figées : les hommes, les marchandises, les capitaux y circulent peu. Aucun marché unifié n'y est dégagé. Pour les transports la voie d'eau reste le moyen le plus sûr; sur les rivières, et souvent les plus petites, une navigation et un flottage très denses drainent lentement d'importants convois. Et tout au long du siècle, les techniques s'améliorent : endiguement, halage, rectification des cours. Les canaux apparaissent aux Pays-Bas, en France, en Espagne, en Angleterre surtout. Le transport terrestre est au contraire plus médiocre : les progrès des routes royales en Europe, sillonnées par les dilligences des messageries rapides, n'ont pas effacé les mauvais chemins. Le charroi des marchandises est très lent : les rouliers effectuent 15 à 20 km par jour. Il faut un mois entier pour acheminer un convoi de Lorient à Grenoble! La faible vitesse de circulation, la faible capacité des convois et des bateaux rendent très cher tout transport. Si une catastro-

CARTE 1 : LA NÉBULEUSE INDUSTRIELLE EN PICARDIE A LA FIN DE L'ANCIEN RÉGIME

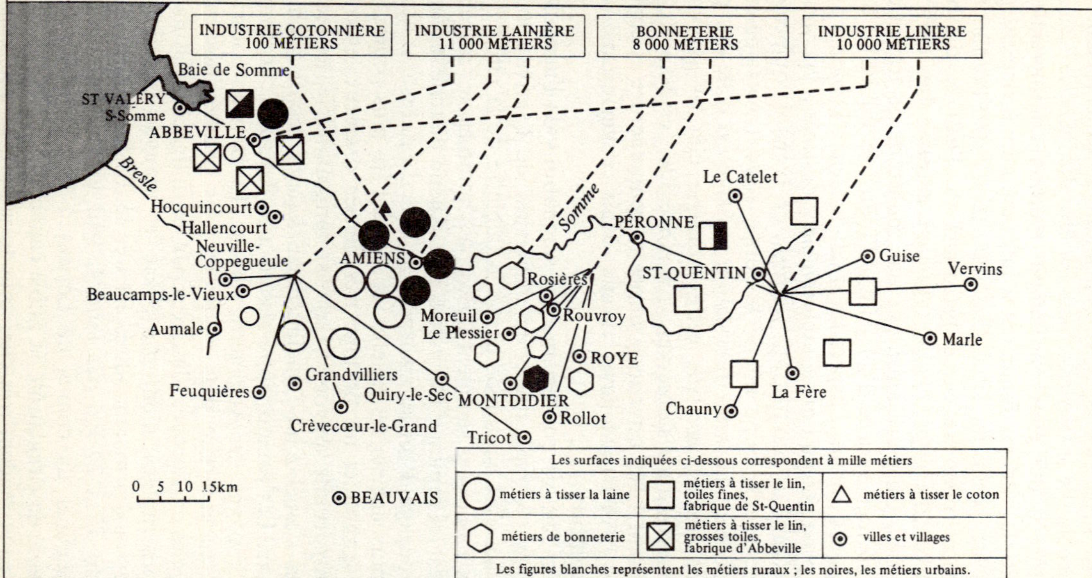

Source : J.-M. Gaillard et A. Lespagnol, *Les Mutations économiques et sociales au* XIXe *siècle (1780-1880)*, Nathan, 1984, p. 23.

phe céréalière intervient dans une région, tout secours est difficile par suite du coût des expéditions de grains : jamais un marché n'est défini, d'autant que les réglementations et les douanes intérieures, en Europe continentale, aggravent le cloisonnement des régions. Un seul secteur est en rapide évolution, celui du grand commerce maritime transocéanique et colonial. Malgré des conditions de vie et de sécurité précaires, les navires, mieux profilés, plus résistants, relient fructueusement depuis le XVe siècle l'Europe occidentale aux mondes nouveaux, accumulant une richesse importante.

Au total, à l'exception de quelques compagnies de navigation et de quelques armateurs chanceux qui ont pu équilibrer leurs échanges et accroître leur rentabilité, partout des marchés hétérogènes, mal soudés, à prix très inégaux; des techniques médiocres; des capitaux et des marchandises qui circulent mal. Pourtant l'afflux de métaux précieux venus de l'Empire espagnol depuis le XVIe siècle a multiplié les signes monétaires, amélioré les manipulations d'argent, introduit l'Etat dans le circuit économique, favorisé l'apparition de banques régulatrices dont la Banque d'Angleterre fondée dès 1694 reste le modèle. Les profits du commerce international rendront vite nécessaires des investissements nouveaux. Mais la pensée économique « officielle » de l'époque, le mercantilisme, est incapable de formuler une théorie ou une pratique de la croissance et de l'utilisation nouvelle des capitaux : le numéraire reste à la base de la puissance des Etats; seul le commerce extérieur doit permettre de le multiplier dans un cadre de monopoles nationaux et d'intervention des Etats. Pourtant, les phénomènes nouveaux de la hausse des prix au XVIIIe siècle, de l'essor de la rente foncière, lucidement analysés par Cantillon, Quesnay ou David Hume, suscitent des réflexions nouvelles, qui donneront, avec l'économie politique anglaise et le libéralisme, un fondement théorique à la croissance amorcée par la révolution industrielle.

Il ne faut pas cependant considérer ces économies comme tout à fait bloquées. Des forces de renouveau les travaillent sourdement et parfois même spectaculairement dans certaines régions moins isolées que d'autres. Des formes d'organisation du travail et des échanges peuvent s'y manifester, qui assurent, du XVIIIe au XIXe siècle, une transition lente mais sûre, soit vers l'industrialisation, soit vers la désindustrialisation. C'est ainsi que depuis une vingtaine d'années des historiens (et dans une plus faible mesure les économistes, assez déroutés par un phénomène disparate, décentralisé et difficilement quantifiable) se penchent avec une extrême attention sur toutes les manifestations de la « proto-industrialisation ». A son propos ont été accumulés les monographies régionales et les colloques scientifiques, au point que d'aucuns ont été tentés d'en faire un modèle ou la manifestation tangible d'un « mode de production de la transition » dont l'évidence ruinerait maintes spéculations antérieures sur le *take-off* ou la révolution industrielle elle-même.

Le vocable fut lancé en 1969 par Franklin Mendels dans une thèse sur la Flandre au XVIIIe siècle et dans un article de 1972[1]. Il y observait que, face à une relative stagnation des vieilles industries urbaines largement corsetées par la réglementation tatillonne des corporations qui figeait le marché du travail, devant aussi le blocage de la circulation, alors qu'une vive demande d'échanges venait des marchés extérieurs, et notamment américains, les industries rurales s'étaient fortement développées au XVIIIe siècle. Tandis que subsistait le *domestic system* de l'artisanat indépendant en auto-consommation locale ou une rare production d'entreprise dans la sidérurgie et les mines, un *putting out system* (la « fabrique » en français) connaissait une belle extension. Son fonctionnement était simple. Un marchand ou un entrepreneur urbain (le *putter out*, ou *Verleger* en allemand) apporte une matière première, textile le plus souvent mais parfois métallurgique, à un rural qui travaille en famille à domicile sur un métier à bras ou une machine rudimentaire, puis vient rechercher le produit fabriqué et l'exporte hors de la région. Cette industrie rurale aurait permis, selon Mendels, de briser les formes anciennes de la

1. [29]. Voir pour toute discussion P. Deyon, « Fécondité et limites du modèle proto-industriel » [31], p. 868-881 et la « Note brève » d'A. Dewerpe dans les *Cahiers d'économie et sociologie rurales*, INRA, décembre 1986, p. 141-143.

production et aurait initié une phase préalable de la révolution industrielle, la proto-industrialisation. En utilisant au mieux les temps morts de la vie agricole (ces travailleurs à domicile entretiennent d'ailleurs minutieusement ainsi leur lopin), en mobilisant toute la famille, en particulier les aînés des enfants, en augmentant la durée et le volume du travail dans une minuscule cellule de production, en minimisant ainsi les risques de troubles sociaux qu'engendrait la concentration en manufactures, la proto-industrialisation aurait assuré à moindres coûts, au moins en Flandre, la transition vers l'industrie moderne.

Repris par des historiens allemands de Göttingen[1], affiné, critiqué, le mot a fait florès. On a découvert un peu partout nombre de ces « fabriques rurales », dans la Ruhr, en Alsace, en Lombardie, vers Cracovie, dans le Yorkshire et le Lancashire, dans le bassin de Londres et l'East Anglia, en Bretagne ou en Languedoc, de la Suisse à l'Irlande et de Pologne en Andalousie, surtout il est vrai dans des zones de polyculture parcellaire ou de quasi monoculture céréalière où la morte saison était longue (les régions viticoles sont peu mobilisées, car le travail de la vigne est trop étalé au fil de l'année). On a constaté que la proto-industrialisation n'avait eu ses chances qu'en des régions où avait pu s'établir une délicate et instable symbiose entre une agriculture déjà spécialisée, un artisanat urbain et rural sollicités par des « marchands-fabricants » et une capacité d'accès à des marchés étrangers à la région. Mais à ce jour les historiens observent aussi que si le « modèle » de proto-industrialisation a pu survivre longtemps encore dans des régions promises à l'industrialisation, comme dans l'Angleterre centrale, dans le Nord de la France ou en Belgique, à Lyon ou en Italie du Nord, ce qui laisserait supposer qu'il y favorisa une transition « en souplesse », dans telle autre région, du pourtour de Londres au Languedoc ou en Bretagne notamment, il déboucha sur un échec de l'industrie moderne. Car, à l'évidence, il n'a pas pu répondre – et cette fois en tous lieux – à une demande sans cesse

1. Voir l'analyse critique qu'en fait P. Jeannin [32].

croissante de produits manufacturés, à une évolution des techniques aussi, qui supposaient une nouvelle organisation du travail, d'autres formes de mobilisation du capital et un meilleur sens du profit. Au total, sous réserve de nouvelles études en cours, et si grands soient la pertinence et l'intérêt intellectuel du mot, la proto-industrialisation fut bien, comme l'affirme excellement Pierre Jeannin, « la roue de secours du paupérisme rural », ce « Janus à deux faces » dont la logique « a pour effet soit d'enclencher un processus de paupérisation, de non-croissance, soit de préparer la percée du nouveau système porteur de la croissance[1] ».

D'autant que nous ne savons pas encore de façon nette si, comme l'a démontré Mendels pour la Flandre, elle eut des effets démographiques assurés, en répondant à temps au drame du surpeuplement, tout en l'entretenant aussi, car elle favoriserait, semble-t-il, un abaissement de l'âge du mariage. On s'interroge aussi sur les chronologies si variables de sa diffusion, sur sa géographie anarchique, sur les aspects encore mal connus de ce commerce extérieur et international qu'elle alimentait. Des historiens des pays en voie de développement font observer de leur côté que voir de la proto-industrialisation partout règle à très bon compte la question des transferts de technologie d'un continent à l'autre, gomme les effets de domination des pays promis à l'industrialisation sur les autres et n'explique guère le sous-développement ou la désindustrialisation. Il reste qu'en maintes régions d'Europe, dès le XVIIIe siècle, fonctionna temporairement ou avec une belle longévité un système qui préfaçait le capitalisme et qui reposait pourtant sur des cellules familiales « précapitalistes » ou hors capitalisme, où l'on vendait sa force à n'importe quel prix, dans une terrible auto-exploitation de la maisonnée devenue un atelier en miniature. Parfois, comme en Suisse, il adoucit, il est vrai, les coûts sociaux de l'industrialisation. Ailleurs, et sur le tard, il libéra brutalement une main-d'œuvre rurale désemparée, qu'on retrouvera en ville, là où l'on produisait mieux, en masse et à meilleur compte. Ce

1. *Id.*, p. 62 et 64.

ne fut ni une étape obligatoire ni un archaïsme condamné; pas davantage la preuve qu'aurait pu surgir une « alternative » historique à la production de masse[1]. On se gardera donc de majorer ou péjorer rétrospectivement la proto-industrialisation. Et l'on s'attachera à l'examen de ces modifications de l'équilibre des économies et des sociétés pré-industrielles qui, pour être sans doute moins « révolutionnaires » qu'on ne l'a longtemps dit, furent bel et bien décisives.

L'évolution démographique.

Les plus évidentes nouveautés – et pour les contemporains eux-mêmes – concernent le nombre des hommes. Au XVIIIe s'amorce en effet une croissance accélérée de la population mondiale. De 1750 à 1800, elle passe de 700 à 900 millions, le cap du milliard est franchi bien avant 1850 et le rythme d'accroissement annuel dépasse désormais 0,5 %. On peut certes faire bien des restrictions à ces affirmations : nos connaissances statistiques restent très imprécises, même si les bases de la démographie moderne sont posées dès cette époque et si les premiers recensements efficaces interviennent en France, en Grande-Bretagne ou en Espagne; le mouvement est très inégalement réparti et parfois même des régions entières, comme la basse Provence étudiée par R. Baehrel et la Flandre par M. Morineau, gardent un régime démographique ancien. Cependant, malgré les nuances et les imprécisions, on peut parler d'une victoire décisive de la vie au XVIIIe qui, sur ce plan, est vraiment ce « Grand Siècle » dont parle volontiers Michelet. Mais les disparités sont évidentes et elles tempèrent des estimations globales qui peuvent être trompeuses. Des mondes stagnent encore : l'Amérique du Sud, l'Afrique, le Moyen-Orient, l'Inde. D'autres connaissent des croissances vives, mais difficilement mesurables, car on en reste aux estimations : Chine, Japon, Amérique centrale. Mais le phénomène le plus clair, c'est la croissance

1. Voir J. Zeitlin, « Les voies multiples de l'industrialisation », *MS*, octobre-décembre 1985, p. 25-33.

TABLEAU 2

CROISSANCE DE LA POPULATION MONDIALE (1750-1900)
(en millions d'habitants)

	1750	*1800*	*1850*	*1900*
EUROPE	140	187	266	420
France	23	27,3	35,7	38,9
Grande-Bretagne (Angleterre – Écosse – Pays de Galles)	7,4	15	22,9	38
Irlande	3,1	5,1	6,6	4,4
Belgique et Pays-Bas	4,2 (?)	5	7,4	11,8
Suisse	1,4	1,7	2,3	3,3
Italie	13,6	18,1	24	32,4
Allemagne	17 (?)	23	35,9	56,3
Autriche-Hongrie	10 (?)	28	35	49
Pays scandinaves	3,4	4,2	6,3	9,9
Russie d'Europe	14,5	36	57	103
Espagne	8,6	10,5	15	18,6
Pourtugal	2,8	2,9	3,4	5,6
ASIE	437	500	672	850
Chine	180 (?)	210 (?)	250 (?)	350 (?)
Japon	26 (?)	26 (?)	28 (?)	44,8
Inde	(?)	120 (?)	175	285
AFRIQUE	– (?)	100 (?)	110 (?)	140
AMÉRIQUE NORD et CENTRE	3 (?)	12	40	103
Canada	0,1	0,3	3	5,4
États-Unis	1,5 (?)	5,3	23,1	76
AMÉRIQUE SUD	– (?)	15	20 (?)	63
OCÉANIE	2 (?)	2 (?)	2 (?)	6

dans une Europe jusque-là périodiquement ravagée par des mortalités catastrophiques, et dans toutes les zones peuplées par des Européens ou en contact avec eux : Amérique du Nord et du Centre, Australie et Nouvelle-Zélande, confins sibériens. Une première évidence s'en dégage : il n'y a aucune concordance entre les zones à forte croissance démographique et celles où s'installera la révolution industrielle. Ainsi, la Grande-Bretagne, première nation à connaître un décollage, a un rythme très légèrement inférieur à celui de la France, et très faible par rapport à ceux de l'Europe centrale, de la Russie ou de la Chine. Mêmes conclusions si l'on précise l'analyse par région : alors qu'en Angleterre les comtés du Centre, ceux où l'industrie moderne est lancée, l'emportent sur ceux du Sud, restés agricoles, en Allemagne au contraire, la Poméranie orientale, agricole, l'emporte sur la région rhénane déjà portée par le développement.

Les causes de ces bouleversements sont assez bien connues. Il ne faut pas les chercher dans des variations de la natalité qui, depuis le milieu du XVIIIe siècle, reste élevée, garde encore les rythmes anciens (avec des pointes de conception au printemps par exemple), poussée par les influences religieuses et sociales, malgré la fréquence probable de pratiques anticonceptionnelles anciennes. Dans les zones où le décollage est réalisé, on constate une poussée relative des natalités (mariages plus précoces? plus grande fécondité? accroissement des naissances illégitimes?) puis, lorsque la croissance est lancée, un lent déclin du nombre des naissances. Partout ailleurs la natalité reste forte et croît même régulièrement : il faudra attendre la fin du XIXe siècle pour que des restrictions massives de naissances interviennent, en Europe presque exclusivement. C'est en fait la chute des taux de mortalité qui provoque la révolution démographique en Europe. Partout la mort régresse. En Grande-Bretagne, en Italie, en France, en Europe du Nord, les courbes de mortalités réduisent leur amplitude; les « pointes » dramatiques du XVIIe siècle sont rabotées, tandis qu'en Europe orientale, elles se stabilisent. Certes, le recul est souvent provisoire, car l'épidémie, la famine guettent, font des retours offensifs : vers 1780, la

TABLEAU 3

ÉVOLUTION DES TAUX BRUTS DE NATALITÉ ET DE MORTALITÉ EN FRANCE ET EN ANGLETERRE (1775-1880)

FRANCE

Années	Taux brut de natalité (%)	Taux brut de mortalité (%)
1775-1784	40,0	35,8
1801-1810	31,9	24,9
1811-1820	31,8	26,1
1821-1830	30,9	25,1
1831-1840	29,0	24,8
1841-1850	27,4	23,3
1851-1860	26,4	23,9
1861-1869	26,5	23,4

ANGLETERRE

Années	Taux brut de natalité %	Taux brut de mortalité %
1780-1790	37,7	28,6
1790-1800	37,3	26,9
1800-1810	37,5	23,9
1810-1820	36,6	21,1
1820-1830	36,6	22,6
1830-1840	36,6	23,4
1840-1850	32,6	22,4
1850-1860	34,1	22,2
1860-1870	35,2	22,5
1870-1880	35,4	21,4

petite vérole, la typhoïde, la rougeole et même la peste ont ravagé de nouveau la France, la Pologne, la Russie, les Balkans. D'autre part, les mortalités infantiles reculent mais beaucoup plus lentement. Mais le mouvement à la baisse est irrésistible : les mortalités en Grande-Bretagne passent de 37 % vers 1730 à 21 vers 1810, celles de la France de 40 à 25. On a donné des explications variées à ce phénomène, mais qui restent encore peu satisfaisantes. Faut-il invoquer le progrès médical, dont l'invention de la vaccine par Jenner serait le meilleure témoignage? Le recul des famines[1]? Une certaine résorption de l'alcoolisme, assez nette en Grande-Bretagne surtout? Des facteurs purement biologiques ou climatiques, comme la disparition d'espèces particulièrement nuisibles de rats, ou le réchauffement du climat? De relatifs progrès de l'hygiène individuelle ou collective, comme le port de vêtements de coton ou des assainissements des villes? Aucune de ces explications ne satisfait complètement. Il semble surtout que la mort régresse parce que les facteurs traditionnels de dépopulation disparaissent : la hausse des productions agricoles éloigne la famine périodique, encore que ce point, nous le verrons, soit parfois discuté; désormais, les organismes mieux nourris résistent mieux aux assauts microbiens; les grandes vagues d'épidémies, mystérieusement, atteignent moins souvent l'Europe occidentale.

Même si ces origines sont mal connues, le fait positif subsiste : cet accroissement continu de la population depuis 1750, plus irréversible que massif, plus lent jusqu'en 1800. Certains même y ont vu une des origines de l'industrialisation. Car l'accélération de la croissance démographique, fournissant une masse plus grande et mieux diversifiée de producteurs et de consommateurs, rendrait inévitable une croissance économique à base de progrès techniques. A cette ancienne hypothèse, on a répondu fort logiquement que la Grande-Bretagne, où intervient le *take-off*, a des croissances démographiques inférieures à celles des autres pays de l'Europe de l'Ouest, que toutes les

1. Voir l'ingénieuse démonstration de P. Chaunu, *La Civilisation de l'Europe classique*, Arthaud, 1966, p. 233.

zones démographiquement très dynamiques n'y connaissent pas de démarrage industriel. D'aucuns, comme P. Bairoch, ont poussé plus loin encore l'argumentation contraire. A l'exemple des pays du tiers monde actuel, où l'explosion démographique rend très difficile un décollage, il estime qu'au XVIIIe siècle la révolution industrielle en Grande-Bretagne n'a pas été précédée d'une véritable poussée démographique et qu'au XIXe siècle une croissance trop rapide de population serait un handicap pour la croissance industrielle; qu'il faudrait, comme en Grande-Bretagne, freiner volontairement cet accroissement pour maintenir l'augmentation constante du produit par tête et l'accumulation de l'épargne qui fournit les capitaux nouveaux[1]. Désormais, même si tous les auteurs ne partagent pas ce point de vue, la cause est entendue. La croissance démographique fut une condition peut-être nécessaire de la révolution industrielle, mais à coup sûr non suffisante. Même au XIXe siècle, la croissance des hommes ne peut souvent se maintenir que si le démarrage industriel se produit : l'Irlande, restée pré-industrielle, voit baisser brutalement son taux de croissance démographique à la fin du siècle.

Malthus, si tourmenté par le décalage apparent entre la production agricole et le nombre des bouches à nourrir, est bien ce prophète du passé, ignorant la croissance économique, qui, pour reprendre le mot d'E. Le Roy Ladurie, « naît trop tard dans un monde trop neuf[2] ». Dès le XVIIIe siècle, des phénomènes fondamentaux s'observent, plus qualificatifs. Une population plus abondante, à très forte proportion de jeunes, c'est une main-d'œuvre industrielle potentielle, qui viendra souvent des campagnes surpeuplées. L'immense vivier irlandais par exemple aurait donné une armée de réserve à la croissance industrielle anglaise qui utilisa efficacement et cruellement ces manœuvres non qualifiés dans l'industrie du bâtiment à Londres dès le milieu du XVIIIe, puis dans les manufactures ou les

1. P. Bairoch [16], chap. 2, p. 216 et [40].
2. *Paysans du Languedoc*, éd. abrégée, Flammarion, 1969, p. 370.

travaux publics pendant la première moitié du XIXe siècle. D'autre part, les premières émigrations européennes vers l'outre-mer favorisèrent l'unification du marché mondial, en étalant la demande, en renforçant les liens commerciaux avec les anciennes patries. Surtout, la mobilité professionnelle et géographique de la main-d'œuvre est tout autant indispensable à la croissance. C'est pourquoi l'immobilité de la masse paysanne en Russie, fixée au sol par le servage et le *mir*, peut contribuer à expliquer le retard du décollage dans tout le pays. Mais il n'est pas évident que tous ces phénomènes aient eu une influence quelconque sur le démarrage, car très souvent c'est au contraire la pénurie de main-d'œuvre, en Grande-Bretagne par exemple, qui a contribué à rendre inévitable le progrès technique. Ce qui compte alors, c'est une certaine qualification artisanale d'une vieille main-d'œuvre déjà spécialisée, facilement convertible au travail mécanisé. Ce fut certainement une des chances de la Grande-Bretagne que cette présence d'artisans habiles qui ont pu, sans grands moyens financiers, faire progresser efficacement les techniques et les appliquer.

Au total, la révolution démographique a été un stimulant important, une incitation sourde à la croissance, mais jamais une condition qui suffît à la provoquer.

Le progrès agricole.

Autrement décisif paraît être le rôle du progrès agricole, car il n'est pas un pays qui, depuis 1780, ait accompli sa révolution industrielle sans que son agriculture ait subi des transformations plus ou moins complètes au moins dans quelques régions.

Certes des zones entières du globe restent figées dans des pratiques agricoles traditionnelles, bloquées par les structures de la grande propriété rebelle aux innovations, où les paysans sont rarement propriétaires du sol qu'ils travaillent et parfois se jettent dans des « fureurs » primitives pour rompre un moment le carcan insupportable de la misère et de l'exploitation. L'Europe centrale et orientale, les pays méditerranéens, asiatiques, africains et ibéro-américains restent dans ce cas et certains même y seront maintenus jusqu'à la fin du XIXe siècle. C'est en Europe du Nord-Ouest que s'observent les nouveautés disparates et complexes qu'on nomma commodément « révolution agricole », et qui se traduisent finalement par une amélioration décisive de la productivité et de la production.

En Angleterre le phénomène a été le plus précoce, le plus complet et, par conséquent, le plus attentivement étudié. Dès le XVIIe siècle, une poignée de grands propriétaires nobles et d'agronomes y avaient, par leurs écrits et l'exemple de leurs domaines personnels, lancé le mouvement. Il consistait dans la culture de plantes fourragères, intégrées dans des assolements nouveaux qui excluaient l'ancienne jachère au cours de laquelle le sol, au repos, restait improductif; l'emploi de techniques nouvelles; la pratique des enclosures, terroirs remembrés par le propriétaire individualiste et libéré des vieilles pratiques communautaires. Ces nouveautés tout à la fois techniques, économiques et sociales font augmenter les capacités de production du pays en blé, en houblon, en chanvre, en colza dès 1680. Au XVIIIe siècle le mouvement s'élargit et de 1700 à 1750 on estime que la productivité par tête a augmenté de 25 %. Quelques novateurs intriguent l'opinion ou suscitent des engouements massifs. Dans le Norfolk, où les cultures et les assolements nouveaux avaient été adoptés depuis longtemps, Jethro Tull, le premier, sélectionne les graines, invente un semoir mécanique, aère souvent sa terre par des labours légers et augmente ainsi ses rendements. Charles Townshend, beau-frère de Walpole, bonifie son médiocre domaine marécageux avec le marnage, l'abandon de la jachère rendue inutile par les cultures de fourrage et de navets et surtout comprend qu'un élevage important, produisant viande et engrais naturel, est un complément indispensable aux pratiques nouvelles, afin que la terre toujours cultivée désormais puisse être enrichie régulièrement. On visite avec admiration la ferme modèle de Robert Bakewell à Dishley où les prairies, l'irrigation, la sélection et les soins du bétail donnent de forts rendements en viande. Après cette génération, qui disparaît vers le milieu du XVIIIe siècle, d'autres grands propriétaires, comme Thomas Coke, combinent et affinent les découvertes de leurs prédécesseurs et s'essayent, souvent avec succès, à faire participer les fermiers voisins aux nouveautés, créant des zones prospères. A cette amélioration qualitative, s'ajoute une extension des surfaces cultivées, par des défrichements, des drainages, des suppressions de jachères.

Ces transformations entraînèrent une modification des structures agraires. Les nouveaux assolements sans jachère interdisant désormais la vaine pâture, le remembrement est indispensable. Le vieux système de l'*openfield* avec ses servitudes collectives régresse devant ce que Marc Bloch a appelé « l'individualisme agraire[1] ». Dans les campagnes anglaises du Sud, à l'initiative des grands propriétaires nobles, les enclosures se multiplient tout au long du XVIIIe siècle, entérinées ou accélérées par plus de 5 000 actes du Parlement de 1730 à 1820. Le mouvement est lent, très sensible aux variations des prix agricoles, très inégal selon les régions (faible sur les grandes terres à blé, accéléré à proximité des zones industrielles). Ses résultats économiques et sociaux, auxquels les contemporains ont été vivement sensibilisés, sont aujourd'hui mieux connus. Ils sont moins brutaux et moins dramatiques que Marx ne l'avait dit. *Squatters* et *cottagers,* simples occupants des communaux, sont néanmoins exclus, à la longue, du nouveau partage et disparaissent, devenant ouvriers agricoles ou gagnant la ville manufacturière et ses hauts salaires des premiers temps. Les *yeomen* – petits propriétaires indépendants – disparaissent souvent eux aussi, ou deviennent fermiers des grands propriétaires. Ces landlords étendent désormais leur puissance, du haut de leurs exploitations modèles, sous-louant à leurs fermiers, employant une forte main-d'œuvre salariée à l'occasion. A leurs côtés des *farmers* aisés aiguisent aussi leur appétit. Avec vigueur se dégage donc en Angleterre un secteur nouveau de l'agriculture qui pourrait permettre à la longue d'améliorer production et productivité, de nourrir une population urbaine

1. [67], chap. 6.

en croissance, de fournir un potentiel de main-d'œuvre à la fabrique, de créer un marché de campagne plus cohérent et enfin d'exporter des surplus dont la valeur permet d'importer des matières premières industrielles. Sans oublier les capitaux accumulés par les plus favorisés et qui peuvent être réinvestis dans des activités non agricoles.

D'autres pays de l'Europe du Nord-Ouest n'ont pas suivi l'exemple de l'Angleterre. Parfois, comme en Suède ou aux Pays-Bas, l'Etat pousse à la nouveauté et à l'amélioration économique et sociale de l'agriculture. Le plus souvent l'innovation est laissée à quelques grands propriétaires, dans la plus totale anarchie. Le cas de la France est plus complexe. L'œil critique de l'Anglais. A. Young, grand voyageur et partisan enthousiaste de l'enclosure, y discerne justement un monde rural qui résiste à l'innovation[1]. Ses techniques évoluent lentement, ses petits propriétaires s'y renforcent dès avant la Révolution, en Limousin par exemple où prospère une démocratie rurale, tandis que sur les grandes propriétés la noblesse et le clergé se contentent de lever l'impôt et d'encaisser la rente foncière, profitant de la hausse régulière des prix. Quelques obstinés comme La Rochefoucauld à Liancourt, Choiseul à Chanteloup, implantent les nouveautés anglaises. Des régions entières, comme l'Alsace, la Brie ou la Crau évoluent lentement. Sous les sarcasmes de Voltaire qui note « qu'on écrivit des choses utiles sur l'agriculture; tout le monde les lut, excepté les laboureurs », les physiocrates échafaudent une théorie économique fondée sur la rentabilité de la grande exploitation modernisée. Mais la vraie « révolution culturale », pour reprendre l'expression d'E. Labrousse, interviendra assez tard, vers 1840, en pleine monarchie de Juillet. Grâce au maïs, aux plantes fourragères, des régions lancées au XVIIIe siècle renforcent leur nouveauté et leur productivité. La baisse des prix agricoles de la première moitié du XIXe siècle, à l'inverse des décennies précédentes, pousse à une modernisation désormais indispensable pour abaisser les prix de revient et

1. A. Young, *Voyages en France dans les années 1787, 1788 et 1789*, UGE, « 10-18 », 1970.

maintenir un large profit en vendant moins cher mais davantage. L'outillage se perfectionne – la faux est introduite, puis un timide machinisme –, un marché s'ouvre dès que le chemin de fer s'installe. Alors qu'en Angleterre la révolution agricole précède de près de trois quarts de siècle la révolution industrielle chez certains auteurs et contribue à la préparer, en France le décalage chronologique n'est plus perceptible. Même situation dans les Etats allemands où le Zollverein permet de lancer l'industrie quelques années seulement après la percée agricole, vers 1850. Tout se passe comme si le mouvement de révolution agricole s'accélérait avec le siècle, comme si ses liens avec la révolution industrielle, difficilement noués en Angleterre, étaient plus inextricables.

Ces affirmations révèlent la complexité du rapport entre le progrès agricole et l'industrialisation. Bien des économistes et des historiens ont senti qu'ils tenaient là une des clés de l'explication du monde nouveau. Marx, le premier, suivant les remarques amères des Anglais du XVIIIe siècle, a insisté sur les conséquences sociales des enclosures, sur la surpopulation, qui auraient contribué à jeter vers la ville industrielle une masse de main-d'œuvre non qualifiée et peu exigeante qui est à l'origine du prolétariat. L'expropriation du producteur agricole, du paysan au sens français du terme, est pour lui la base nécessaire du processus qui mène à la séparation radicale du capital et du travail-marchandise. Affirmations que les premiers travaux sur la révolution industrielle, comme ceux de P. Mantoux, semblaient confirmer : *yeomen* anglais, Irlandais pauvres, « brassiers » français auraient donné les premiers bataillons des ouvriers d'industrie. Depuis quelques décennies, avec les progrès de nos études statistiques, cette argumentation est fortement nuancée. On souligne que les nouveautés agricoles, pour être pratiquées et suivies, demandent une main-d'œuvre abondante, que la diversification des cultures crée des emplois nouveaux, que les paysans moyens se sont maintenus et renforcés et que l'exode des petits a été moins important qu'on l'imaginait. En Angleterre, on n'assiste pas au XVIIIe siècle à un transfert massif de main-d'œuvre entre le Sud agricole partiellement rénové et le Nord en voie d'industrialisation. Toutes les mesures officielles de secours aux pauvres contribuent au contraire à maintenir les indigents dans leurs comtés d'origine. Ce serait bien plutôt après le *take-off* que l'exode rural s'accélérerait, pour peupler les usines nouvelles, plus nombreuses et plus grandes. En France au contraire, à tâtons, se dessine une croissance industrielle qui utilise rationnellement sans grands déplacements l'énorme potentiel de la main-d'œuvre agricole. La thèse marxiste, on le voit, doit être sérieusement nuancée[1].

Plus largement, tous les spécialistes s'accordent pour faire du rôle d'un développement agricole sous ses différents aspects un élément central du débat sur les origines de la révolution industrielle. Nuancé, amélioré, notamment par P. Bairoch, le schéma décrit par W. W. Rostow s'est pour un temps imposé. Ses démonstrations partent de trois idées simples : dans les sociétés pré-industrielles, il paraîtrait impensable qu'un bouleversement quelconque de l'économie puisse se faire en dehors du secteur agricole qui occupe au moins les trois quarts des actifs; une étude chronologique minutieuse révèle que les progrès de l'industrie ont *toujours* été précédés de progrès dans l'agriculture[2]; dans la phase démarrage, tout accroissement de la production industrielle implique une plus forte population active employée dans ce secteur, et cette main-d'œuvre, bien évidemment, ne peut venir que du secteur actif de l'agriculture, qui, lui, diminue[3]. Ce transfert de population active –

1. Pour l'Angleterre, voir [56] à [59] et [292], p. 39-59.

2. En Russie, l'échec de la première industrialisation voulue par l'Etat vers 1890, alors que l'agriculture, malgré l'abolition du servage, reste arriérée ou exportatrice, est significatif. C'est au contraire à la veille de la guerre de 1914 que l'accélération de la productivité agricole, sous Stolypine, aurait rendu possible l'industrialisation massive.

3. Dans son compte rendu du livre déjà cité de P. Bairoch, Jacqueline Guilliot-Lageat remarque que cette hypothèse suppose le plein emploi réalisé. Or ce n'est pas le cas dans les sociétés pré-industrielles, où la masse des errants, des travailleurs à la journée, est considérable, en France et en Grande-Bretagne en particulier. Rien n'empêcherait que l'agriculture *et* l'industrie aient pu puiser ensemble dans ce vaste réservoir de main-d'œuvre. Le débat, toujours ouvert (*AESC*, nov.-déc. 1964, p. 1200), s'est

qui à l'heure actuelle n'est pas démontré statistiquement partout – ne peut s'opérer aux dépens des campagnes que si la productivité agricole y a préalablement augmenté fortement, sinon cela eût entraîné une baisse catastrophique des disponibilités alimentaires dans les villes et même dans les campagnes, alors que la révolution démographique introduit une masse accrue de jeunes. Le progrès agricole est donc une condition *sine qua non* du démarrage industriel. Rostow cimente la démonstration en rappelant – mais toujours sans avancer de statistiques assez précises – qu'elle correspond aux idées économiques les plus fécondes de l'époque et que, dans sa *Richesse des nations*, A. Smith a précisément compris – contre les physiocrates – que les revenus excédentaires de la propriété terrienne devaient être transférés vers les secteurs neufs de l'économie, sous peine d'être stérilement accumulés par la rente foncière. Au total, « l'agriculture doit produire plus, servir des marchés plus étendus, et augmenter les capitaux qu'elle est disposée à prêter au secteur moderne de l'économie[1] ».

Ainsi, dans le secteur de l'offre, l'agriculture transformée serait un préalable indispensable : disponibilités alimentaires lançant la révolution démographique, main-d'œuvre mise à disposition de l'industrie, capitaux accumulés versés dans le circuit productif nouveau, presque tout dépendrait d'elle. Mais, d'autre part, elle jouerait un rôle tout aussi décisif dans la demande. Pour P. Bairoch[2], l'accroissement de la production agricole entraînerait, semble-t-il, simultanément un essor de la sidérurgie, par une demande accrue d'outillage de fer (charrues, herses, matériel de drainage, fers à chevaux, bandages de roues). En Angleterre, la consommation de fer aurait de la sorte doublé entre 1720 et 1780. Parallèlement, la révolution démographique, l'équilibre physiologique meilleur gonfleraient subitement la demande de biens de consommation. Les anciennes industries ne pourraient pas y faire face. C'est pourquoi,

---

encore compliqué avec l'arrivée en force de la « proto-industrialisation » dans les travaux historiques.

1. W. W. Rostow [24], p. 39.
2. P. Bairoch [16], chap. 6 et 7.

stimulée par l'appel du marché, l'industrie textile nouvelle démarrerait à son tour, au moment où la sidérurgie rénovée peut désormais lui fournir un équipement mécanique moderne. Les deux secteurs clés du démarrage et de la croissance, la sidérurgie et le textile – Bairoch insiste beaucoup sur la hiérarchie des deux secteurs – sont conditionnés par la demande de l'agriculture et des paysans. Par conséquent, l'accroissement de la productivité agricole serait à la fois nécessaire et suffisant pour assurer le décollage puis la mise en route des mécanismes d'entraînement qui lancent la croissance.

Ces analyses de Rostow et Bairoch ont été vivement critiquées. Dans deux mises au point[1], François Crouzet a émis des doutes sur leurs justifications statistiques. Il a également observé que dans des pays à marché intérieur étroit et à industrialisation « dérivée », comme le Danemark et les Pays-Bas, le schéma rostowien est statistiquement réfuté. Pour l'Angleterre, il a nié que la révolution agricole ait pu fournir à l'industrie naissante non seulement les hommes – sur ce point, il reprend l'analyse de J. D. Chambers citée plus haut – mais aussi les capitaux et les débouchés : les usines ne profitent de l'exole rural qu'après la phase de démarrage; les capitaux du négoce et de la banque sont autrement plus actifs, en valeur et en mobilité, que ceux de la terre dans l'équipement d'une industrie qui d'ailleurs n'en exigeait guère; les demandes de fer de la marine sont en grande partie à l'origine des transformations de la sidérurgie, tandis que le matériel agricole neuf est fourni sans difficultés par les petites forges archaïques; le marché extérieur – colonial en particulier – serait, enfin, plus déterminant que la demande de consommation intérieure dans la mutation du textile. Ses réfutations rejoignent d'ailleurs les travaux récents concernant le cas de la France. En s'appuyant sur l'exemple du

1. « Agriculture et révolution industrielle. Quelques réflexions », *Cahiers d'Histoire*, nº 1, 1967, p. 67 sq.; « La formation du capital en Grande-Bretagne pendant la révolution industrielle », *Deuxième Conférence d'histoire économique (Aix, 1962)*, publié en 1965 chez Mouton, t. I, p. 589-642, et repris dans [105], p. 120-167.

Hainaut, du Vexin, de la Brie et en extrapolant avec validité pour le royaume dans son ensemble, Michel Morineau a conclu à l'absence de révolution agricole en France au XVIIIe siècle et au-delà. Jusqu'en 1840, il y aurait rémanence, voire récurrence pour les céréales, dans les rendements agricoles : aucun changement « révolutionnaire[1] ». Tout se passe comme si la Révolution et l'Empire, en gonflant la masse des petits et moyens propriétaires par la vente des biens nationaux, avait brouillé le jeu capitaliste amorcé au XVIIIe siècle, poussé plus loin, sous la pression des masses populaires des campagnes et de l'idéologie jacobine, les mutations de l'agriculture tout en créant des résistances au changement[2]. Et pourtant, même sans « révolution » agricole, en 1840 la France connaît une lente mais irréversible poussée du capitalisme industriel. Ces discussions ont été largement reprises au premier Congrès des historiens économistes en 1969, où l'on desserra le lien entre révolutions démographiques, agricoles et industrielles, en majorant le rôle des éléments traditionnels dans l'essor économique « révolutionnaire » du XIXe siècle; les villes françaises, dont on soupçonne qu'elles eurent un rythme économique très différent de celui des campagnes[3], auraient constitué des pôles de croissance et de soutien

1. M. Morineau, « Y a-t-il eu une révolution agricole en France au XVIIIe siècle? », *RH*, avril-juin 1968, p. 299-326. Même problème aux Pays-Bas autrichiens où les travaux de C. Verlinden et E. Scholliers donnent une analyse précise des prix : cf. M. Morineau, « Prix et révolution agricole », *AESC*, mars-avril 1969, p. 403-423, bon exemple de la complexité des débats. Mise au point d'ensemble par M. Gillet [99], et L. Bergeron, « Problèmes économiques de la France napoléonienne », *RHMC*, juil.-sept. 1970, p. 469-505.

2. Cf. G. Lefebvre, « La Révolution française et les paysans », article repris dans [66], p. 339-367; A. Soboul, « Survivances féodales dans la société rurale au XIXe siècle », *AESC*, sept.-oct. 1968, p. 965-986.

3. Cf. D. Richet, « Croissance et blocage en France du XVe au XVIIe siècle », *AESC*, juill.-août 1968, p. 787 : « Là, dans les pores de la société traditionnelle, croissent les activités du travail et du grand trafic... Là, les acquisitions sont définitives. La ville irrigue peu à peu la campagne, et c'est dans ses murs qu'il faut chercher sans doute les secrets de cette " accumulation primitive " que Marx croyait rencontrer dans l'expropriation des cultivateurs. »

pour l'agriculture : l'argumentation rostowienne est retournée. Au mieux, pour reprendre le mot d'E. Le Roy Ladurie, il y aurait eu en France « amorçage de la croissance sans bouleversement technologique », par utilisation habile, mais empirique des possibilités anciennes.

On peut toutefois poser quelques conclusions – sans doute provisoires. La plus évidente est qu'une agriculture qui n'a pas fait elle-même sa révolution, au moins dans certaines régions clés du marché, freine considérablement la révolution industrielle et interdit en particulier qu'un décollage à l'anglaise intervienne : c'est le cas de la France. La hausse de la productivité agricole serait bien une des conditions nécessaires du *take-off*. Alors que T.S. Ashton se refuse à privilégier toute « causalité » agricole, il semble qu'une modification soit dans l'offre soit dans la demande de l'agriculture serait un des préalables indispensables à toute révolution industrielle, qui ne s'effectuerait pas bien entendu obligatoirement sur le modèle anglais. Et l'exemple du tiers monde actuel – plus fortement handicapé, il est vrai, par le poids démographique – ne peut que renforcer *a contrario* cette conviction.

Un mouvement est donc inégalement amorcé après 1750 dans le monde. Dans quelques pays privilégiés, ceux où interviendra la révolution industrielle, les paysans progressivement libérés du servage fournissent une main-d'œuvre industrielle potentielle, parce que la terre est devenue une marchandise. Les grands propriétaires anglais, dominant une pyramide de fermiers et d'ouvriers agricoles, les *farmers* américains qui suppléent à l'absence de main-d'œuvre par la mécanisation, les *junkers* prussiens poussés par l'Etat, les fermiers de Suède ou du Danemark, les grands exploitants du nord de la Loire en France, lancent le capitalisme à l'assaut de l'agriculture traditionnelle, offrent une alimentation régulière et suffisante, accumulent et investissent parfois dans l'industrie un capital nouveau issu du sol, modifient radicalement la situation sociale des campagnes : on passe de l'agriculture de subsistance à l'agriculture de marché. Mais des zones entières, aussi bien celle de la petite propriété en France ou du grand domaine latifundiaire du monde méditerranéen et ibérique, refusent l'évolution et entretiennent une stagnation ou des évolutions plus lentes, plus détournées, de l'ensemble de l'économie. C'est que d'autres facteurs, politiques, doivent intervenir.

Dernière observation : la « révolution » agricole n'est pas exportable hors des zones tenues par les Européens. En Asie, en Amérique du Sud, en Afrique, les pays déjà industrialisés pourront lancer pour leur plus grand profit une agriculture moderne de plantation, qui non seulement ne rapporte guère au pays duquel on l'impose, mais contribue à y disloquer les médiocres équilibres agricoles anciens. C'est au contraire en refusant la pression européenne, en sacrifiant et pressurant ses paysans, que le Japon du Meiji devient le seul pays non européen capable de lancer une industrie après 1870, après que l'intervention occidentale y a interrompu un processus d'auto-industrialisation ancien et rendu indispensable l'intervention drastique de l'Etat. Aux Indes, par contre, les tentatives anglaises pour créer par la combinaison des systèmes « zamindari » et « ryotwari » une paysannerie nouvelle échouent totalement, introduisant au contraire une exploitation plus forte de la masse rurale.

Le progrès agricole est donc, par nature, lié à la révolution industrielle. Il en est une des conditions nécessaires, qu'il ne faut jamais isoler ni privilégier au milieu des autres nouveautés, décisives elles aussi, de la démographie, de l'industrie, des techniques et du commerce. Et constatons que nous ne pouvons guère affirmer qu'il en fut une des conditions suffisantes.

Capitaux, prix, marchés.

Depuis longtemps, en revanche, il semble acquis qu'une accumulation primitive de capitaux en aurait été une condition nécessaire. Rostow estime par exemple que dans les économies pré-industrielles l'investissement annuel ne dépassait pas 5 % du produit national net. Pour isoler une phase de décollage dans un pays, il faut que l'investissement atteigne 10 % de ce même produit : il déborde alors la pression démographique d'une population qui s'accroît de 1 % par an, provoquant ainsi une augmentation perceptible et irréversible de la production et du revenu par habitant, signe tangible du lancement de la révolution industrielle. Si la population s'accroît de 2 % par an, l'investissement doit se hisser à 12 % environ du produit national net, etc. Affirmations théoriques, partiellement justifiées par les piétinements actuels des pays sous-développés, mais qui laissent souvent les historiens sceptiques, car ce schéma ne repose pas sur des statistiques assez sûres[1]. Néanmoins, conscients de l'importance de l'investissement, ils ont recherché les sources possibles d'accumulation de capitaux.

Première source possible, le commerce colonial. Par les travaux d'E. J. Hamilton, nous savons avec précision que l'afflux de métaux précieux de l'Empire espagnol depuis le XVIe siècle a engendré une solidité extraordinaire des monnaies, un appétit de croissance singulier. Mais peut-on conclure que, dans une période où le mercantilisme règne, ce phénomène soit suffisant? Le capitalisme industriel naîtrait-il au fond des mines du Potosi et des comptoirs des Indes?

Il semblerait plutôt que l'afflux monétaire ait été soit thésaurisé, soit dévié vers les activités commerciales. Le XVIIIe siècle est une période faste pour le grand commerce colonial : les dernières floraisons du capital marchand annonceraient-elles le dernier acte de l'accumulation primitive du capital moderne? On peut en trouver des traces certaines : l'arrière-pays de Liverpool s'industrialise en partie grâce à l'activité portuaire; Bordeaux provoque la même évolution et étend son influence jusqu'à Montauban (mais les armateurs nantais retirent du commerce triangulaire des profits énormes – 80 % en moyenne –, sans créer de zone industrielle.) La masse de capitaux ainsi accumulée est sans aucun doute considérable. Mais Marx, au livre I du *Capital*, avait déjà longuement ironisé sur tous ceux qui cherchent vainement l'accumulation primitive. Pour lui,

1. Cf. P. Deane et W. A. Cole [106].

c'est l'expropriation du propriétaire immédiat, la dissolution de la propriété fondée sur le travail personnel de son possesseur qui tenaient lieu d'accumulation primitive.

En l'absence de démonstration statistique encore pleinement convaincante, concluons à l'existence d'un capital considérable accumulé par le commerce et la fiscalité coloniaux, en avouant que son utilisation ultérieure nous est mal connue. Il est sûr qu'en France, par exemple, il se détourne souvent des investissements productifs de l'industrie nouvelle. Les bourgeoisies d'armateurs et de marchands achètent des offices, souscrivent aux emprunts d'Etat et surtout, inlassablement, rassemblent de la terre, ce symbole de la puissance sociale. Le capital commercial rejoint la stérile rente foncière en s'investissant dans le sol. J. Sentou l'a démontré pour la région de Toulouse, où sous la Révolution, de 1789 à 1799, une bourgeoisie nombreuse et active confisque presque 99 % de l'enrichissement immobilier de la région, refuse de jouer le jeu de l'inflation et de la mobilité et se lance dans un accroissement sans fin de son capital immobilier, ruinant toute chance de décollage moderne pour la région dont elle détient les forces vives[1]. Ultime et décisif argument : il y a discordance évidente entre les zones d'accumulation possible de capitaux et les aires géographiques de la révolution industrielle. La Hollande, l'Italie, l'Espagne, le Portugal échouent dans leurs tentatives d'industrialisation nouvelle au XVIIIe siècle ou n'essaient même pas de la réaliser, alors qu'elles connaissent un essor commercial continu et ancien. Au contraire, la France et l'Angleterre, avec des courbes de croissance commerciale très semblables, également soumises à des fluctuations tout au long du siècle, connaîtront une révolution industrielle. Aucune des grandes villes du XVIIIe siècle enrichies par le commerce n'est l'épicentre d'une région industrielle de type nouveau. Elles se contentent d'irriguer en richesse les campagnes voisines et d'y rassembler des terres. En Angleterre, c'est dans le Yorkshire, comme le note P. Mantoux, à côté de la vivace

1. *Fortunes et Groupes sociaux à Toulouse sous la Révolution*, Privat, 1969.

industrie des *cottages* que la grande industrie naît, et non pas dans l'Est ou le Sud-Est, où un capital commercial s'est amassé.

On peut hésiter davantage si l'on considère l'accumulation primitive d'un capital sur les domaines fonciers. Là, il est certain qu'au XVIIIe siècle la rente accumulée ne retourne pas toujours à la terre, que des propriétaires réinvestissent en ville dans la production de biens de consommation et d'équipement. Quoi qu'on en ait dit, la noblesse française fut très souvent à l'origine du développement industriel, resserrant le lien entre la pensée physiocratique et l'industrie nouvelle. Mais il semble que les études régionales apportent de fortes nuances à ce schéma. Partout en Europe les pères Grandet gardent une vieille tendresse pour l'investissement garanti, la rente d'Etat, les bons arpents carrés, et négligent l'industrie. En Dauphiné, P. Léon souligne que ce sont de petits artisans, de petits fabricants, parfois même des employés qui deviennent les hommes d'affaires et les industriels nouveaux.

A mesure que nos connaissances s'affinent, s'impose une évidence : les bénéfices capitalisés de l'agriculture rénovée et du commerce ont de grandes difficultés à s'investir vers les secteurs où l'industrialisation est possible. Une des raisons en est bien connue désormais : l'appareil bancaire ne permet pas ce transfert. Rarement la banque a été facteur de décollage et de croissance primitive. On a souvent vanté le perfectionnement bancaire pionnier de l'Angleterre, au XVIIIe siècle, avec sa Banque centrale et le perfectionnement de ses techniques de manipulation des monnaies; de l'Ecosse avec ses multiples comptoirs et maisons de banque[1]. Or il est certain que la rareté du numéraire et la pénurie généralisée des moyens de paiement, à une époque où les manipulations scripturales sont peu développées, y expliquent seuls la prolifération des banques. Elles sont plus nombreuses dans les régions rurales que dans celles où la révolution industrielle interviendra, elles investissent systématiquement leurs disponi-

1. Cf. M. Lévy-Leboyer, « Le rôle historique de la monnaie de banque », *AESC*, janv.-fév. 1968.

bilités en fonds publics. La même analyse peut être faite sur le continent. Il faudra attendre que la croissance industrielle pose des problèmes nouveaux de financement, que les sociétés modifient leurs statuts juridiques, pour que la demande de capitaux conduise à une évolution prudente des structures bancaires vers 1840. Et même dans les pays qui connaîtront une révolution industrielle tardive, comme la Russie ou le Japon, jamais les banques du pays ne serviront d'intermédiaire entre un capital primitif et l'industrie.

On serait donc tenté de nier le problème de l'accumulation primitive. Les capitaux accumulés ne jouent pas un grand rôle parce qu'on n'a guère besoin d'eux. Il suffit que dans une région un déséquilibre s'installe dans la structure de la propriété, dans les rapports des forces de production, pour que le décollage y soit possible sans recours à un capital supplémentaire. Au stade initial, alors que les entreprises rentables peuvent être très petites, avec moins de 10 ouvriers, une mise de fonds très faible est suffisante. Dans la Grande-Bretagne de 1780, les *ratios*[1] nécessaires n'atteignent pas 25 livres sterling par personne active dans le textile, soit 4 mois de salaire d'un fileur moyen, et ne dépassent pas 30 livres pour la métallurgie. On conçoit que dans ces conditions, avec un matériel encore peu coûteux, de nombreux artisans ou petits fabricants puissent se lancer dans les voies modernes du travail, car jamais ils ne doivent mettre en jeu un capital supérieur à une année de leur ancien salaire. Ajoutons que dans la phase du décollage, ces artisans-entrepreneurs se concèdent très librement des prêts, que les banquiers leur accordent des hypothèques faciles sur le matériel et les bâtiments ou sur quelque terre, et que surtout presque tous les bénéfices sont automatiquement réinvestis dans la jeune entreprise. Avec une exploitation renforcée du travail, des bénéfices flatteurs, le capital « fait boule de neige ». Mais, à partir de ces observations sûres, recoupées par de fréquents témoignages, nous nous heurtons à d'autres problèmes. Dès que l'entreprise s'agrandit et que le progrès technique rend nécessaire l'achat d'un outillage plus coûteux, l'autofinan-

1. Les rapports entre deux quantités comptables.

cement primitif est insuffisant. De nombreuses faillites interviennent et seules se sauvent les entreprises particulièrement bien gérées, à la spartiate. Et surtout celles qui bénéficient, après qu'elles ont amorcé leur percée et fait la preuve de leur rentabilité, d'une aide de capitaux venus de l'agriculture ou du commerce de la ville voisine. Parfois même pourront intervenir des capitaux d'Etat.

Tout se passe donc comme si le capital accumulé restait en attente. Qu'un certain nombre de petits entrepreneurs, avec une mise de fonds très faible, démontrent que leur entreprise s'intéresse à une production qui a quelque avenir sur le marché, que ses profits sont solides (parfois même stupéfiants : plus de 20 % est courant); alors ces capitaux, qui commencent à bouder – en Angleterre surtout – le placement d'Etat dont l'intérêt décroît au cours du siècle, se précipitent vers l'entreprise nouvelle, lui permettant de s'épanouir, d'acheter un matériel plus perfectionné, et souvent, au passage, la confisquent complètement à leur profit. Ainsi les Lyonnais développent le moulinage de la soie en Dauphiné, les marchands de Thiers la coutellerie, les marchands russes l'industrie métallurgique de l'Oural. Alors se vérifie pleinement l'analyse de Marx : « Le capitaliste n'est point capitaliste parce qu'il est directeur industriel; il devient au contraire chef d'industrie parce qu'il est capitaliste[1]. »

Autant que celui de l'accumulation primitive, le problème des prix est depuis longtemps débattu. Très tôt les historiens ont été frappés par la hausse continue des prix au XVIIIe siècle, favorisée par le gonflement des stocks métalliques venus des Amériques, dans une atmosphère de

1. Au livre I du *Capital*, Marx insiste en outre à la fois sur le rôle des types et des taux de profit dans les origines du capitalisme industriel. Le profit usuraire des sociétés « féodales » s'émiette avec la circulation de l'argent et les nouveautés de l'agriculture, le profit traditionnel du commerce colonial, fondé sur le risque maritime et la rareté du produit exotique, s'effondre tout autant devant l'unification du marché mondial, liée aux nouveautés des transports, et la massivité des marchandises échangées. Le profit industriel à faible risque prendrait alors le relais des profits traditionnels trop bas. Mais nous n'avons pas la démonstration statistique précise de ces analyses de Marx.

stabilité monétaire à laquelle les gouvernements veillent jalousement. Malgré ses variations, ses inégalités régionales, ses décalages entre l'agriculture et le commerce, le mouvement long est toujours ascendant : les prix peuvent doubler entre 1700 et 1800. A leurs côtés, les profits du sol, de l'industrie et du commerce grimpent. Le revenu national suit, tout comme le revenu par tête. Nul doute qu'il ne faille voir dans cette aisance nouvelle une condition favorable à la hardiesse, à la nouveauté industrieuses. D'autant que la montée des prix déclenche un accroissement plus que proportionnel des bénéfices grâce à la disparité constante entre prix et salaires. Cet essor des bénéfices, avec des salaires muselés, aurait pu stimuler l'investissement nouveau. Mais là encore, l'hypothèse séduisante ne résiste guère à l'observation de bon sens. C'est en effet en Angleterre, là où la disparité prix-salaires est la plus faible, qu'un essor industriel intervient et non dans l'Espagne de Charles III, où elle était au plus haut. Autre argument, décisif : les révolutions industrielles des futures grandes puissances comme la France, la Belgique, les Etats-Unis, le Japon, la Russie, correspondent à des périodes de stabilité ou de baisse des prix. Le décollage, quand il existe au sens rostowien, est quasi indifférent à la hausse ou à la baisse séculaire des prix. La croissance, par contre, nous le verrons, enregistre leurs mouvements cycliques.

Autrement fort semble être le rôle du marché. L'histoire économique croit, sur ce point, toucher au cœur son objet d'étude. Certes les enquêtes sont encore insuffisantes, mais des renseignements concordants révèlent que la piste est sûre et pourra être suivie avec fruit. Car le capitalisme, sous quelque forme qu'il se présente, reste fondamentalement une économie de marché. On pense naturellement d'abord au commerce extérieur et particulièrement colonial. L'exemple de Liverpool est à cet égard assez clair[1]. Situé au seuil du comté de Lancastre, à quelques lieues de Manchester, grand centre cotonnier, bien relié par la dépression Weaver-Trent et par la Mersey avec le district

1. Cf. P. Mantoux [291], p. 91 s.

des poteries, avec le pays noir de Birmingham, avec Leeds, Bradford et Sheffield, les villes de la laine et de l'acier, le port semble être la création de l'industrie nouvelle, le débouché maritime naturel des richesses de l'intérieur. Pourtant, au XVIIIe siècle, c'est l'inverse qui se produit. Liverpool est l'heureux effet du commerce colonial. Un nombre croissant de navires apporte dans ses entrepôts les sucres, les cafés, les cotons des Isles et des Indes, ses armateurs pratiquent à grand profit la traite des Noirs[1]. Ses commerçants stockent, puis réexportent les denrées coloniales vers la Hollande, Hambourg, la Baltique. Ensuite la facilité de circulation vers l'intérieur, la puissance de l'appel du profit vers l'extérieur, l'existence d'un marché intérieur anglais excitent l'industrialisation de l'arrière-pays. Liverpool devient alors le grand centre de transit de produits industriels vers les marchés intérieurs et extérieurs. Deuxième exemple, celui de l'industrie cotonnière anglaise dans son ensemble[2]. Dès le milieu du XVIIIe siècle, la main-d'œuvre servile des Antilles, puis plus tard des colonies anglaises d'Amérique du Nord, fournit le coton brut, vendu par les planteurs aux trafiquants et expédié vers Bristol, Glasgow ou Liverpool. Les cotonnades fabriquées en Angleterre sont ensuite réexpédiées et négociées à grand profit vers l'Afrique et l'Amérique. L'essor du trafic commercial, la maîtrise de l'énorme marché de l'Inde favorisent le démarrage de l'industrie du coton. Entre 1750 et 1770, les exportations de cotonnades décuplent. C'est à qui arrivera le permier, avec une quantité suffisante de produits manufacturés sur les marchés nouveaux de l'Extrême-Orient – c'est l'époque où le marché chinois est arraché aux Hollandais –, de l'Afrique, de l'Amérique du Sud, de l'Europe. Devant ces perspectives

1. Marx écrit : « Ce fut la traite des nègres qui jeta les fondements de la grandeur de Liverpool; pour cette ville orthodoxe, le trafic de chair humaine constitua toute la méthode d'accumulation primitive... Liverpool employait à la traite : 15 navires en 1730, 53 en 1751, 74 en 1760, 96 en 1770 et 132 en 1792... Le capital y arrive suant le sang et la boue par tous les pores. »

2. Cf. E.J. Hobsbawm, *L'Ere des révolutions* [10], p. 52.

de profit sans limite, des entrepreneurs aidés par le gouvernement anglais acceptent de se jeter dans le pari technologique. Les inventions nouvelles sont perfectionnées et la grande industrie du coton démarre, sous la demande du marché extérieur. La quantité de coton brut importé passe de 11 millions de livres en 1785 à 588 en 1850. La production de tissus de 40 à 2025 millions de yards et assure 40 à 50 % de toutes les exportations du pays. A destination surtout du marché colonial. En 1820, après la chute de l'Empire et de son blocus continental, l'Europe absorbe 128 millions de yards de cotonnades anglaises, l'Amérique, l'Afrique et l'Asie 80 millions. Mais en 1840, l'Europe ne reçoit plus que 200 millions de yards, alors que les pays d'outre-mer en absorbent 529. C'est bien la pression du marché qui suscite l'innovation technique et lance cette industrie de pointe de la révolution industrielle. On pourrait apporter d'autres arguments. Pour la Belgique, l'ouverture du marché français puis européen grâce à la conquête française et au blocus continental stimule le commerce : des marchands de Gand se lancent alors dans l'activité nouvelle, poussés par l'appât de profits. Le marché nouveau des colonies hollandaises favorisera ensuite un nouvel essor du textile belge après 1820.

Plus décisif peut-être encore est le rôle du marché intérieur. Pour l'Angleterre le schéma est connu dans ses grandes lignes. Un marché potentiel y existe dès le début du XVIIIe siècle, sans douanes intérieures ni péages comme en France ou dans les Etats allemands. Le gonflement de la population, une meilleure répartition de la richesse et une croissance du revenu par tête, issus vraisemblablement des nouveautés de l'agriculture et du commerce, créent des acheteurs potentiels, mieux rassemblés désormais dans des villes en expansion rapide. Une pénurie relative de bois – au point que la marine anglaise doit s'approvisionner massivement dans les pays scandinaves –, un charbon de bois trop rare et trop cher, poussent les manufactures métallurgiques à s'installer vers les zones extractrices du charbon de terre et du fer. Les progrès du chauffage domestique au charbon – substitut du bois – accroissent la tendance. D'autre part, au seuil du démarrage, on observe une demande nouvelle de main-d'œuvre. Toutes ces conditions favorisent la constitution d'un marché intérieur cohérent où les produits, les capitaux, la main-d'œuvre pourraient circuler plus librement. C'est alors qu'une timide « révolution » des transports, par la route et surtout par les canaux, permet de réaliser cette dernière condition. Le dynamisme commercial cimentera bien vite la construction. Le marché se crée, pour approvisionner les villes, ravitailler en combustible les centres manufacturiers actifs, répandre les produits de consommation – alimentation et textile surtout – que la population réclame. Au marché ancien, où les produits de luxe étaient absorbés par une minorité de privilégiés, se substitue le marché moderne de masse, géographiquement et socialement étendu. Et cela au moment même où le marché colonial révèle les capacités de profits qu'une conquête facile accroîtra encore. Avide de tout conquérir à la fois, le marché extérieur, le marché urbain intérieur comme celui des campagnes, l'industrie anglaise se lance dans l'innovation technique, accélère ses transports et décolle. En France, au contraire, la réglementation royale a restreint les possibilités, un repli colonial intervient, l'étendue du pays et ses particularismes provinciaux morcellent le marché potentiel, les salaires décroissent avec les crises de la fin du siècle, les écarts de revenus et de lien entre les villes et les campagnes sont plus ténus, le revenu par tête est plus faible, la pénurie de bois n'existe pas, pas plus que celle de main-d'œuvre : le *take-off* n'intervient pas. On assiste à une industrialisation prudente, par étape, par conquête du marché rural, puis du marché urbain, avec utilisation systématique de la main-d'œuvre artisanale et domestique. Reconnaissons que toute appréciation statistique de ces phénomènes est encore hasardeuse et que le rôle respectif du marché intérieur et extérieur est malaisé à définir en France[1]. Plus que les capitaux, ou les prix, c'est le marché, intérieur et extérieur, avec ses profits, ses appels, ses pressions qui devient

1. Cf. D. Richet, *art. cit., AESC,* juill.-août 1968, p. 783. Le rôle important des circuits de distribution locaux a été réévalué par D. Margairaz, *Foires et Marchés dans la France préindustrielle,* EHESS, 1988.

l'élément moteur. Pour le coordonner, pour accroître la productivité et la rentabilité de la main-d'œuvre et des capitaux, pour maîtriser ces mécanismes économiques nouveaux, un pari est nécessaire, un saut dans l'inconnu. L'accumulation des forces productives nouvelles est telle que des goulets d'étranglement se forment. Seules les révolutions des techniques et des transports permettront l'essor.

Mentalités et politiques.

Mais les conditions économiques ne suffisent pas toujours. Il faut aussi que les hommes modifient leurs habitudes mentales et trouvent des possibilités politiques pour que l'esprit d'entreprise et la conquête des marchés soient possibles. Même favorisée par la faiblesse des capitaux nécessaires au départ, par l'appel du marché potentiel, la formation d'une classe d'entrepreneurs nouveaux n'eût guère été possible s'il n'y avait pas eu un changement profond de mentalité à l'égard de l'argent, son maniement, son profit, sa valeur sociale.

Première constatation : la révolution industrielle intervient dans des pays où le pourcentage d'adultes illettrés a considérablement diminué. Plus que le rôle prestigieux des académies, des sociétés savantes, des écoles secondaires, des universités, qui n'intéressent qu'une faible minorité, qui diffusent un savoir souvent moins neuf qu'on l'a prétendu, mais dont le rôle dans l'histoire des idées est décisif au XVIIIe siècle, il faudrait pouvoir apprécier la lente vague de fond qui jette les bases d'une mutation culturelle. Dès l'aube du XVIIIe, l'Angleterre n'a guère plus de 60 % d'illettrés et la France la rejoint vers 1780, alors que de nombreux pays restent attardés et ne parviendront à l'instruction de masse qu'à la fin du XIXe siècle (Italie, Espagne, Russie). Il suffit qu'un nombre croissant d'adultes arrivent à la lecture autonome, à la curiosité en éveil, au goût de la technique répandu par le livre, la brochure, le journal, pour que l'habileté manuelle devienne plus inventive encore, que l'esprit d'initiative individuelle s'affine. Il y a là un passionnant domaine de l'histoire des mentalités débouchant sur l'économique, malheureusement encore très mal connu. Qui nous contera les progrès de l'ingéniosité et de l'initiative chez ces artisans, ces petits commerçants depuis le XVIIIe?[1] D'autant que le démarrage, avec des techniques encore simples, ne nécessite pas une formation poussée, mais surtout de la hardiesse, de la finesse et de l'habileté. Plus tard seulement, les sociétés industrielles libérales feront de l'instruction la condition préalable au progrès scientifique, technique et industriel, la clé d'une éventuelle ascension sociale individuelle par le « talent ».

Mais l'essor industriel suppose aussi une attitude nouvelle face à l'argent. A la suite de Max Weber, on a établi souvent un lien entre le protestantisme et l'esprit capitaliste, qui serait visible dès le XVIe siècle. Et une longue polémique a suivi[2]. Notons qu'au XVIIIe siècle l'Eglise catholique a depuis longtemps singulièrement assoupli son attitude méfiante face au profit et à l'usure. Qu'un grand pays comme la France très chrétienne se donne une industrie moderne autant que la protestante Angleterre. Mais il est évident que les églises réformées, avec leur sens de l'individu, de l'effort solitaire vers la perfection, de la valeur du travail et de la réussite bénie par Dieu, entretiennent chez leurs fidèles le goût de l'initiative et de la nouveauté économique et sociale. Que des sectes dissidentes donneront nombre de grandes dynasties industrielles bourgeoises et d'inventeurs : les Darby, grands métallurgistes, sont des quakers; Watt est presbytérien; les manufacturiers protestants de l'Alsace et des vallées vosgiennes contribuent à lancer la révolution industrielle en France.

On assiste aussi à un lent déplacement vers les valeurs pécuniaires. Autant que le capital, c'est sa vitesse de circulation qui compte, son emploi judicieux au moment efficace, le sens du risque, du moment opportun. Déjà, du Moyen Age à la Renaissance, le temps du marchand et des

1. Voir D. Roche, *Jacques-Louis Ménétra. Journal de ma vie,* Montalba, 1982; R. Chartier, *Lectures et Lecteurs dans la France d'Ancien régime,* Le Seuil, 1987; Fr. Furet et J. Ozouf [274].
2. Philippe Besnard [268].

beffrois s'était substitué au temps de l'Eglise et de ses clochers, affirmant le passage des mondes agricoles au capitalisme commercial. Et Lewis Mumford a pu soutenir avec raison que l'horloge – et la montre, perfectionnée avec quel amour par les artisans du XVIIIe siècle! – était la machine clé de l'âge industriel moderne, plus que la machine à vapeur[1]. Tout est mesurable, tout est interchangeable, tout est marchandise. *Time is money*.

Et la pensée économique reflète bien cette évolution. Le vieux mercantilisme ferraille vaillamment, mais rend les armes devant les doctrines de la circulation et de l'abondance, confirmées par l'exemple du décollage anglais. Dès 1752 David Hume dans ses *Discours politiques* vante le libre-échange, s'oppose à la thésaurisation stérile de la monnaie et prône la division internationale du travail. L'école physiocratique française, avec le célèbre *Tableau économique* de Quesnay de 1767, démontre que dans l'agriculture comme dans l'ensemble de l'activité économique tout dépend de l'initiative des détenteurs de capitaux devenus maîtres de la croissance. Enfin l'école libérale anglaise se donne sa bible en 1776 avec les *Recherches sur la nature et sur les causes de la richesse des nations* d'Adam Smith. Dans une économie où l'Etat ne doit plus intervenir, restent face à face le capital et le travail, dans une totale liberté. Seule la division du travail, déterminée par l'étendue du marché, crée la richesse, la valeur, donc l'utilité. Le salaire payé au plus bas, le capital devient rentable, solidement tenu et manipulé par une classe nouvelle d'entrepreneurs d'où les oisifs et les parasites sont exclus. L'égoïsme devient le moteur de l'activité économique, l'individualisme et sa soif de profit s'affirment. Philosophie pragmatique et individuelle, à laquelle les morales de Herder et de Kant donneront bien vite tous les renforts métaphysiques. En 1789, année où en France les droits de l'homme deviennent ceux de l'individu, Bentham affirme : « Le motif sur lequel on doit le plus compter est celui dont l'influence est la plus puissante, la plus continue, la plus

1. [79], p. 23. La démonstration a été reprise avec un rare bonheur par D. Landes dans [80].

uniforme, la plus durable et la plus générale : ce motif est l'intérêt personnel. Un système économique fondé sur toute autre base repose sur du sable mouvant. » Quarante ans plus tard, MacCulloch, plus platement, renchérit : « Nul sentiment dans l'homme ne tient son intelligence éveillée autant que l'intérêt personnel. Il donne de l'esprit aux plus simples[1]. » A ces apologies du profit et de l'inégalité, un Marx sarcastique et caricatural fait écho : « Tout peut être vendu, tout peut être acheté. La circulation est la grande cornue sociale dans laquelle on jette tout et où l'on retrouve tout, cristallisé en monnaie. Les os des saints eux-mêmes ne peuvent résister à cette alchimie et les choses les plus fines, les choses sacro-saintes qui se tiennent en dehors du commerce des hommes peuvent encore moins y résister. L'Argent, robot implacable, efface toutes les distinctions. Mais l'Argent lui-même est une marchandise, un objet externe susceptible de devenir la propriété privée d'un individu. Ainsi le pouvoir social devient pouvoir privé entre les mains d'une personne privée. »

Cette morale nouvelle ne peut pas s'épanouir sans un certain contexte politique qui en facilitera l'expression et la victoire sur les mentalités anciennes. Mais les facteurs politiques, si divers, doivent être analysés avec précaution. Il en est d'incontestablement positifs. Le nationalisme par exemple. Des hommes bouleverseraient la société traditionnelle parce qu'elle ne les protège plus contre les humiliations étrangères[2]. L'aspiration à l'unité nationale traduit alors naturellement les exigences économiques d'un marché intérieur et extérieur cohérent. Comme le dit Marx : « Le marché est la première école où la bourgeoisie apprend le nationalisme. » Pour l'Allemagne le fait est patent : le Zollverein crée un marché intérieur entre des Etats allemands politiquement antagonistes ou séparés, dans la mesure où il répond aux aspirations nationales du peuple et de la bourgeoisie d'outre-Rhin. Mais l'échec de l'unité démocratique et bourgeoise en 1849, après l'explosion

1. Cf. L. Epsztein [273], p. 57 et 61.
2. Cf. W. W. Rostow [24], p. 45. Encore faut-il s'entendre sur le sens du mot « nationalisme ».

sociale du printemps 1848, laisse la cause de l'unité aux mains de la Prusse et de ses Junkers plus qu'à celles de la faible bourgeoisie rhénane. Le démarrage allemand, sur le modèle étatique prussien, prend dès lors une coloration différente. Même constatation pour l'Italie où l'unité difficile, réalisée avec l'aide française pour le compte du Piémont, donne après 1870 à l'Italie du Nord un rôle déterminant et lui permet de dominer le marché intérieur du *Mezzogiorno* retardataire, avant que l'impérialisme colonial ne prenne le relais pour assurer l'expansion économique de la jeune industrie transalpine. Enfin, pour résister aux pressions occidentales, qui au même moment démantèlent la puissance de la Chine, le Japon du Meiji se lance, à partir du capital agricole, dans un démarrage original et xénophobe après 1867. Nul doute aussi que le statut de dominion qui dans la seconde moitié du XIXe siècle laisse au Canada, à l'Australie, à la Nouvelle-Zélande une certaine initiative politique, n'ait contribué à l'édification d'une industrie nationale dans ces pays jusque-là surtout à vocation agricole. Les aspirations à l'unité et à l'indépendance peuvent être pour de jeunes nations un puissant facteur de démarrage.

Certains hommes d'Etat peuvent également agir concrètement en faveur de la croissance. De 1825 à 1830, Friedrich von Motz, ministre des Finances de Prusse, impose l'idée d'une union douanière allemande, tandis qu'à la même époque Peter Beuth, son directeur de l'Industrie, fonde la recherche et l'enseignement techniques, donnant à leur pays une avance et une audace dont la génération de Bismarck et de Guillaume II recueillera les fruits. En Russie, le comte Serge Witte, ministre des Finances du tsar à la fin du XIXe siècle, ose recourir aux capitaux et aux techniques étrangers pour lancer son pays dans l'industrialisation.

Mais ces initiatives politiques n'auraient pas eu d'écho si des entrepreneurs nouveaux n'avaient pas compris leurs visées et amplifié leurs décisions. Malgré ses efforts répétés, le comte Széchenyi ne parvient pas à secouer le monde rural et féodal de la Hongrie du milieu du XIXe siècle : ses premières compagnies, ses réalisations techniques – le pont sur le Danube entre Buda et Pest par exemple – ne parviennent pas à lancer une industrialisation durable et quelques jalons sont simplement posés. Par contre, en Grande-Bretagne, en France, aux Etats-Unis, en Allemagne, des bourgeoisies nouvelles s'imposent politiquement et lancent la croissance industrielle dans une atmosphère favorable. En Grande-Bretagne, le parlementarisme s'est affirmé, consacrant dès la fin du XVIIe siècle la puissance politique des propriétaires fonciers et des bourgeois actifs face au pouvoir royal. L'*Habeas corpus* proclame la liberté juridique de l'individu face aux vieilles oppressions. Désormais l'aventure est possible : l'égalité devant la loi justifie l'inégalité de la fortune; l'ascension sociale individuelle est offerte aux plus hardis et aux plus forts. Dans la France révolutionnaire et impériale aussi, malgré les troubles et le ralentissement économique qu'ils provoquent, une bourgeoisie nouvelle, enrichie par l'achat de biens nationaux et les fournitures aux armées, s'agglomère aux armateurs et aux maîtres de forge de l'Ancien Régime et lance à tâtons le mouvement industriel. Les Droits de l'homme et le Code civil, qui libèrent l'individu et sa propriété, déchargent l'activité économique des vieux tracas de la royauté et de la basoche, tandis que la loi Le Chapelier de 1791 interdit toute réaction ouvrière collective : est ainsi tracé un cadre juridique solide à la croissance. Et ces codes sont largement diffusés et bien accueillis dans toutes les zones d'Europe où une bourgeoisie les attend, celles-là mêmes qui feront les révolutions industrielles. L'esprit de 1789, répandu par la « Grande Nation » révolutionnaire, contribue à lancer l'Europe du Nord-Ouest dans la croissance dont la Grande-Bretagne gardait jusqu'alors le monopole. Les révolutions en chaîne de la fin du XVIIIe siècle et du début du XIXe, en libérant l'individu pour le meilleur et le pire, en scellant un nouveau contrat social qui consacre la domination des entrepreneurs, en disloquant le cadre ancien de la production, contribuent, pour reprendre le mot de Marx, à « briser les chaînes » qui entravaient les forces productives.

Mais gardons-nous d'une vision trop euphorique ou trop linéaire. Les événements politiques peuvent arrêter ou ralentir un démarrage autant qu'ils peuvent contribuer à le lancer. En France, la période révolutionnaire voit une décélération massive de la production industrielle. Le décollage à l'anglaise y était-il possible vers 1780? Les dix années de luttes civiles et militaires de 1789 à 1799 ruinent cet espoir. Le pays perd les ressources de son commerce outre-mer, ses ports périclitent, le marché européen conquis depuis Valmy est trop instable pour être fructueux. Partout, les courbes de production plongent. De 1790 à 1795, le chiffre d'affaires des manufactures de Rouen passe de 41 à 15 millions, le nombre de leurs ouvriers de 246 000 à 86 000. A l'avènement de Bonaparte, la production est au mieux égale à 60 % de son niveau d'avant 1789. Il faudra attendre la décennie 1800-1810 pour que la croissance française soit lancée. Mais sans le bel élan anglais : sur le marché européen du grand Empire, les produits français doivent rivaliser avec les belges, les rhénans, les italiens; la bourgeoisie se détourne de l'activité industrielle lorsque les guerres reprennent. Après 1815, face à un marché extérieur qui est à peu près fermé, l'industriel français doit se réadapter, miser sur le marché intérieur, compter sur l'aide de l'Etat, employer une surabondante main-d'œuvre rurale à bas prix, s'orienter vers des productions de biens de consommation, aux dépens des productions de base, monopoles anglais [1].

Parfois une crise politique peut avoir des conséquences autrement désastreuses que pour la France. Ainsi en Espagne. A la fin du XVIIIe siècle, ce pays aborde dans d'excellentes conditions l'industrialisation moderne. Le commerce colonial a été florissant, s'est libéré des entraves en 1778, dispose de l'immense Empire. Les capitaux affluent, s'accumulent, sont correctement maniés. La population est en croissance, de lentes reconversions de ses

1. Voir D. Woronoff dans [327] et surtout [328], qui nuance et pondère tout tableau trop pessimiste; bilan des guerres napoléoniennes dans Fr. Crouzet [288]. On suivra l'état des travaux avec L. Bergeron, « L'économie française et la Révolution », dans H. Berding, E. François et H.-P. Ulmann dir., *La Révolution, la France et l'Allemagne. Deux modèles opposés de changement social?*, MSH, 1989, p. 79-92.

activités s'observent. Une élite éclairée lutte pour la liberté de l'individu et de l'activité économique, exalte la technique, la recherche, la pensée hardie. Des ministres de Charles III, Aranda, Jovellanos, Floridablanca s'activent pour faire passer ces nouveautés dans le domaine politique. La Catalogne, enrichie par le commerce, amorce seule une révolution industrielle : le coton remplace la laine, le marché américain du Nord est atteint, les techniques suivent de près celles de l'Angleterre. L'Espagne semble mûre pour le décollage, avant la France. Or les désastres militaires et politiques révèlent la fragilité de ces formes novatrices et jettent le pays dans l'anachronisme ou la stagnation. Trafalgar dissocie l'économie espagnole de son empire colonial. L'occupation française fait de beaucoup d'Espagnols éclairés des « collaborateurs » haïs : Joseph Bonaparte n'exportera pas l'esprit de l'an II à Madrid. Contre Napoléon, la bourgeoisie libérale qui peuple les *Cortès* bâtit un front précaire avec les forces populaires réveillées par le clergé et les grands agrariens réactionnaires. La guerre d'Indépendance s'achève dans un triomphe des forces du passé; l'Espagne du XIXe siècle, protectionniste, sous-industrialisée, livrée aux capitaux et aux exportations anglaises, celle des latifundiaires et des putsch militaires, est née. Ici, la guerre a ruiné pour longtemps toute chance de développement moderne[1].

Deux exemples : Angleterre et France.

Pour conclure et montrer combien le *take-off* est une notion relative, délicate à manier, toujours différente selon les pays, appliquons à l'Angleterre et à la France quelques mécanismes déjà analysés[2]. Dès le début du XVIIIe siècle, le décalage est net : au XVIIe siècle, la France a pris un retard

1. Voir P. Vilar [369].
2. Nous suivons ici F. Crouzet, « Angleterre et France au XVIIIe siècle. Essai d'analyse comparée de deux croissances économiques », *AESC*, mars-avril 1966, p. 254-291, repris dans [105], p. 22-49.

important qu'elle ne rattrapera jamais. L'Angleterre au contraire a échappé en partie aux méfaits de la conjoncture et des crises du XVIIe siècle; une croissance lente s'y poursuit; le revenu par tête augmente; avec la croissance de Londres – bien supérieure à celle de Paris – un marché intérieur s'unifie; l'agriculture, le commerce, la manufacture, la finance sont déjà techniquement mieux armés pour une production accrue et une grande souplesse d'adaptation. Les préconditions d'une industrialisation y sont éminemment favorables. Puis, au siècle des Lumières, les progrès des deux pays sont tout à fait parallèles. En structure, en volume et en valeur, les commerces extérieurs progressent de concert, même si celui de l'Angleterre est déjà beaucoup plus tourné vers l'outre-mer. Les productions industrielles sont tout aussi prometteuses dans leur rythme, y compris dans des secteurs comme la production cotonnière dont on a trop longtemps fait un privilège anglais. La France produit vers 1780 moins de charbon, de métaux, de navires et de cotonnades, mais davantage de laine, de toiles, de soieries et de fer. En valeur elles sont approximativement égales bien que leur structure soit déjà différente. Même rapport égal des productions agricoles, avec, il est vrai, une avance technique et une productivité meilleure outre-Manche. Au total, deux croissances parallèles dans les productions et les revenus nets par tête.

Pourtant, vers 1780, des décalages définitifs interviennent. L'Angleterre a derrière elle deux siècles de progrès. Elle est plus urbanisée, plus industrialisée, plus riche : l'économie de subsistance y disparaît. La France au contraire connaît des crises depuis 1770 : ses prix, ses revenus oscillent avec violence, comme l'a démontré E. Labrousse, les antagonismes sociaux s'y montrent plus vifs. Ainsi, le décalage initial s'élargit. Le cadre institutionnel plus libre de l'Angleterre permet l'épanouissement du « laisser-faire », alors qu'en France les résistances corporatives sont nettes devant la tendance à la concentration; le dirigisme d'Etat existe encore. La mobilité sociale semble aussi plus grande en Angleterre : les barrières entre les grands propriétaires terriens du monde des affaires et celui des artisans industrieux de la classe moyenne y sont peu étanches, alors que la société française d'ordre, où les offices et la terre conservent tout leur prestige, reste cloisonnée et que la classe nouvelle des entrepreneurs inventifs et décidés peut difficilement s'épanouir. Les structures sociales comme les mentalités freinent le démarrage en France.

Mais c'est l'élargissement du marché anglais qui joue le rôle déterminant. Avec une croissance démographique légèrement inférieure à celle de la France, l'Angleterre dispose d'un revenu par tête et d'un niveau de vie supérieurs. Les prix agricoles baissent tandis que les salaires nominaux augmentent; le marché intérieur s'élargit par appel de consommation, alors qu'en France une paupérisation massive s'observe avec la crise. Sur le continent, une production industrielle destinée aux masses, mais morcelée par la fragilité du marché, les tarifs, la dispersion de la production; consommée par une clientèle peu exigeante, fabriquée par une main-d'œuvre rurale peu coûteuse. L'industrie française n'a pas besoin d'innovations techniques pour répondre aux besoins du marché. En Angleterre au contraire les classes moyennes arrivent à l'aisance relative, exigent des produits de qualité, le marché colonial d'exportation devient très rentable. Il faut fournir des produits standardisés et de qualité : une division du travail s'impose, avec la concentration dans les usines pour mieux surveiller la régularité et la continuité de la production de chaque ouvrier. Cette main-d'œuvre est rare : la révolution agricole a créé des emplois dans le Sud; les déplacements de main-d'œuvre ne se sont pas encore réalisés entre le Sud et le Nord. Ainsi le *domestic system* ne peut plus répondre aux besoins nouveaux. Plus rare, la main-d'œuvre devient plus chère. Désormais devant cette pénurie et cette cherté, l'innovation technique est nécessaire : seule la machine peut diviser le travail, réduire les coûts et économiser des bras, en particulier dans l'industrie du coton. Les pénuries relatives de bois et d'énergie hydraulique poussent également à l'exploitation de la houille, du coke et de la vapeur. Au total, dans la seconde moitié du XVIIIe siècle, la France peut satisfaire à la demande de produits industriels par l'utilisation de son abondante main-d'œuvre et de ses sources traditionnelles d'énergie. En Angleterre, pour satisfaire à l'appel des marchés sans trop augmenter les prix, pour tourner les pénuries d'énergie et les coûts de la main-d'œuvre, les anciens facteurs de production ne suffisent plus. Les goulets d'étranglement de la vieille économie ne peuvent être débloqués que par une percée technologique. Les exigences du marché, de la productivité et du profit jettent l'industrie anglaise dans une réaction en chaîne : la révolution industrielle. L'Angleterre a la première réuni ces exigences conjuguées. D'autres pays suivent, avec des décalages chronologiques et des pressions moins fortes ou plus inégales, trouvant des solutions de rechange qui parfois même atténueront ou feront disparaître le *take-off* au sens rostowien. Mais c'est toujours le marché et le profit qui exigent une nouvelle division du travail, une nouvelle répartition des forces, une autre rentabilité. Des techniques et une circulation nouvelles apportent alors la solution et permettent de lancer durablement la croissance.

2

Techniques et circulation nouvelles

La nouveauté qui caractérise la révolution industrielle sur le plan technique, ce ne sont pas les machines, c'est le machinisme, notait P. Mantoux[1]. Depuis le XVe siècle des générations d'artisans, de techniciens, d'amateurs passionnés cherchent, avec un bonheur inégal. Mais c'est au XVIIIe siècle, avec une diffusion plus large encore du goût pour les « mécaniques » (on sait avec quel soin les planches et les articles de l'*Encyclopédie* de Diderot et d'Alembert les recensent et les décrivent), avec la multiplication des expérimentateurs « éclairés », que les efforts séculaires aboutissent, après une dernière poussée de recherches fébriles. Ce n'est pas un hasard, car l'économique anticipe sur la technique[2]. Lorsque l'appel d'un marché devient pressant, les freins de l'ancienne économie sont desserrés par des procédés techniques nouveaux qui permettent de lancer des moyens de production neufs. Production accrue, profits importants et constants, exploitation rationnelle de la division du travail, compensation de la faiblesse numérique de la main-d'œuvre : seule la machine nouvelle permet tout cela et en même temps. Mais une machine d'emploi courant, qui permette de grosses productions à bas prix : le machinisme s'impose. En substituant les procédés mécaniques à l'habileté manuelle et à la formation professionnelle coûteuse, en permettant à long terme le remplacement des artisans et des travailleurs du *domestic system* par la foule des manœuvres de l'usine moderne, il ouvre vraiment une ère nouvelle dans l'exploitation et la

1. [291] p. 185.
2. Cf. P. Bairoch [16], chap. 1.

rentabilité du travail humain et permet l'épanouissement de la révolution industrielle.

Mécaniques et vapeur.

C'est pourquoi on ne s'étonnera pas que les premières découvertes décisives interviennent dans l'industrie du textile, celle du coton en particulier. Dans le dernier tiers du XVIIIe siècle, la consommation de coton brut double en Grande-Bretagne. Son importation depuis l'outre-mer est accélérée à bon compte; l'énorme marché colonial potentiel exige une production massive de cotonnades, tout comme la demande de consommation intérieure. Pour le tissage, les atouts sont nombreux : l'armée extensible des artisans et des paysans du *domestic system,* possesseurs ou non de leurs métiers, peut fournir des produits de qualité à des prix intéressants et qu'il est ensuite aisé de commercialiser. Mais leurs procédés de filature à la main ou au rouet sont lents, chers et techniquement médiocres. C'est dans le secteur du filage que la nouveauté interviendra, pour offrir en grande quantité un matériau de qualité suivie aux tisseurs à domicile.

La première grande invention concerne pourtant le tissage. En 1733, la navette volante de John Kay, qu'un procédé mécanique jette automatiquement d'un bout à l'autre de la trame, multiplie la productivité par quatre et permet de tisser des pièces dont la largeur dépasse la longueur des bras de l'ouvrier. Désormais, vers 1760, l'équilibre traditionnel entre tissage et filage est détruit : la filature prend du retard et le tisserand commence à manquer d'ouvrage, quatre à cinq fileurs ne suffisant plus à alimenter son travail. Le moment est venu pour la percée technique dans la filature. John Wyatt et Lewis Paul avaient pris le brevet d'une machine à filer dès 1738 : trop tôt. Le marché ne commandant pas une technique nouvelle à ce moment, leur mécanique ne reçut aucune application. C'est en 1765, alors que les besoins sont pressants, qu'à la suite de longs tâtonnements Hargreaves invente la *spin-*

ning-jenny, sorte de rouet perfectionné où le fileur peut actionner huit broches à la fois. Perfectionnée, la *jenny* permettra bientôt de produire 120 fois plus que le vieux rouet, sans force motrice autre que les bras de l'ouvrier et elle remplaça partout le rouet dans les ateliers familiaux. Mais, produisant plus, elle permet l'espoir d'un meilleur salaire pour le travailleur et sa famille : l'artisan-paysan abandonne son activité rurale et sert exclusivement la machine. Le travailleur rivé à sa machine, le prolétaire à domicile apparaissent. En même temps, le *water-frame* de Richard Arkwright en 1768 fait entrer le filage dans l'âge de la production de masse. Son métier, où des cylindres étirent le fil avant de l'enrouler autour des broches est mû par un manège de chevaux, puis un peu plus tard par l'eau ou une machine à vapeur. Désormais le filage se fait dans un moulin ou une fabrique, avec concentration de la main-d'œuvre. Les filés plus nombreux sont en outre de meilleure qualité : le fil de la *jenny,* peu tordu, convenait uniquement à la trame et pour filer la chaîne, le fil solide du rouet restait indispensable. Le fil du *water-frame* est au contraire utilisable pour la chaîne. Dès 1773, les premiers calicots de coton sortent des ateliers d'Arkwright. L'évolution s'achève en 1779 avec l'invention de la *mule-jenny* de Samuel Crompton. Comme son nom l'indique, cette machine bâtarde et robuste combine les avantages de la *jenny* et du *water-frame*, met en œuvre jusqu'à quatre cents broches à la fois, mais réclame l'eau ou la machine à vapeur. Avec elle la filature du coton est définitivement devenue une opération industrielle, concentrée et de plus en plus automatisée. Dès 1800, 80 % des filés de coton du Lancashire sont fournis par des *mules*.

Dès lors, le tissage est en retard sur la filature. Pendant près de vingt ans, il n'en résulta aucun inconvénient puisque la main-d'œuvre du *domestic system* pouvait être augmentée et restait rentable. Mais lorsque le marché intérieur nécessita des productions accrues, lorsqu'il fallut inonder les marchés coloniaux de cotonnades plus diversifiés (indiennes de série, mousselines) les nouvelles techniques s'imposèrent. La découverte très approximative de Cartwright en 1784 fut perfectionnée par des artisans.

Mais son métier mécanique ne s'imposa que très lentement, concurrencé par les métiers à bras, souvent détruits par les tisserands qui comprenaient qu'il créait du chômage. Vers 1815, face à 200000 métiers à bras disséminés dans les zones d'industries rurales anglaises, on compte seulement 2500 « mécaniques ». La machine à tisser ne l'emporta définitivement qu'en 1830 en Angleterre, plus tard encore sur le continent.

Au long des ans, toutes ces inventions sont perfectionnées, complétées, étendues à d'autres secteurs. Ainsi, on leur fournit des « assortiments » de grande quantité grâce aux machines à carder, à peigner, pour le coton comme pour la laine ou le lin; la *mule* et le métier à tisser sont automatisés, augmentant leur capacité de production vers le milieu du XIXe siècle, si bien que l'ouvrier, de plus en plus passif, surveille plusieurs machines à la fois, avec les mêmes gestes : la division et l'émiettement du travail s'accélèrent. Puis, lorsque le marché extérieur exige des produits plus luxueux ou plus diversifiés, d'autres recherches aboutissent : alors que le métier de Vaucanson inventé en 1745 n'avait pas été exploité car on n'en avait guère l'emploi rentable, son principe est repris et perfectionné par Jacquard à Lyon de 1801 à 1816. Grâce à lui, le travail des canuts est rentabilisé, la main-d'œuvre infantile largement utilisée pour produire des tissus façonnés, ornés, grâce à un système de cartons perforés qui permet l'emploi de fils différents et la reproduction infinie du dessin. Même progrès avec l'invention d'un système d'impression des toiles peintes sur cylindres, avec la généralisation du blanchiment au chlore qui se substitue à l'exposition au soleil sur pré. Dans tous les cas, la productivité s'accroît. Voici l'industrie textile dotée de ses techniques nouvelles, surtout implantées dans le travail du coton, beaucoup plus lentes à s'imposer pour celui de la laine ou de la soie. Le travail est exploité de plus en plus intensément (voir tableau 4).

Mêmes nouveautés, mêmes résultats dans la métallurgie. Mais avec une plus grande lenteur : en capitaux, en main-d'œuvre, en rentabilité, en profits, l'industrie métallurgique ne peut guère rivaliser avec celle du textile avant

TABLEAU 4

PRODUCTIVITÉ DANS L'INDUSTRIE COTONNIÈRE DU ROYAUME-UNI (1829-1882)
(base 100 : moyenne 1829-1831)

	Nombre d'heures	*Production par ouvrier*
1829-1831	100	100
1844-1846	87	372
1859-1861	87	708
1880-1882	82	948

Source : Cl. Fohlen, *La Première Révolution industrielle*, La Documentation photographique, 1969.

1830. C'est pourtant au XVIIIe siècle, en Angleterre, que les progrès décisifs interviennent. Alors que le royaume importait encore de la fonte ou des barres de fer de Suède, d'Allemagne et même d'Espagne, le déboisement y rend la chauffe au bois plus difficile et moins rentable. Or l'agriculture, nous l'avons vu, demande pour sa révolution de nombreux produits métallurgiques. Une rénovation des méthodes de production était donc nécessaire. Techniquement, le problème fut résolu en 1710 et 1730 par Darby, installé à Coalbrookdale, aux confins du pays de Galles. Il eut l'idée de substituer le charbon de terre au charbon de bois pour la chauffe et de fabriquer de la fonte avec un mélange de houille grillée (le coke), de poussier et de tourbe. Un haut fourneau dont la taille grandit à mesure que la technique s'affine, et dans lequel une soufflerie puissante provoque une combustion presque complète, produit une fonte de moins en moins cassante. Son emploi se répand après 1760. Mais pour obtenir un fer solide, il fallait éliminer les impuretés de la fonte. Breveté en 1784, le procédé du *puddlage* de Henry Cort résolut la difficulté et permit d'obtenir un bon fer ou même de l'acier par décarburation de la fonte dans un four à réverbère et un laminoir. Enorme progrès : le fer devient un produit courant, fabriqué en grandes quantités dans les nouvelles forges, établies désormais non plus près des bois ou des rivières, mais glissant vers la houille. La grande entreprise concentrée, l'usine moderne est née. Dès la fin du XVIIIe siècle, Darby est un entrepreneur qui intègre des mines de houille et de fer, des hauts fourneaux et des forges; les frères Wilkinson contrôlent des usines au pays de Galles, à Londres et bientôt en France. Ces deux grandes maisons s'associent pour lancer en 1799 le premier pont métallique du monde sur la Severn, dont les 30 mètres de portée et les 12 mètres de hauteur stupéfient l'Angleterre. Dès 1785, les forges du Creusot peuvent de leur côté sortir 5000 tonnes de fonte par an et emploient 1500 ouvriers.

Longtemps le fer ou l'acier puddlé suffirent aux besoins. Mais le progrès métallurgique reprit, tardivement, pour répondre aux besoins des compagnies ferroviaires, et en 1856 Bessemer inventa son convertisseur, une énorme cornue gorgée de fonte sur laquelle un violent souffle d'air permet de faire couler directement une grande quantité d'excellent acier, à condition d'utiliser un minerai très pur. En 1864, le four des frères Martin, où les ferrailles et les minerais médiocres peuvent être jetés, permet d'aussi bons résultats. Enfin en 1877, Thomas et Gilschrist créent un nouveau convertisseur qui permet d'utiliser les minerais phosphoreux, comme celui de Lorraine. En un peu plus de vingt ans, la sidérurgie moderne est créée. Lancée par le textile, la révolution des techniques est relayée par celle du charbon et de l'acier.

Mais il avait fallu perfectionner l'instrument nouveau qui fournissait l'énergie aux nouvelles inventions : la machine à vapeur, qui devint vite le symbole du nouvel âge technique. Dès le XVIIe siècle, avec Salomon de Caus et Denis Papin, les ressources de la vapeur ont été démontrées. En 1705, Savery et Newcomen mettent au point une « pompe à feu » pour l'épuisement des eaux dans les galeries de mines. Mais le fait décisif intervient lorsqu'en 1769 James Watt améliore de 50 % le rendement de la pompe de Newcomen grâce à un condensateur. Un peu plus tard, associé à Boulton qui commandite ses recherches, il adapte un système bielle-manivelle qui transforme

TABLEAU 5

PUISSANCE DES MACHINES A VAPEUR FIXES
EN EUROPE (1840-1888)
(en milliers de CV)

Pays	*1840*	*1850*	*1860*	*1870*	*1880*	*1888*
Grande-Bretagne	350	500	700	900	2 000	2 200
France	34	67	178	336	544	796
Allemagne	20	40	200	900	1 680	2 000
Autriche	2	9	36	112	251	400
Russie	10	35	60	149	237	300
Total Europe	450	720	1 350	2 760	5 270	6 350

le mouvement alternatif en mouvement circulaire et surtout fait agir la vapeur sur les deux faces du piston, créant une machine à double effet. Par sa vitesse de rotation, sa rentabilité, son alimentation simple en eau et en charbon, la machine de Watt peut être facilement et utilement adaptée à toutes les « mécaniques » du textile ou de la métallurgie. Les premières servent au pompage des mines, mais dès 1785 elles actionnent des filatures de coton, des laminoirs, des marteaux de forge, des souffleries et des moulins. L'ère paléotechnique commence en Angleterre et s'étalera après 1815 aux Etats-Unis et sur le continent. Partout où gît le charbon, l'industrie est possible et le travail humain a des effets décuplés. En 1870, les machines à vapeur effectuent en Grande-Bretagne un travail qui aurait jadis exigé 40 millions d'hommes.

Mécaniques du textile ou de la métallurgie, machines à vapeur, toutes les grandes inventions, souvent empiriques, reprises, modifiées par des chercheurs modestes et qui ont le plus grand mal à assembler les capitaux nécessaires à leurs travaux, sont anglaises et assurent à la Grande-Bretagne une large suprématie technique au début du XIXe siècle. Avant même l'expiration de leur brevet, en 1800, Boulton et Watt avaient construit près de 500 machines à vapeur dont quelques-unes seulement avaient passé la mer et avaient été installées à l'étranger. En France, la première fut la pompe élévatrice de Chaillot installée en 1779. Puis, avec acharnement, les frères Périer tentent d'imposer la machine de Watt dans l'industrie, avec un succès relatif : seuls les centres déjà importants comme Anzin ou le Creusot en possèdent au début du XIXe. Puis, sur les indications de Bétancourt, les Périer ont lancé la construction de machines françaises[1]. La région de Liège, la Ruhr adoptent à leur tour la vapeur. Mais la suprématie anglaise demeure écrasante : vers 1830, la Grande-Bretagne a 15000 machines en activité, la France 3000 et la Prusse 1000. Cette suprématie se maintiendra longtemps (cf. tableau 5). Mêmes inégalités dans la diffusion des mécaniques du textile et de la métallurgie : il faut l'appel du marché, la nécessité de concentrer et d'exploiter plus rationnellement la main-d'œuvre pour que l'innovation s'impose dans chaque pays. Aux Etats-Unis, l'importation de produits anglais freine longtemps la mécanisation. En France, si le filage connut dès la fin du XVIIIe siècle une mutation technique parallèle à celle de la Grande-Bretagne, le tissage reste artisanal et faiblement concentré : la main-d'œuvre semi-rurale, abondante et bon marché, suffit. A l'exception de quelques grandes firmes du Borinage, de Rhénanie, du Massif central ou du Nord, l'extraction charbonnière et la métallurgie du continent restent médiocres. Il faut attendre 1865 pour que les hauts fourneaux et la fonte au coke triomphent totalement, alors qu'en Grande-Bretagne la mutation est achevée dès 1810. On observe donc une grande disparité dans la diffusion des techniques : des secteurs entiers de la production, des régions, des pays même ignorent les nouveautés.

La première vague technique reposait souvent sur des recherches patientes d'artisans devenus techniciens féconds. Vers 1840-1850, tout se modifie. Une nouvelle vague d'inventions déferle, qui va occuper des zones nouvelles, consolider les positions acquises et lier le progrès technologique à celui des sciences. On assiste d'abord

1. Cf. J. Payen [83].

à des perfectionnements, en puissance et en rendement, des machines existantes. Sur la machine à vapeur, on renforce les chaudières, on place des cylindres horizontaux, on les couple en accroissant la puissance dans les machines « compound »; en 1884, la turbine de Parsons donne une nouvelle vigueur à l'usage de la vapeur. De multiples inventions plus mineures modifient radicalement les conditions de travail de secteurs nouveaux de la production. Les pièces interchangeables, sur un système pratiqué très tôt aux Etats-Unis par Whitney et North, permettent d'abaisser les prix de revient et l'amortissement des machines. La vis, l'écrou, le boulon permettent partout des assemblages compliqués. Une série de machines assure de nouvelles percées du secteur moderne : la presse hydraulique, les filetages de précision, le marteau-pilon, le marteau-piqueur pneumatique, les machines-outils (fraiseuses, raboteuses, aléseuses) avec ou sans tourelles, la machine à coudre, les rotatives d'imprimerie, les machines à écrire, les moissonneuses, les batteuses. Pêle-mêle, elles triomphent après 1860 et généralisent le système industriel de production de masse. D'autres inventions modifient radicalement la vie quotidienne des zones industrielles : l'allumette, la montre à bas prix, la boîte de fer-blanc cerclée pour les conserves alimentaires, la céramique domestique, la lampe à pétrole, le ciment.

Et l'avenir est désormais mieux assuré, car les techniques s'appuient sur une recherche scientifique. Il avait fallu attendre un quart de siècle après son invention pour découvrir la théorie physique de la machine à vapeur. Désormais l'esprit scientifique s'impose à la technique. Les découvertes fondamentales de la physique nouvelle, conservation de l'énergie, analyse spectrale, thermodynamique, phénomènes vibratoires, dynamo, ont des applications concrètes : l'électricité se répand pour l'éclairage urbain ou domestique dès 1870; le dynamo de Gramme en 1869 permet d'envisager un moteur électrique. Le télégraphe électrique remplace celui de Chappe. La houille blanche actionne les premières turbines dans les Alpes dès 1869 grâce à Bergès[1]. Enfin, la chimie moderne naît. A la fin du XVIIIe siècle, elle avait révélé ses possibilités industrielles : l'étude du chlore par Berthollet en 1772 avait permis de créer en 1777 la première usine produisant de l'eau de Javel; la découverte par Leblanc de la soude industrielle en 1791 est à l'origine de grandes entreprises comme Saint-Gobain en 1806 ou Kuhlmann en 1825[2]. Après 1850, la chimie maîtrise mieux son domaine : Mendeleïev classe les éléments, Sainte-Claire Deville isole l'aluminium en 1854, Berthelot assure le lien entre chimie minérale et chimie organique par la première synthèse, celle de l'acétylène, en 1863. Désormais recherche et application industrielle vont de pair. En 1860 Bayer et Weskutt fondent une usine produisant la teinture d'aniline qu'ils viennent de découvrir, et l'Allemagne devient la grande productrice de colorants synthétiques. L'engrais chimique, la dynamite, la pharmacie industrielle, les bakélites sont découverts vers 1860-1870, donnant une nouvelle vigueur à l'industrie nouvelle. Couronnant cet immense effort, l'utilisation de sources nouvelles d'énergie prépare un étalement de la révolution industrielle pour la fin du siècle, avec le pétrole, l'électricité et le moteur à explosion.

Le relais par la science favorise donc la croissance industrielle accélérée : le mouvement s'entretiendra désormais par lui-même. Les procédés et les recherches sont mieux divulgués et les vieilles jalousies du début du siècle moins oppressantes. Technique et science deviennent des éléments naturels de la croissance. Et les hommes aussi évoluent : à l'artisan ingénieux succèdent le chercheur, le technicien et l'ingénieur. Ce dernier devient le type humain du monde nouveau, en Angleterre d'abord, puis dans les pays industriels neufs, l'Allemagne et les Etats-Unis : Robur le Conquérant, chanté par Jules Verne, annonce l'avenir. Les grandes écoles et les instituts spécialisés fournissent des promotions de jeunes au service de la technique industrielle.

1. Pour la France, une Association pour l'histoire de l'électricité active les travaux de recherche. Voir son premier colloque : *L'Electricité dans l'Histoire. Problèmes et méthodes*, PUF, 1985.
2. Voir J.G. Smith [84].

Mais cette vision optimiste ne doit pas trop abuser. L'essor scientifique et technique est bientôt parfaitement maîtrisé par les entrepreneurs, utilisé par eux en fonction des possibilités et des espoirs de profit. Par exemple, la Russie du milieu du XIXe siècle voit s'accumuler les inventions (machine à filer de Glinkov, acier fondu d'Anouzov, cisailles de Zvorykine) qui ne reçoivent pas d'application massive, car le pays n'est pas mûr pour la révolution industrielle. La supériorité technique de la Grande-Bretagne, la nécessité de débaucher à grands frais ses ouvriers et ses techniciens pour installer une industrie nouvelle, celle d'acheter ses machines, peuvent enfoncer un pays dans la subordination, comme l'Espagne ou l'Irlande. Pour d'autres au contraire, comme la France ou l'Allemagne, l'orgueil national refuse l'économie dominante et impose des formes originales de progrès techniques, rentabilise les produits dont les Anglais ne dominent pas la vente. Parfois aussi, le progrès technique se ralentit lorsque les affaires prospèrent. Mais qu'intervienne une conversion au libre-échange (c'est le cas de la France après le traité avec l'Angleterre de 1860) ou que se déclenche une crise économique sérieuse, une reconversion nécessaire impose l'utilisation de techniques nouvelles. Des secteurs sont ainsi rentabilisés, comme la métallurgie et le textile français. Mais tout aussi bien des zones condamnées peuvent survivre grâce à une adaptation technique faite à temps, des secteurs artisanaux se maintenir. En fait, « la technique n'est pas une donnée, mais une variable[1] ». Elle s'impose facilement lorsqu'il s'agit de conquérir un nouveau marché qui ne dérange pas les vieilles pratiques des autres secteurs. Dans la métallurgie par exemple, la production courante est laissée aux anciens ateliers et les usines nouvelles s'intéressent surtout aux rails, aux canalisations. Puisant dans le flot des nouveautés scientifiques, l'innovation technique est strictement canalisée vers les secteurs d'urgence et les grosses entreprises capables d'acheter et de rentabiliser un matériel sans cesse plus coûteux. L'explica-

1. B. Gille, « Recherches sur le problème de l'innovation », *Cahiers de l'ISEA*, série AD, nº 1, 1961.

tion de cette tendance est strictement économique : certains secteurs innovent parce qu'il s'agit d'y pousser la division et la rentabilité du travail, qu'il y faut lutter contre le *trend*[1] séculaire de baisse des prix et compenser par une production accrue la baisse tendancielle des taux de profit. La technique et la science, servantes du capitalisme, contribuent à abaisser les prix de revient et à maintenir le profit. Après seulement, les idéologies du progrès scientifique et du positivisme pourront donner aux bonnes consciences bourgeoises les alibis les plus variés et confondre profit et civilisation.

L'ère du rail.

Lancée dans le secteur des cotonnades, poussée par les nouveautés techniques, la révolution industrielle s'étale au début du XIXe siècle. Mais pour lui donner une extension et une solidité nouvelles, il fallait répandre efficacement les produits nouveaux, créer de nouveaux besoins de consommation, maîtriser et élargir les marchés. C'est-à-dire trouver un rythme plus rapide de circulation capable d'animer et de faire croître l'économie nouvelle. La vitesse réduit les coûts et les amortissements, rapproche le producteur du consommateur, rassemble plus agilement le profit, pousse à la hardiesse.

Prudemment, sont d'abord utilisés les moyens de communication traditionnels rénovés et adaptés. Le réseau routier, avec des empierrages nouveaux et quelques rares revêtements avant 1860, devient plus dense. Souvent à péages en Grande-Bretagne, minutieusement entretenu sur les grands axes depuis Napoléon en France, rayonnant autour des capitales, il permet un roulage lent, au pas des convoyeurs, pour les marchandises lourdes et des voyages rapides pour la poste et les hommes. Le beau temps des diligences rapides, affrétées par des compagnies puissantes, arrive. Il fallait dix jours pour gagner Edimbourg depuis

1. Tendance séculaire monotonique, à la hausse ou à la baisse, des productions et des prix.

Londres en 1750, trois jours et demi pour Manchester : en diligence, le parcours est réduit respectivement en 1830 à 45 et 20 heures, à plus de 20 km/h de moyenne. Avec des relais sûrs et rapides, un confort honnête, la compagnie Laffitte en France relie en 55 heures Paris à Lyon en 1848 contre 100 en 1815. Aux Etats-Unis, les diligences de *Majors and Waddel* joignent le Mississippi à la Californie en 25 jours, avant que le *Poney Express* n'abaisse la durée du voyage à moins de 10 jours vers 1860.

Mais partout les chemins secondaires sont exécrables ou inexistants : le marché potentiel des campagnes est inaccessible et seuls des commis-voyageurs intrépides y risquent quelques expéditions. Le seul réseau très dense, systématiquement utilisé et élargi est celui des voies d'eau. Les débuts de la révolution industrielle, jusque vers 1830, sont l'âge des rivières et des canaux. Quelques voyageurs paresseux et redoutant les cohabitations de la diligence rapide utilisent les coches d'eau qui glissent à moins de 5 km/h, à la voile ou halés par des mariniers ou des chevaux, avec repos la nuit et haltes fréquentes. Mais l'eau transporte surtout l'essentiel des marchandises lourdes : bois, souvent par flottage simple, charbon, denrées non périssables. Les entrepreneurs et les fermiers prélèvent des taxes pour le passage, ce qui n'empêche pas les mariniers de faire de beaux bénéfices : le prix des bateaux rudimentaires est vite amorti. Toutes les grandes régions industrielles sont quadrillées par la voie d'eau : les pays noirs anglais dès le second tiers du XVIIIe siècle; la Belgique au début du XIXe, avec ses paisibles rivières et les canaux de Mons à Condé (1818) et de Charleroi à Bruxelles (1827); la France, où la monarchie de Juillet entretient les canaux de l'Ancien Régime et crée le réseau du Nord et de l'Est, relie l'Aisne, la Marne, le Rhône et le Rhin, portant à plus de 10000 km le réseau navigable; sans compter les rivières fréquentées comme la Loire, la Seine, le Rhône; en pays allemand, le Rhin, l'Oder et l'Elbe relient les zones nouvelles d'industrie; aux Etats-Unis, l'immense marché est ceinturé par le Missisipi, les Grands Lacs, le canal de l'Erié à l'Ohio et celui de l'Hudson à l'Erié dès 1833, ouvrant un arrière-pays fabuleux aux ports industrialisés de la côte Nord-Est et à la Nouvelle-Orléans. Et c'est sur ce secteur rentable de circulation massive que le progrès technique est appliqué. Après un échec en France, Fulton fait évoluer son *Steamboat* sur l'Hudson en 1806. En 1818 on établit un service régulier de Glasgow à Belfast, en 1822 la liaison Londres-Paris par l'*Aaron Manby,* bateau à vapeur construit en fer. Vers 1830, la vapeur est présente sur les rivières et les canaux, aux endroits difficiles, sur le Rhin, le Rhône ou la Loire; les *steamers* décrits par Mark Twain sillonnent le Mississippi et ses affluents.

Ces progrès techniques modifient profondément le commerce maritime. Face aux lourds voiliers de bois qui mettent plus d'un mois à traverser l'Atlantique, les *clippers* américains, racés, tout en voilures, joignent New York à l'Angleterre en 14 jours vers 1830 et assurent à la voile une bonne rentabilité. Les premiers *steamers* avec leurs roues à aubes et leurs voiles d'appoint, s'ils ne vont pas plus vite qu'eux d'est en ouest, gagnent 10 jours sur le trajet ouest-est. Mais il faut attendre 1860 pour que se généralise l'usage de l'hélice qui rend les vapeurs plus résistants au gros temps, plus maniables, et la construction de grosses unités en fer : du *Great Western* à roues de 1320 tonneaux en 1838 on passe aux paquebots et aux gros transporteurs comme le célèbre *Great Eastern* de 27000 tonneaux en 1858. Au demeurant le trafic courant est encore et pour longtemps l'apanage de la voile.

Cette navigation moderne permet de mieux maîtriser le marché. De puissantes compagnies se spécialisent dans le trafic international : la *Cunard* (1840), suivie par la *British India* la *Cie générale transatlantique,* la *Hamburg-Amerika.* Les ports s'étendent, se spécialisent à l'exemple de Liverpool ou de Londres. Le percement de l'isthme de Suez en 1869, qui réduit de moitié le trajet entre l'Europe et l'Extrême-Orient, traduit cette volonté de conquête du monde par la navigation à vapeur. Partout les taux du fret s'abaissent considérablement; d'Anvers à New York, la tonne de marchandises transportée passe de 80 F vers 1820 à 20 F en 1850. Pour tous les produits, sur toutes les grandes lignes, on observe des baisses de cet ordre.

Au point qu'on peut estimer que les transports terrestres et maritimes étaient suffisants et rentables vers le deuxième tiers du XIXe siècle : ils assuraient une circulation internationale cohérente assez bon marché, un approvisionnement régulier des centres industriels et urbains. Il semble bien que la révolution ferroviaire, qui symbolise pourtant l'âge nouveau, n'ai pas été aussi nécessaire qu'on l'a dit pour assurer une croissance harmonieuse des économies nouvelles. Pourquoi donc le rail est-il devenu l'arme décisive de l'essor industriel?

Vers 1830, le chemin de fer ne semble guère appelé à un grand avenir. Il reste étroitement lié au monde en pleine expansion de la mine, où depuis le XVIIe siècle le rail de bois puis de fonte se perfectionne, où circulent les premiers « tramways » chargés de charbon poussés à bras, où sont expérimentés les ancêtres des locomotives à vapeur construites par les Stephenson après 1815. Les premiers remorquages de trains n'interviennent qu'en 1825 sur les 13 km de la ligne Darlington-Stockton. Puis la découverte de la chaudière tubulaire par Seguin augmente la puissance de la *Fusée* de Stephenson. Mais les premières lignes, Saint-Etienne-Andrézieux (1823), Lyon-Saint-Etienne (1826), Liverpool-Manchester (1830), sont construites sans grand enthousiasme par quelques fervents qui ont bien des difficultés à rassembler le capital de départ. Puis, brusquement, après un temps d'observation du succès de Liverpool-Manchester, une fièvre ferroviaire s'empare de l'Europe et, dans la plus totale anarchie, des sociétés se constituent qui construisent des tronçons, sans plan d'ensemble, dans toute l'Angleterre et en Ecosse : 800 km en 1840; dès 1835, la Belgique, avec des techniques anglaises, lance la ligne Bruxelles-Malines; la même année en Allemagne, celle de Nuremberg-Fürth; aux Etats-Unis, en Russie les premiers travaux démarrent; en France, Rothschild et Laffitte financent une ligne publicitaire Paris-Saint-Germain en 1837. Pourquoi cet engouement général? Des arguments économiques banals peuvent être avancés. Le rail débloquera des marchés jusque-là inaccessibles, abaissera le coût des transports, donc les prix de revient tout en permettant de vendre davantage et plus vite[1]. En France, quelques jeunes saint-simoniens, sous les sarcasmes de Thiers et de quelques autres adversaires du nouveau « joujou », lancent par le rail l'humanité vers le progrès et le bonheur. Ils convainquent leurs disciples-banquiers qui, eux, pensent profit. Mais ce sont là des paris hasardeux. On a souvent d'autre part montré que les industriels de la métallurgie sont parmi les plus enthousiastes : l'infrastructure de la ligne, les locomotives et tout le matériel roulant représentent pour eux des commandes énormes qui forceront leur industrie à « décoller » à son tour et, qui sait, lui permettront de rattraper et distancer le secteur clé de la croissance, le textile. Mais, comme l'a fait remarquer P. Bairoch[2], ce n'est qu'après 1840 que la demande des chemins de fer a décuplé les possibilités de la sidérurgie et de la métallurgie, même si de nombreux industriels ont senti précocement que le chemin de fer aurait de vastes appétits pour la fonte, l'acier, le charbon, l'équipement lourd. Mais la motivation essentielle est strictement capitaliste. L'attrait décisif du rail, c'est l'énorme masse de capitaux qu'il mobilise et qu'il fait fructifier[3].

Les Anglais sentent qu'ils pourront dominer ce marché nouveau et, de fait, les lignes seront partout construites au début à l'écartement anglais de 1,435 m, avec des techniciens anglais, des capitaux anglais (en France, ils représentent plus du tiers en 1848). Or une masse de capitaux flottants est partout disponible. Les forts profits du début de la révolution industrielle ne peuvent plus guère être rentablement écoulés désormais dans le secteur du textile : les produits y sont trop bon marché, les marges bénéficiaires baissent, les possibilités d'extension massive des productions et des marchés très minces. De son côté, l'investissement à l'étranger déçoit : les emprunts sud-américains ou grecs, si alléchants vers 1830, sont décevants (l'emprunt grec de 1825 ne donnera aucun intérêt avant 1870!). Les

1. Ainsi en France, selon Y. Leclercq [91], p. 127, le tarif moyen passe de 1841 à 1870 pour la tonne-kilomètre de 11,3 à 6,1 centimes.
2. [16], p. 93.
3. Cf. E. J. Hobsbawm [10], p. 61.

capitaux de l'aristocratie, des premiers capitaines d'industrie et de la classe moyenne cherchent désespérément à s'investir, au point qu'ils succombent parfois à la fièvre spéculative, déclenchant les premières graves crises du système : en 1825, puis en 1836-1839, les spéculations à la hausse provoquent des crises boursières, des difficultés monétaires et révèlent l'inadaptation du système bancaire ancien. Or ce sont précisément des banquiers qui ont flairé très vite l'importance du rail. Grâce à lui, le crédit moderne peur s'organiser, rafler l'épargne et les capitaux flottants, investir massivement et créer de forts bénéfices. Car la construction ferroviaire exige des investissements importants au départ. En 1826, le Saint-Etienne-Lyon mobilise 10 millions de francs, mais en 1845, le Paris-Lille fait lancer par James de Rothschild une société au capital de 200 millions, fournis par 20 000 actionnaires en quelques semaines. Les compagnies nouvelles canalisent d'énormes sommes, par le lancement d'actions, puis un peu plus tard d'emprunts par obligations. En France, l'obligation ferroviaire à 500 F, à revenus assurés, lancée par E. Pereire en 1851, devient l'arme absolue du profit nouveau, concurrençant jusque chez le plus modeste épargnant la rente d'Etat! Tout l'appareil bancaire moderne sort directement du champ d'expérimentation qu'est la construction ferroviaire : les titres largement diffusés, les grandes banques de crédit vivant des dépôts plus que de leur capital, les banques d'affaires détentrices de fortes participations dans les compagnies et qui investissent ensuite les profits du rail dans d'autres activités industrielles, les groupes rivaux. En France, après une crise salutaire en 1846-1851, les mécanismes du crédit sont mieux connus, les grands groupes se constituent : les Rothschild, longtemps sceptiques devant les nouveautés industrielles mais qui jettent leur puissance dans la course aux chemins de fer, rentable à court terme; les Pereire, avec le *Crédit Mobilier* et la sidérurgie stéphanoise; le Paris-Lyon-Méditerranée de Talabot, avec Schneider, la *Société Générale* et des capitaux marseillais. Le chemin de fer crée bien les groupes de décision et de pression du grand capital, avec la complicité fébrile des épargnants et des industriels. Euphorie justifiée d'ailleurs, car si les flots de capitaux disponibles lancent les chemins de fer, ceux-ci, avec leur succès rapide, livrent des marchés, stimulent les industries anciennes, en créent de nouvelles, abaissent les coûts, accroissent les échanges, « mettent en orbite » la révolution industrielle.

Désormais, leur utilité étant démontrée, tout va très vite. Les techniques s'affinent : ballasts résistants, signalisation efficace; dès 1850 des moyennes de 60 km/h sont courantes, tandis que les tonnages transportés par un seul convoi augmentent; les locomotives accroissent leur puissance, les bogies et les freins à air comprimé renforcent la souplesse et la sécurité. Le rail franchit les grands fleuves sur des viaducs métalliques qui symbolisent fièrement l'âge nouveau, comme le pont de Kehl sur le Rhin en 1859, perce les montagnes par des tunnels de faîtes (le premier est celui du Fréjus construit de 1857 à 1871), des rampes bien tracées ou des cols (le Brenner est franchi en 1867). Il modifie la physionomie des grandes villes où les voies éventrent de vieux quartiers du centre, des moyennes ou des petites cités aussi où des quartiers « de la gare » se créent, favorisant l'extension de l'agglomération. Partout, le chemin de fer offre d'énormes marchés aux industries métallurgiques, aux travaux publics. L'entretien du matériel roulant et des installations fixes, l'exploitation du réseau offrent de nombreux emplois de tout genre. En France, les compagnies utilisaient environ 32 000 ouvriers et employés en 1850. A la fin du siècle, le chiffre est décuplé. Partout, les compagnies privées font de confortables bénéfices, investissent, offrent des marchés et des emplois. Les Etats se sont donné des assurances d'ordre stratégique (le chemin de fer prussien est le grand vainqueur des guerres contre l'Autriche en 1866 et la France en 1870) et accordent libéralement les concessions en Grande-Bretagne ou aux Etats-Unis. Seuls les pays à forte structure étatique imposent un réseau nationalisé (la Prusse, puis l'Allemagne unifiée après 1871) ou un système mixte (en France l'Etat construit ou finance l'infrastructure et paye les déficits, la Compagnie construit la voie et gère l'exploitation) où tous les avantages vont aux Compagnies.

Les réseaux se constituent et le rail conquiert le monde. Dans les pays déjà lancés dans la révolution industrielle, la Grande-Bretagne, la France, quelques Etats allemands, la Belgique, les grands axes se doublent d'un tissu serré de voies secondaires, très vite en Belgique ou en Grande-Bretagne, plus tard en France, où il faut attendre la IIIe République pour créer le réseau secondaire (voir tableau 6). Partout le rail assied la victoire de l'industrialisation, relance toutes les activités de pointe. Aux Etats-Unis, par contre, la croissance des chemins de fer va de pair avec la révolution industrielle. La première liaison transcontinentale New York - San Francisco, achevée en 1869 au prix de nombreuses prouesses, réduit le trajet de 6 mois à 1 semaine, renforce la cohérence du marché national, ouvre les débouchés de l'Ouest, où les compagnies reçoivent le privilège de distribuer des terres de colonisation le long des nouvelles voies. Du coup, la région du Nord-Est accélère son industrialisation grâce au

TABLEAU 6

CONSTRUCTION DE CHEMINS DE FER EN FRANCE (1825-1913)

Périodes	*Dépenses de premier établissement (moyenne annuelle en millions de F)*	*Accroissements décennaux* — *Chemins de fer d'intérêt général (voies en km)*	*Accroissements décennaux* — *Chemins de fer d'intérêt local (voies en km)*
1825-1834	4	52	
1835-1844	34	560	
1845-1854	175	1 987	
1855-1864	437	6 191	
1865-1874	263	7 206	432
1875-1884	398	7 198	1 770
1885-1894	280	6 553	517
1895-1904	210	8 033	2 067
1905-1913	312,5	2 502	3 432

Source : J. Marczewski, [100], p. 83

réseau ferré, avec quelques tâtonnements pour une métallurgie qui s'émancipe difficilement de la tutelle anglaise jusqu'en 1850 au moins[1]. Après 1880, en revanche, la construction des voies ferrées est un élément décisif des politiques expansionnistes des grandes puissances industrielles : en Russie, en Chine, en Amérique du Sud, dans les empires coloniaux, le rail ouvre tous les espoirs de domination économique et de présence politique. Banquiers, épargnants, industriels, ingénieurs, diplomates de Grande-Bretagne, de France[2], de Belgique, d'Allemagne, des Etats-Unis, s'affairent et le rail ceinture le monde, pour le profit de pays qui ont les premiers maîtrisé sa technique

TABLEAU 7

DÉVELOPPEMENT MONDIAL DES RÉSEAUX FERRÉS (1850-1913)
(en km)

Pays et continents	*1850*	*1870*	*1900*	*1913*
Europe	23 500	104 000	282 000	359 000
- Royaume-Uni	10 500	24 500	33 000	38 000
- Allemagne	6 000	19 500	43 000	61 000
- France	3 000	17 500	36 500	49 500
Russie	1 000	10 500	50 000	65 000
Amérique du Nord	14 800	90 000	357 000	457 000
Amérique Centre et Sud	–	3 000	42 000	107 000
Asie	–	8 400	60 000	108 000
Afrique	–	1 800	20 000	44 000
Océanie	40	1 800	24 000	35 000

1. Le rôle du rail dans l'économie américaine, longtemps jugé essentiel, est apprécié aujourd'hui avec de grandes réserves. Cf. M. Lévy-Leboyer [93], p. 632-640, qui commente les travaux de R.W. Fogel.

2. Sur le rôle décisif des capitaux français sur le continent, cf. R. Cameron [125], 2e partie.

et sa rentabilité[1]. Aucun souci d'établir un réseau rationnel, car quelques lignes ouvrant un marché sûr suffisent. Arme décisive du capitalisme et de l'impérialisme, le rail s'étale, dilate les effets du nouvel ordre économique aux dimensions de la planète (voir tableau 7).

Les conséquences sont immenses. Le chemin de fer accélère la révolution industrielle. Grâce à lui, l'espace rétrécit, les idées nouvelles circulent, les mentalités évoluent, la ville pénètre les campagnes. La métallurgie (dont les productions se multiplient au moins par trois entre 1840 et 1870 dans les pays industrialisés d'Europe) prend définitivement le relais des cotonnades comme secteur décisif de la croissance grâce aux commandes des compagnies, même dans des pays hésitants au début, comme la

TABLEAU 8

INDICE DU DÉVELOPPEMENT DES CHEMINS DE FER (1840-1910)

Pays	*1840*	*1860*	*1880*	*1900*	*1910*
Allemagne	1,1	21	54	70	75
Belgique	6,6	30	60	88	102
Espagne	–	6	23	40	58
États-Unis	2,9	19	53	105	122
France	1,2	18	44	77	87
Italie	0,8	6	23	38	38
Japon	–	–	0,2	11	14
Royaume-Uni	7,2	44	66	69	69
Russie	–	1	10	21	24
Suède	–	3	32	61	76
Suisse	–	28	63	79	88

Source : P. Bairoch, [103], p. 1106.

L'indice a été obtenu par un rapport entre la longueur du réseau, la population du pays et sa superficie.

1. Cf. les cartes de Ch. Morazé, *Les Bourgeois conquérants*, A. Colin, 1957, p. 230-231 et R. Cameron [125], *passim.*

France[1]. Les vraies hiérarchies s'établissent. Hiérarchies entre régions : les agricultures et les industries peuvent se spécialiser sur le passage du chemin de fer. Hiérarchie entre économies nationales surtout, au point que l'indice du développement ferroviaire qui met en rapport la longueur du réseau, la superficie du pays et sa population donne une mesure économique précise des grandes puissances, autant que les tonnages du textile ou de la sidérurgie (voir tableau 8). Inégalités, hiérarchies que les économies dominantes projetteront ensuite sur le monde entier vers la fin du XIXe siècle. Enfin, par les luttes entre les groupes bancaires, par les transactions révélatrices entre l'Etat et les compagnies, par la masse des capitaux investis, tirés de l'épargne et drainés par le crédit moderne, le visage d'un capitalisme adulte, conscient de ses possibilités, attentif à prévenir sinon à éviter les crises, se dessine avec la révolution des transports. Non seulement la circulation nouvelle permet d'étendre la révolution industrielle, de confirmer ses premiers succès. Mais, aidée par le flot des techniques nouvelles, elle permet d'accélérer le processus d'industrialisation là où il était déjà amorcé, et de dominer un marché devenu mondial.

1. Comme l'a montré Fr. Caron dans [86].

3

Croissances

Les deux précédents chapitres ont tenté de dégager les conditions économiques, sociales et politiques qui favorisèrent le démarrage et la croissance industriels dans un certain nombre de pays depuis le XVIIIe siècle. La poussée de forces productives neuves, les exigences du marché et du profit créent les conditions du démarrage, tandis que les inventions nouvelles nourrissent une innovation technique qui conduit au machinisme et que la division du travail ouvrier en favorise l'exploitation. Poussée par les rythmes accélérés d'une circulation moderne, la croissance s'élance sur des bases solides. Et désormais, elle s'entretient d'elle-même, crée de nouvelles conditions nécessaires à son développement, tout en aggravant les inégalités économiques dans le monde et en connaissant des accidents et des freinages spectaculaires et périodiques. Telles sont les nouveautés qu'il nous faut maintenant examiner.

Les conditions nouvelles.

Avec le développement d'un capitalisme adapté aux marchés nationaux et mondiaux, où la concurrence s'installe entre les pays industriels et entre les firmes, des facteurs nouveaux de la croissance interviennent. On a très tôt souligné le rôle du mouvement des prix : avec des séries statistiques relativement homogènes, des mécanismes d'évolution à court et à long terme analysés dès les années 1860, les économistes et les historiens ont pu en ce domaine apporter quelques certitudes. Il est tout d'abord évident que les mouvements longs des prix ont eu des effets immédiats sur l'investissement, la modernisation technique, l'exploitation plus ou moins poussée du travail ouvrier, et par conséquent sur la croissance elle-même. C'est ainsi que la quasi-totalité des prix des grands produits industriels connaissent au XIXe siècle un *trend* orienté à la baisse. Dans la sidérurgie française par exemple, les « fers et aciers ouvrés » passent de l'indice 100 en 1850 à l'indice 72 en 1911. Cette industrie emploie peu de main-d'œuvre et peut produire des quantités énormes depuis l'invention du procédé Bessemer. C'est cette baisse séculaire, continue, accélérée qui pousse les firmes à s'adapter, c'est-à-dire à investir davantage, à produire plus et à multiplier les procédés techniques capables d'abaisser les coûts de production. Car il faut maintenir à toute force les marges du profit en comprimant le prix de revient face à un prix de vente abaissé. Comme l'a montré de façon si précise M. Pierre Léon à propos de la métallurgie alpine et particulièrement de la Société des forges et hauts fourneaux d'Allevard[1], le *trend* à la baisse et la concurrence contraignent l'entreprise à progresser et à innover pour maintenir ses dividendes distribués et augmenter son autofinancement. Puis, le phénomène s'enchaîne par une dynamique propre au capitalisme concurrentiel : les nouveautés techniques nouvellement introduites infléchiront à leur tour la courbe des prix de revient. Parfois même, une concurrence nouvelle, comme celle des produits anglais après la signature du traité de commerce franco-anglais de 1860, rend la croissance impérative et oblige les sidérurgistes à admettre des ralentissements momentanés des profits. A l'inverse, si le mouvement des prix est à la stabilité, la productivité et la production ne se développent guère. En France, le prix de vente du charbon se stabilise, avec quelques rares oscillations, aux alentours de 200 F la tonne de 1858 à 1914. Voilà un secteur décisif de la révolution industrielle où l'exploitation de plus en plus rationalisée d'une main-d'œuvre nombreuse abattant le charbon au pic

1. P. Léon, « Crise et adaptations de la métallurgie alpine. L'usine d'Allevard (1869-1914) », *Cahiers d'Histoire,* 1963.

permet de fixer très tôt des profits élevés, au point qu'à la fin du siècle les compagnies de charbonnages distribuent à leurs actionnaires des dividendes qui correspondent au cinquième de leur chiffre d'affaires. Prix de vente stables, profits substantiels : il est inutile d'augmenter la productivité. Mais si, par temps de crise, après 1874, le profit est menacé par une baisse des prix de vente, les compagnies prennent le risque de déclencher une vaste protestation ouvrière et des grèves en imposant une productivité individuelle accrue du mineur par la baisse du salaire versé par « berline » extraite[1].

Autre secteur où la baisse séculaire des prix favorise la production et la productivité : celui des transports. Les frets maritimes comme le prix de la tonne transportée par le rail diminuent, comme nous l'avons vu, tout au long du siècle, favorisant les dominations des marchés par les firmes et les nations les plus dynamiques et les plus compétitives. Les transports modernes améliorent la vie des firmes, car ils permettent une rotation plus rapide des marchandises, une réduction des stocks et par conséquent une libération de capitaux désormais disponibles pour des investissements nouveaux. Ils modifient le jeu des marchés : dans le cadre national, des hiérarchies se dessinent, qui favorisent les croissances dans les régions déjà industrialisées alimentant en produits manufacturés les régions stagnantes ou anciennes dans le domaine international, il devient rentable de développer des agricultures de plantation qui fournissent en frets de retour des produits coloniaux aux pays industriels, il est possible aussi d'exploiter outre-mer des richesses minières sans avoir à créer sur place des industries de transformation et de les acheminer vers les centres industriels européens ou américains. Au point que P. Bairoch a pu voir dans l'abaissement des coûts des transports une des origines probables du sous-développement actuel dès le XIXe siècle[2].

Il est donc évident que le *trend* à la baisse des prix, la

1. Ainsi éclate à Carmaux la première grève totale de la houillère en 1869. Cf. R. Trempé [192].

2. P. Bairoch [16], chap. 13.

productivité et la croissance sont intimement liés dans l'histoire de la révolution industrielle. L'influence des prix en revanche est moins nette si l'on examine leurs variations cycliques, courtes ou longues. En effet, les profits sont particulièrement sensibles aux mouvements cycliques. On peut admettre qu'en phase ascendante du cycle long (la phase A de F. Simiand), prix, profits et productions progressent de concert, à condition qu'il existe toujours une main-d'œuvre suffisante en nombre et en qualification et que les salaires ouvriers soient fermement tenus. Inversement, en phase descendante (la phase B), la récession des prix et des profits comprime les productions dans de nombreux secteurs, mais peut parfaitement entraîner un regain d'investissement de rendements et de production dans les secteurs les plus touchés qui retrouvent dans cette atmosphère de crise une combativité nouvelle et une concurrence plus âpre. Mais qu'interviennent des accidents monétaires (gonflement inflationniste de la masse de monnaie par exemple), des hausses imprévues de salaires obtenues par les ouvriers, aussitôt les schémas cycliques se brouillent. Si bien qu'aujourd'hui, malgré la qualité des travaux consacrés à l'histoire des prix à long et court terme depuis Simiand, les historiens de l'économie préfèrent réserver leur jugement sur le rôle des prix dans la croissance à court et à moyen terme, mais soulignent fortement le rôle du *trend* séculaire et de ses conséquences sur les profits et les productivités : croissances, restructuration par secteurs des économies, hiérarchies et compétitions régionales et internationales peuvent, au moins en partie, être expliquées par l'histoire du mouvement long des prix [1].

Avec ceux des prix, les mouvements des capitaux créent aussi des conditions nouvelles de la croissance. Car désormais, pour produire en grande quantité et acheter les matières premières, pour suivre le progrès technique et se procurer un outillage compliqué et cher, pour lutter avec les concurrents, l'entreprise industrielle doit investir davan-

1. Cf. M. Lévy-Leboyer, « L'Héritage de Simiand : prix, profit et termes de l'échange au XIXe siècle », *RH*, janvier-mars 1970, p. 77-120.

tage, souvent à tâtons, sans bien connaître les évolutions de la conjoncture. Il lui faut faire appel au crédit. C'est pourquoi l'étude de l'investissement devient la clé de toute explication de la croissance industrielle, comme l'a montré M. Lévy-Leboyer[1].

Pendant toutes les phases de démarrage, puis pendant les premières années de croissance, le problème ne se pose guère. En adaptant sa gamme de production, en utilisant de manière originale ses possibilités de main-d'œuvre, chaque économie nationale résout ses problèmes d'investissement et pratique un autofinancement massif et systématique des entreprises, rendu possible par l'ampleur des profits initiaux, qui peuvent parfois monter à 20% du chiffre d'affaires annuel. Le système bancaire traditionnel assis sur la Haute Banque à capitaux familiaux investis en fonds d'Etat ou en activités commerciales sur les banques centrales d'émission qui manipulent l'escompte, sur les premiers établissements de dépôts comme les célèbres *Joint Stock Banks* anglaises, s'adapte assez bien aux demandes disparates et relativement faibles de crédit. Il ne mérite pas les reproches qu'on lui a souvent faits. Il ne freine pas l'industrialisation, il s'adapte au contraire avec une grande souplesse aux réalités particulières de chaque industrie naissante et contribue, par ses investissements commerciaux, à lancer le grand courant de circulation des marchandises et des capitaux dans le monde. Les aspects négatifs du système : la médiocre circulation du papier, l'étroitesse du marché monétaire, l'échec des novateurs comme Laffitte en France avec sa *Caisse générale du Commerce et de l'Industrie,* ne doivent pas faire oublier les services qu'il a rendus à des économies au sein desquelles sa transformation ne s'imposait pas.

Mais tout change vers 1840. Des capitaux accumulés dans les années précédentes demandent à être plus judicieusement investis pour éviter les risques de crise, les progrès techniques se diffusent, la révolution des transports ouvre un secteur neuf à l'investissement, les industries cherchent un second souffle en Grande-Bretagne, en

1. Dans [141].

France, aux Etats-Unis : la circulation massive et rapide des capitaux devient un impératif. Alors, l'appareil bancaire s'adapte. Les banques de crédit en France comme le *Crédit Lyonnais* et la *Société Générale,* nées sous le second Empire, les multiples banques anglaises, américaines ou allemandes drainent l'épargne des particuliers vers l'investissement industriel, multiplient les succursales, créent des réseaux cohérents. Utilisant les dépôts à terme ou même à vue des particuliers plus que leurs capitaux propres, elles répandent jusqu'aux plus humbles bourgades un capitalisme raisonnable du placement sûr. A l'image des sociétés ferroviaires qu'elles alimentent, elles adoptent les statuts de sociétés anonymes au capital souscrit par actions renforcées par un appel aux emprunts obligataires et contribuent fortement à faire évoluer dans ce sens bien des entreprises industrielles. A côté d'elles, des sociétés mutuelles, des sociétés de prêts hypothécaires, des caisses multiples, des compagnies d'assurances modernes complètent leur œuvre d'alimentation de l'investissement industriel et commercial. Et les grandes banques d'affaires familiales elles aussi s'adaptent, se lancent dans l'investissement ferroviaire ou colonial, prennent des participations dans des entreprises. Même les plus hésitantes comme le réseau des Rothschild se laissent gagner par l'attrait du profit[1]. Désormais, le banquier est plus qu'un intermédiaire, il est un investisseur qui intervient directement sur la croissance. En choisissant soigneusement leurs secteurs d'investissement, en favorisant les activités à fort profit, les banques dessinent plus nettement les « pôles de croissance » comme le textile, la sidérurgie, les chemins de fer, sélectionnent les régions favorables et assurent la victoire des mieux adaptées par leur main-d'œuvre et leurs techniques (le Lancashire, le bassin houiller franco-belge, la basse Seine, Paris, l'Alsace, la Ruhr, la Pennsylvanie). Le flot de crédit de la banque moderne libère les forces industrielles nouvelles, sélectionne les activités, hiérarchise les entreprises, les régions et les nations industrielles. La banque est désormais au service de l'économie.

1. J. Bouvier [133], chap. 8 à 10.

Ce qui ne signifie pas qu'elle agisse toujours dans le sens le plus bénéfique pour tous. L'exemple français est à cet égard particulièrement frappant. En suivant la politique d'une grande banque de dépôts comme le *Crédit Lyonnais,* si vigoureusement décrite par J. Bouvier[1], on y retrouve bien des caractères négatifs : drainage rationnel et systématique des épargnes et des dépôts, mais timidité de l'investissement national, considéré comme trop risqué, sans profits immédiats suffisants, alors que la banque, « suivant la pente de plus grand profit entrevu », oriente l'investissement vers l'extérieur, en rentes d'Etats étrangers, vers l'Amérique du Sud, vers la Russie, tout en négligeant l'Empire colonial qui offrait pourtant d'énormes possibilités. Ainsi, dès avant 1914, la politique bancaire peut expliquer nombre de faiblesses structurelles de l'industrie française. Le plus souvent aussi, et spécialement en France, l'autofinancement de l'entreprise industrielle reste la règle. En même temps qu'elle fait appel au marché financier par l'intermédiaire des banques, elle pratique systématiquement, à court comme à long terme, l'autosuffisance, la ponction sur les profits bruts en vue de moderniser l'outillage et les bâtiments et promouvoir les ventes. L'indépendance financière obtenue par l'autofinancement, et au besoin, en période d'incertitude, en réduisant les dividendes distribués, est tout au long du XIXe siècle le signe de l'entreprise sagement gérée. Faut-il y voir le signe d'une inadaptation, ou d'une division trop rigide, du système bancaire français, alors qu'en Grande-Bretagne, en Allemagne ou aux Etats-Unis l'appel bancaire, le découvert, l'ampleur de l'investissement par rapport au capital fixe révéleraient la souplesse et l'efficacité du système bancaire? Mais ne serait-ce pas plutôt les banques françaises elles-mêmes qui par souci de profit sûr orientent mal le flux de capitaux et négligent l'économie nationale pour une politique de facilité?

Gardons-nous de généraliser. En fait, qu'il s'agisse des prix, des investissements, de l'autofinancement, la meilleure règle est celle du profit. Selon les pays, selon les secteurs d'activité industrielle, il est fait appel tour à tour,

1. J. Bouvier [131].

ou conjointement, à toutes les possibilités de financement et de développement dès qu'un gain suffisant est légitimement espéré. Le seul profit est un grand mécanisme de diffusion et d'entraînement de la croissance.

Et dans une atmosphère de liberté économique de plus en plus large. Certes, au début de la révolution industrielle, les arguments protectionnistes conservent partout leur valeur. Dans chaque nation en voie d'industrialisation, il fallait pouvoir agir en champ clos pour maintenir la rentabilité des investissements, les bénéfices permettant l'autofinancement et le paiement de la main-d'œuvre : sans barrières douanières contre les cotonnades d'Extrême-Orient, la mécanisation du travail du coton ne serait pas intervenue en Angleterre; de même, sans protection contre les fers anglais, jamais la sidérurgie française n'aurait modernisé ses productions pour répondre aux demandes de l'agriculture et des chemins de fer. Avec les droits de douane, les coûts élevés des transports internationaux découragent aussi la concurrence. Désormais, chaque économie où les conditions du démarrage sont réunies accomplit sa révolution industrielle dans un marché intérieur libéré, mais protégé des autres économies dominatrices, et particulièrement de celle de la Grande-Bretagne. La France de la monarchie censitaire, les Etats-Unis du *tariff,* les Etats allemands soudés par le Zollverein s'industrialisent ainsi avant 1850.

Mais le capitalisme est concurrentiel. Le pays pionnier, la Grande-Bretagne, s'est lentement dégagé du carcan protectionniste depuis 1815. Alors que la révolution des transports a abaissé considérablement les coûts, l'économie anglaise se réorganise : exportations massives de charbon, fortes importations de coton américain ou de laine australienne. Les manufacturiers, devant lesquels s'ouvre un marché mondial facile à forcer, cherchent à abaisser le prix de leurs matières premières, découvrent le *dumping*[1], résistent aux premières luttes ouvrières pour l'augmentation des salaires : l'abolition des droits de douane leur est

1. Vente d'un produit à bas prix, parfois sans bénéfices, pour conquérir un marché et y éliminer les concurrents.

indispensable pour baisser les prix, contenir les salaires et maintenir les taux de profit dans un marché élargi. Une longue bataille s'engage alors avec l'aristocratie terrienne vendeuse de blé à des prix protégés. Menée par Richard Cobden et les industriels de Manchester, l'*Anti-Corn Laws League* obtient l'appui du Premier ministre Robert Peel et triomphe en 1846 : les taxes sur les blés disparaissent. L'abolition des *Actes de navigation* en 1849 parachève la victoire libre-échangiste, en libérant les trafics avec les colonies et les pays étrangers. Un avenir prometteur s'annonce : les importations de blé à bon marché donnent un prix du pain stable ou abaissé, ce qui justifie tous les refus des hausses de salaires, tandis que le marché mondial s'offre aux industriels audacieux. Menacés par une recrudescence de la concurrence anglaise sur les marchés neufs, les industriels du continent évoluent à leur tour, plus lentement, vers l'optimisme libre-échangiste où offre et demande s'équilibreraient. Refusant l'intervention de l'Etat dès qu'elle serait contraire à leurs intérêts, écartant les avertissements pessimistes de Malthus, de Ricardo et de Stuart Mill, qui voient dans cette libération des forces productives et des échanges une grave menace de crise généralisée, ils découvrent J.-B. Say ou Michel Chevalier. Mais avec des effets très divers. En France, il faut l'arrivée au pouvoir de Napoléon III et l'euphorie de la période ascendante de 1852 à 1873 pour que le libre-échange soit – difficilement – accepté, quand le gouvernement mit les industriels devant le fait accompli en négociant le traité avec l'Angleterre en 1860. Outre-Rhin, au contraire, les directives étatiques freinent la liberté, tandis que, suivant F. List, les industriels pencheraient plutôt pour la formation d'un vaste marché d'Europe centrale et orientale capable de résister à l'hégémonie anglaise. Tant que le marché protégé est rentable, il faut maintenir le statu quo. Mais – et nous sommes loin des théories économiques – si la liberté permet de mieux contenir les revendications ouvrières en rationalisant la vente libre du travail-marchandise et si elle permet d'entrouvrir de nouveaux débouchés mondiaux, alors, elle est adoptée. En fait, chaque pays trouve à tâtons sa politique la plus rentable.

Cependant, à long terme la poussée libérale est universelle. Ce capitalisme de la libre concurrence des marchandises est rentable : les marchés intérieurs ne sont pas saturés, les marchés mondiaux s'étendent. Tous les secteurs industriels neufs amorcent leur croissance.

Les grands secteurs.

Nous avons vu quel rôle décisif avait joué l'industrie cotonnière, en Angleterre particulièrement, dans le lancement de la révolution industrielle. Même si les autres secteurs du textile, comme la laine, ne suivent pas, si le *domestic system* se perpétue et peut rester rentable, si la proto-industrialisation se maintient, la production d'un des biens de consommation de base, la cotonnade, a lancé la révolution industrielle. Amorcé par le trafic colonial, au XVIIIe, son commerce part en flèche et, pour la première fois dans l'histoire, permet d'inverser au profit de l'Europe le courant d'échange (en tonnages et en valeur croissante) entre elle et les autres continents, tandis que les marchés intérieurs occidentaux sont systématiquement prospectés et approvisionnés. Face à la masse des revenus fonciers, le coton est le premier secteur des profits rapides et massifs qui fasse bonne figure. Le tableau 9 donne en valeur la

TABLEAU 9

PRODUCTION DE FILÉS DE COTON (1830-1870)
(valeur en milliers de livres sterling)

Années	*Grande-Bretagne*	*États-Unis*	*France*	*Allemagne*
1830	250	77	68	16
1840	454	135	116	26
1850	588	288	140	46
1860	1 140	390	226	140
1870	1 101	400	220	147

croissance de production des filés. Croissance justifiée, car le secteur cotonnier se prête admirablement au profit substantiel. Sa mécanisation précoce, depuis la filature jusqu'au tissage, permet de compenser le haut coût de la main-d'œuvre, puis de l'exploiter rationnellement. L'énormité de la production américaine permet d'acheminer une matière première dont les prix baissent constamment, ce qui allège les coûts finaux. L'utilisation rationnelle du matériel nécessite une entreprise mieux concentrée, située à proximité de l'eau et du charbon : le coton crée en grande partie la région industrielle moderne en Europe et aux Etats-Unis. Assurés, dynamiques, les manufacturiers du coton peuvent enfin intégrer d'autres entreprises, à l'amont ou à l'aval de leur propre production, tout en conservant le plus souvent une gestion discrète, solide, à base d'autofinancement obstiné. Toutes ces possibilités nouvelles font donc du secteur cotonnier le secteur clé du lancement de la

TABLEAU 10

CONSOMMATION DE COTON BRUT PAR HABITANT (1810-1910)
(en kg; moyennes quinquennales)

Pays	*1810*	*1840*	*1860**	*1880*	*1900*	*1910*
Allemagne	–	0,9	1,4	2,9	5,8	6,8
Belgique	–	2,8	2,9	4,3	5,8	9,4
Espagne	–	0,6	1,4	2,1	4,1	4,4
États-Unis	1,9	5,2	5,8	7	11,5	12,7
France	0,3	1,5	2,7	2,6	4,5	6
Italie	–	0,1	0,2	1,1	4	5,4
Japon	–	–	–	+	3,5	4,9
Royaume-Uni	2,1	7,3	15,1	17,5	18,7	19,8
Russie	–	0,3	0,5	1	1,6	3
Suède	–	0,3	1,5	2,1	3,4	3,6
Suisse	–	3,7	5,3	7	7,3	6,3

* 1859-1861.
Source : P. Bairoch, [103], p. 1106.

croissance. C'est lui qui donne une première hiérarchie des puissances économiques et qui permet de juger l'ampleur de l'industrialisation d'un pays, puisqu'il rassemble pratiquement jusqu'en 1860 les trois quarts de l'emploi industriel : le tableau 10 dressé par P. Bairoch permet de préciser son poids dans les principaux pays. On notera la suprématie anglaise, affirmée sur tout le siècle; la précocité, plus nette qu'on ne l'affirme souvent, de l'industrialisation des Etats-Unis, de la Suisse et de la Belgique; le dépassement de la France par l'Allemagne après 1870; la seconde vague d'industrialisation avec l'arrivée de nouveaux venus, l'Italie, la Russie, le Japon à l'aube du XXe siècle.

Mais le secteur cotonnier peut n'être pas déterminant dans certains cas. Un pays comme la France, plus tourné vers la laine ou les produits finis de luxe, n'a jamais une production de coton dont le rôle d'entraînement soit aussi fort qu'en Grande-Bretagne. Malgré son dynamisme, elle ne parvient pas à balayer les vieilles résistances : dans le Sud-Ouest l'active industrie cotonnière de la fin du XIXe siècle ne peut guère lancer la révolution industrielle. Elle y succombe devant la médiocrité des ressources naturelles, des communications et l'attitude passive d'une bourgeoisie avide de biens fonciers qui n'a pas su passer du capitalisme marchand au monde industriel[1]. Gardons-nous donc de privilégier abusivement le rôle du secteur cotonnier : son poids, toujours important, peut varier suivant les pays et les régions.

C'est pourquoi il faut tenir grand compte du second grand secteur de la croissance, celui qui valorise les grandes découvertes techniques et installe définitivement la révolution industrielle en permettant de passer d'une production de biens de consommation à celle de biens d'équipement, eux-mêmes générateurs de croissances futures : la houille et la sidérurgie. Pour la Grande-Bretagne le processus est clair : entre 1830 et 1850, les productions charbonnières et métallurgiques, stimulées par la demande inté-

1. Voir D. Woronoff, « Aux origines d'un développement manqué : les bourgeoisies immobiles du Sud-Ouest », *Politique aujourd'hui,* janv. 1971, p. 27 s.

TABLEAU 11

PRODUCTION DE HOUILLE (1790-1913)
(en millions de tonnes)

Années	*Grande-Bretagne*	*États-Unis*	*Allemagne*	*France*
1790	6	–	0,3	0,8
1800	10	–	1	1
1820	12,5	–	1,5	1,1
1830	16	–	1,7	2
1840	30	2,1	3,4	3
1850	49	7	6,7	5
1860	80	13	17	8
1870	110	30	26	13
1880	149	83	47	19
1890	184	143	70	26
1900	230	245	100	33
1913	290	510	190	40

rieure et particulièrement par la construction du réseau ferroviaire, prennent le relais du secteur cotonnier et deviennent l'élément moteur de la croissance. Mais il y aurait quelques dangers à faire de cette constatation un modèle explicatif pour toutes les économies. En Suède, la sidérurgie, fort dispersée, est première. En France, elle peut être dès l'origine un secteur d'entraînement, comme l'a souligné P. Bairoch, qui renverse également pour de nombreux pays le schéma traditionnel d'un relais du coton par la sidérurgie. La révolution agricole, la poussée technique du textile, la machine à vapeur, les chemins de fer se conjuguent pour accroître la demande de fers ouvrés et lancent la sidérurgie. La houille, la vapeur, le rail peuvent, selon les pays et les régions, relancer, étaler ou susciter l'industrialisation.

Les tableaux 11 à 13 permettent de mesurer la domination du secteur sidérurgique, minier et métallurgique. Avec lui, une hiérarchie des puissances s'observe, celle qu'on pourrait suivre jusqu'au troisième quart du XIXe siècle. La suprématie anglaise est incontestée jusqu'à la fin du siècle.

TABLEAU 12

PRODUCTION DE FONTE ET D'ACIER (1800-1913)
(en millions de tonnes)

Années	*Grande-Bretagne* *fonte*	*Grande-Bretagne* *acier*	*États-Unis* *fonte*	*États-Unis* *acier*	*Allemagne* *fonte*	*Allemagne* *acier*	*France* *fonte*	*France* *acier*
1800	0,2	–	–	–	0,04	–	0,06	–
1820	0,4	–	0,02	–	0,09	–	0,14	–
1840	1,4	0,6	0,18	–	0,17	0,1	0,35	0,24
1860	3,8	1,5	0,9	–	0,5	0,3	0,9	0,5
1880	7,8	3,7	3,9	1,2	2,4	2	1,7	1,3
1900	9,1	6	14	10	7,5	7,3	2,7	1,9
1913	10,4	9	31,4	31,8	16,7	17	5,2	3,6

TABLEAU 13

PRODUCTION DE FONTE PAR HABITANT (1810-1910)
(en kg ; moyennes quinquennales)

Pays	*1810*	*1840*	*1860*	*1880*	*1900*	*1910* *fonte*	*1910* *acier brut*
Allemagne	2	5	14	53	130	200	220
Belgique	± 10	24	69	100	250	250	290
Espagne	–	± 2	3	10	16	21	16
États-Unis	8	16	25	71	190	270	300
France	± 4	12	25	46	65	100	100
Italie	–	± 1	2	1	1	8	28
Japon	–	–	–	0,5	1	5	4
Royaume-Uni	± 20	54	130	220	220	210	150
Russie	–	± 3	5	5	25	31	38
Suède	± 30	38	47	84	100	110	100

Source : P. Bairoch, [103] p. 1104.

où l'arrivée en force des Etats-Unis la menace. On remarquera que la fonte, comme le coton, confirme la précocité de l'essor américain, antérieur à la guerre de Sécession. Puis, si l'on met à part le cas de la Suède, où la spécialisation dans la production sidérurgique avant même la révolution industrielle rend peu significatifs les chiffres du tableau 13, on trouve, derrière les Etats-Unis, la Belgique, remarquablement et précocement industrialisée grâce à son bassin houiller et au dynamisme de ses marchands vite convertis aux activités nouvelles lorsque l'annexion au territoire français sous la Révolution et l'Empire leur eut ouvert un marché. La France, au démarrage lent, est dépassée par l'Allemagne dès 1870. Loin derrière ces premiers gros producteurs, les pays touchés par la seconde vague d'industrialisation, Italie, Russie, Japon, piétinent encore au début du XXe siècle. Une seule exception : la Suisse, où l'absence de charbon et de sidérurgie n'empêche pas l'industrialisation d'aval et particulièrement l'essor d'une métallurgie de transformation puissante. La tradition artisanale du pays, la vigueur de ses activités proto-industrielles, la précocité en technique et en production de son industrie cotonnière, l'essor de sa chimie moderne, sa situation géographique exceptionnelle de carrefour entre les mondes rhénan et alpin expliquent cette anomalie.

Ainsi l'analyse des deux principaux secteurs de croissance, le travail du coton et la production de houille puis de produits sidérurgiques, permet non seulement de montrer les rapports de force entre les pays touchés par la révolution industrielle mais également de jauger la profondeur de l'industrialisation de chacun d'entre eux, de pressentir les modifications sociales qu'elle y entraîne. La révolution industrielle est bien l'âge du textile, de la vapeur, de l'acier et du rail. Les nouveautés techniques de la fin du siècle – cette « seconde révolution industrielle » de certains auteurs –, les nouvelles industries, ne modifient pas fondamentalement les anciens équilibres : elles permettent simplement aux économies déjà fortes d'accroître leur puissance, de créer de nouveaux foyers d'industrialisation dans le monde. Au temps du pétrole, de l'électricité et de la chimie, de nouveaux secteurs de croissance peuvent relayer les vieilles productions industrielles essoufflées, mais ils ne modifient pas encore fondamentalement l'équilibre antérieur.

Les premières puissances industrielles.

Il nous faut maintenant détailler les circonstances de la révolution industrielle, pays par pays, en tentant de dégager les originalités de leurs croissances. En toile de fond, il importe d'avoir une chronologie sommaire des étapes de cette industrialisation et la comparaison des deux tableaux 14 et 15 permettra une grossière approximation. Au diagramme établi par W.W. Rostow, qui donne une vue d'ensemble mais qui a été vivement et justement critiqué pour sa périodisation, en particulier pour les points de départ des démarrages, nous superposons un classement par niveau de développement industriel, établi par P. Bairoch à partir des indices de consommation de coton brut, de fonte, de houille, de force motrice et du développement ferroviaire que nous avons déjà cités en partie; le classement final a de plus tenu compte des indices du niveau de développement et de productivité de l'agriculture qui étayent l'industrialisation. En adoptant une chronologie qui tient compte de ces deux approximations, nous pouvons suivre désormais l'extension de la révolution industrielle depuis la fin du XVIIIe siècle, en cherchant non pas à décrire des productions, très vite concurrencées ou abandonnées aujourd'hui, mais surtout en tentant de dégager selon quels processus bien particuliers elle se réalise dans chaque économie nationale.

– La *Grande-Bretagne* garde une longue prépondérance. Nous avons déjà observé les conditions exceptionnelles qui poussent son économie au démarrage avant toutes les autres à la fin du XVIIIe siècle : nouveautés démographiques et agricoles, commerce colonial, formation d'un marché, pénuries, révolution des techniques et des transports.

TABLEAU 14

ÉTAPES DE LA CROISSANCE ÉCONOMIQUE DES GRANDES PUISSANCES INDUSTRIELLES SELON W.W. ROSTOW

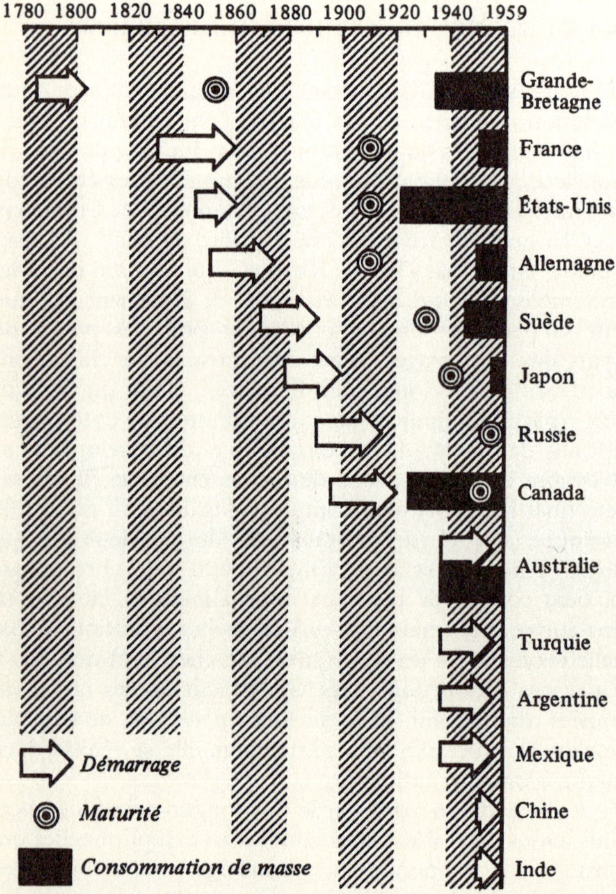

Source : W.W. Rostow , [24], p. 7.

TABLEAU 15

HIÉRARCHIE DES GRANDES PUISSANCES INDUSTRIELLES (1810-1910)
CLASSEMENT PAR NIVEAU DE DÉVELOPPEMENT INDUSTRIEL

Rang	*1810*	*1840*	*1860*	*1880*	*1900*	*1910*
1	Royaume-Uni	Royaume-Uni	Royaume-Uni	Royaume-Uni	États-Unis	États-Unis
2	Belgique	Belgique	Belgique	Belgique	Royaume-Uni	Royaume-Uni
3	États-Unis	États-Unis	États-Unis	États-Unis	Belgique	Belgique
4	France	Suisse	Suisse	Suisse	Suisse	Allemagne
5	Suisse	France	France	Allemagne	Allemagne	Suisse
6	Allemagne	Allemagne	Allemagne	France	France	France
7	Suède	Suède	Suède	Suède	Suède	Suède
8	Espagne	Espagne	Espagne	Espagne	Espagne	Espagne
9	Italie	Italie	Italie	Italie	Italie	Italie
10	Russie	Russie	Russie	Russie	Russie	Russie
11	Japon	Japon	Japon	Japon	Japon	Japon

Source : P. Bairoch, [103], p. 1110.

Tentons maintenant de dégager les étapes de cette croissance et de les expliquer.

De 1770 à 1800, la révolution industrielle s'amorce. Stimulés par la force du marché intérieur, où toute une classe moyenne aspire à la consommation, et surtout par l'ampleur du marché extérieur, conquis par le commerce colonial au long du siècle, des entrepreneurs, pour abaisser leurs coûts de production, payer d'assez hauts salaires, compenser la faiblesse initiale de la main-d'œuvre, renoncent à un développement de leurs fabriques sur le bois ou l'eau et parient sur les techniques nouvelles : mécanisation du travail, rassemblement en usine d'une masse d'ouvriers, concentration des zones industrielles vers le charbon. Démarrage puissant, aux horizons mondiaux : alors que le marché intérieur supporte encore le poids du passé, avec ses structures artisanales, sa faible irrigation en capitaux, les industries dirigées vers l'exportation, et produisant cotonnades, lainages, toiles de lin, fers et aciers, entraînent l'ensemble des secteurs économiques. En misant sur le capital, sur la mécanisation, la Grande-Bretagne est bientôt capable d'inonder le monde d'articles de qualité moyenne : de 1780 à 1800 le volume des exportations croît de plus de 6 % par an.

Mais la lutte contre la France révolutionnaire et impériale risque de tout remettre en cause. La « Grande Nation » française entre en force sur le marché européen et tente d'en évincer les produits anglais. Puis, le Blocus continental, lorsqu'il est sérieusement appliqué, c'est-à-dire entre juillet 1807 et juillet 1808, et du printemps 1810 à la fin de 1812, secoue l'économie anglaise. L'important marché des jeunes Etats-Unis se ferme, en contrecoup du Blocus; les ouvriers, auxquels on fait porter l'essentiel du poids de la guerre, s'agitent; les faillites se succèdent. Et surtout l'investissement industriel baisse au profit de l'agriculture, des transports, du bâtiment. Dans le secteur clé du textile, on observe une stagnation persistante, que les employeurs combattent en allongeant la durée de la journée de travail et en augmentant le nombre d'ouvriers. Une violente crise en 1810 révèle l'ampleur des difficultés. Contrairement à ce qui fut souvent affirmé, le Blocus crée une sérieuse récession, comme l'a démontré F. Crouzet[1]. Et le monde ouvrier, par ses sacrifices, a cependant permis de supporter le choc. Mais les assises de la suprématie sont intactes. L'adversaire, lui aussi, s'est affaibli. Dès 1815, le capitalisme anglais retrouve libre possession des grands marchés mondiaux. L'Europe est désormais un peu délaissée, au profit de l'Amérique latine, de l'Extrême-Orient, pour les cotonnades et les articles de consommation courante. Seule la vente de machines y reste très fructueuse. Et, de 1815 à 1840, l'Angleterre devient véritablement l'atelier du monde, exportant cotonnades, lainages, mais aussi filés, machines, fontes, techniques nouvelles. Là est le secret de la suprématie anglaise du milieu du XIXe siècle, selon M. Lévy-Leboyer[2]. A partir de 1820, la preuve est faite que seules les entreprises et les zones industrielles proches à la fois des ports d'exportation et des régions d'approvisionnement en matières premières sont promises à l'essor : l'Angleterre « noire » du centre et de l'ouest l'emporte sur l'Angleterre « verte » du bassin de Londres. Les usines « de pointe » sont donc situées à l'amont, près des matières premières. Ainsi pour l'industrie linière, Dundee, pourtant bien excentrée en Ecosse, l'emporte sur Leeds, parce que le lin importé par la Baltique débarque à Dundee et que la matière première représente 80 % du prix des filés. Les nécessités du marché contraignent donc les industries anglaies à diversifier leurs productions, à les rentabiliser : la révolution industrielle s'étend, par un mouvement continu qui se nourrit lui-même. La concurrence nationale et internationale guette – les Anglais sont assez tôt hantés par leurs rivaux américains –; la surproduction peut menacer dans les secteurs traditionnels; la main-d'œuvre reste chère et son salaire peut entrer jusqu'à 50 % dans les coûts de production; la mécanisation nécessite sans relâche des capitaux frais. Pour se maintenir, l'industrie anglaise amorce alors un puissant mouvement d'intégration vers l'aval. D'importantes firmes textiles comme celle des Greg (1,3 % de la consommation

1. Dans [288], en particulier la 3e partie.
2. Dans [109]. Nous en suivons les démonstrations.

anglaise), spécialisées dans la production de filés, pour lutter contre les concurrents mieux placés sur le charbon, pour réduire les coûts, faire face aux premières exigences ouvrières, intègrent le tissage : la masse des capitaux qu'elles peuvent mobiliser leur permet de triompher et de produire des étoffes avec des métiers mécaniques, ruinant ainsi les derniers artisans du *domestic system* de la région de Styal, près de Manchester. De même, une puissante firme métallurgique, Crawshay and C°, qui produit 6 % des fers britanniques, se lance vers l'aval, dans la production massive de fer blanc et de rails vers 1830[1]. Sans nécessairement accroître leur taille, sans faire systématiquement appel à un marché des capitaux encore mal organisés, des entreprises anglaises savent, avec une grande souplesse et un sens aigu du marché, utiliser au mieux les facteurs de production disponibles, glisser vers la production nouvelle rentable sans accroître leurs coûts. Cette attitude permet de comprendre la survivance de la prépondérance britannique jusqu'à la fin du siècle; son économie peut à tout moment, pendant cinquante ans, s'orienter vers la production de biens intermédiaires et en inonder le monde. Aussi, vers 1840, alors que les rythmes de croissance peuvent atteindre 6 % par an dans l'industrie cotonnière, et que les productions y sont exportées à plus de 50 %, les productions métallurgiques spécialisées dans les biens d'équipement (machines, rails, matériel ferroviaire, constructions navales) prennent progressivement le relais des industries textiles, sans les évincer. Portée par le libre-échange enfin incontesté, par une nouvelle poussée technologique, l'industrie anglaise « accélère », resserre sa domination mondiale de 1840 à 1890, unifiée sous l'impulsion du secteur le plus dynamique du moment, la métallurgie. « L'acier anglais, maître des mers » (Ch. Morazé) relaie le coton et entraîne toute l'économie vers la croissance : la révolution industrielle s'entretient elle-même. Vers le milieu du siècle, la Grande-Bretagne draine à son profit plus du tiers des échanges mondiaux. Et surtout, en jetant aux quatre coins du monde biens de consommation

1. Lévy-Leboyer [109], p. 288-290.

et biens d'équipement, elle y a stimulé l'industrialisation, avec ou contre elle.

– Franchissons la Manche. Les chances de la révolution industrielle semblent moins grandes qu'en Grande-Bretagne. Des rythmes d'accroissement démographique plus faibles, des agricultures plus lentes à se transformer, des sociétés moins fluides, des troubles politiques et des interventions des Etats souvent maladroites, des marchés formés plus tard, une liaison moins assurée avec l'outre-mer : le continent se dégage moins vite du monde pré-industriel. Sans se soucier d'imiter quelque « modèle » anglais, les économies et sociétés y cherchent à tâtons des voies indigènes vers la révolution industrielle.

L'exemple de la *France* est sans doute le plus significatif. On a souvent parlé de retard, voire de faiblesse chronique du capitalisme français. C'est mal poser le problème que de faire ainsi inconsciemment référence au succès d'outre-Manche. De fait, l'économie française utilise avec la même souplesse que l'Angleterre les facteurs de production les plus avantageux. Au XVIIIe siècle, on s'en souvient, la croissance française avait suivi, mais en partant de plus bas au début du siècle, un rythme assez semblable à celui de l'Angleterre. Pourtant l'appel du marché n'est pas aussi fort, les pénuries de main-d'œuvre, de bois et d'eau n'existent guère. La crise économique de la fin du siècle brise les velléités de démarrage, malgré la vigueur et le dynamisme de l'industrie textile, dispersée, exploitant une main-d'œuvre rurale bon marché, et ceux de la métallurgie, souvent déjà concentrée et très au fait des nouveautés techniques. Puis viennent les dix années de trouble révolutionnaires, de 1790 à 1800 : le pouvoir change de mains, puis les thermidoriens et les directeurs s'installent, spéculent, relancent fébrilement l'activité, sans pouvoir liquider la guerre : Bonaparte fera lentement digérer à la société française les nouveautés brutalement assénées par les assemblées révolutionnaires. De nouveau, vers 1800-1810, un démarrage « à l'anglaise » serait-il possible, avec innovations techniques, investissements, spécialisation des zones industrielles du Nord, de l'Est, du Bassin parisien,

CARTE 16

L'ANGLETERRE INDUSTRIELLE VERS 1850

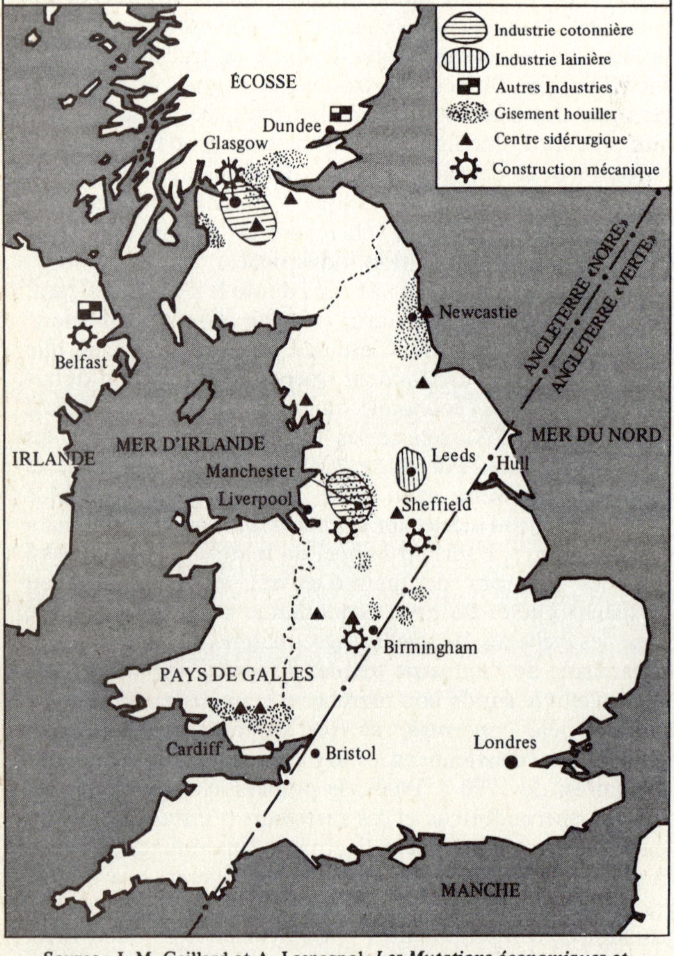

Source : J.-M. Gaillard et A. Lespagnol, *Les Mutations économiques et sociales au* XIXe *siècle (1780-1880)*, Nathan, 1984, p. 61.

CARTE 17

RÉGIONS INDUSTRIELLES EN FRANCE (1800-1880)

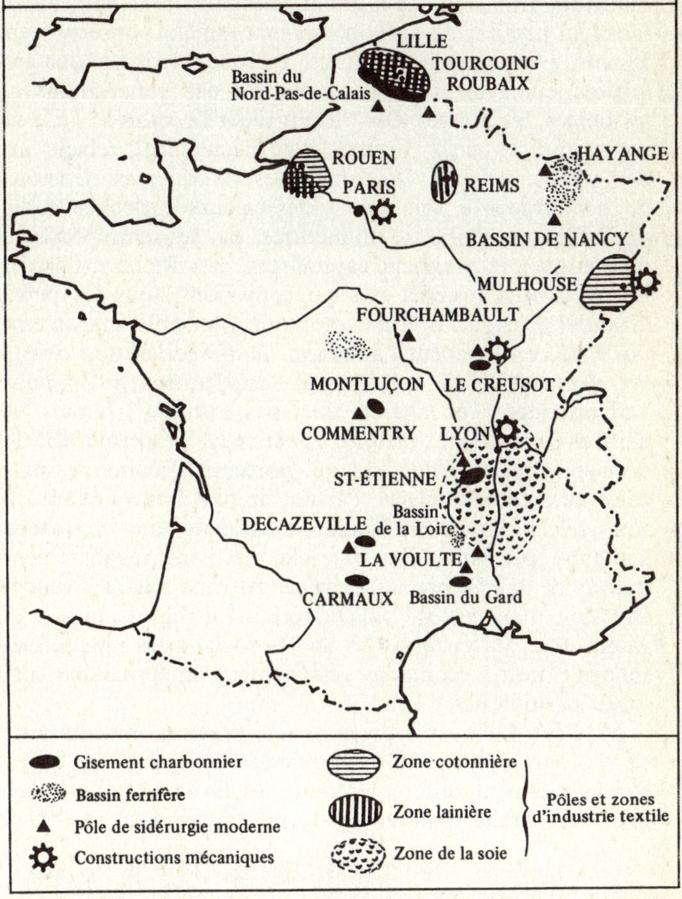

Source : J.-M. Gaillard et A. Lespagnol, *Les Mutations économiques et sociales au* XIXe *siècle (1780-1880)*, Nathan, 1984, p. 113.

du Massif central?[1] Mais tout échoue, car la guerre reprend et l'Empire accumule les revers après 1810 avant de disparaître en 1815. Jamais les industriels et les commerçants français – au grand scandale de Napoléon – n'ont su profiter de l'affaiblissement anglais consécutif au Blocus, pour maîtriser le vaste marché européen que les armées leur avaient ouvert, alors que des « marginaux », les Belges, les Suisses, eux, savent saisir l'occasion. Tout se passe comme si la France était décidément rebelle au démarrage en force. On peut certes invoquer les divisions de la bourgeoisie, son respect des valeurs terriennes traditionnelles, la faiblesse numérique de ses entrepreneurs dynamiques et vraiment capitalistes : les Richard-Lenoir, les Wendel n'auraient pas pu convaincre tous les pères Grandet. L'explication est commode, plausible, mais n'emporte pas entièrement l'adhésion. A la décélération observée depuis 1789 ne succède pas l'accélération qu'on pouvait attendre : un *take-off* n'est pas français[2]. Jamais les chiffres fournis par l'histoire quantitative ne permettent de déceler cette lame de fond qui porterait l'économie française au rythme anglais[3]. Partant de plus bas au début du XIXe siècle, l'industrie française connaît une croissance soutenue pendant tout le siècle, oscillant régulièrement autour de 2,5 % par an : elle ne rattrape pas la Grande-Bretagne mais ne perd plus de terrain[4]. Progression sage et rassurante, qui éviterait les heurts sociaux les plus vifs et rendrait notre économie relativement imperméable aux crises périodiques.

M. Lévy-Leboyer a présenté une explication séduisante de ces particularités de la croissance française. Les bases sont totalement différentes de celles de la Grande-Bretagne. Le marché national est formé tardivement et il faut

1. L. Bergeron, *RHMC*, juillet-septembre 1970, p. 503-505.
2. Cf. Palmade [244], p. 53 sq.
3. Cf. Marczewski [100].
4. Lévy-Leboyer [109], p. 283. L'évaluation du taux de croissance industrielle annuel diffère selon les économistes et les historiens sur le long terme (1815-1913) : 1,61 % (Fr. Crouzet); 2,08 % (T. Markovitch); 2,56 % (M. Lévy-Leboyer); 2,73 % (J. Marczevski).

attendre 1860 et la révolution ferroviaire pour qu'il devienne cohérent. Ce retard s'explique par la faiblesse de la demande intérieure : la France a un rythme d'accroissement démographique deux fois moins fort que la Grande-Bretagne, un revenu par tête plus bas et de fortes inégalités dans la distribution du revenu national. Le marché domestique n'exige pas une masse de biens de consommation : il est soit stagnant, soit très vite inélastique. D'autre part, le marché international n'est qu'entrouvert : l'Anglais domine sur mer, et jamais le textile français par exemple n'exportera plus du 1/5e de sa production pendant la première moitié du siècle. A cette faiblesse du marché s'ajoutent un certain nombre de pénuries, comme celle du charbon, dont la production est environ le 1/10e de l'anglaise pendant les deux premiers tiers du siècle. Si bien qu'on ne trouve jamais dans l'industrie française de secteur de pointe, relais et moteur des activités, comme le coton ou les produits sidérurgiques anglais. Même si des secteurs modernes, à partir du second Empire, ceux des mines, de la métallurgie, de la chimie, peuvent dépasser 5 % de croissance annuelle, jamais ils ne parviennent à tirer l'ensemble de la production industrielle, freinée par une industrie textile sans grands débouchés extérieurs et tournée vers le marché intérieur de plus en plus médiocre d'un pays où la stagnation démographique intervient parfois dès 1850 dans certaines régions[1]. La croissance « à l'anglaise » est impossible. Mais l'industrie française trouve une voie originale. Elle s'adosse à un énorme et passif marché rural, tardivement irrigué par la circulation moderne, mais qui ne connaît pas de brutales variations, sinon cette tendance constante à l'inélasticité. Les villes sont négligées : la croissance urbaine si vive du XVIIIe siècle est arrêtée par la Révolution et l'Empire et ne reprend nettement qu'après 1860. Et surtout, elle utilise l'énorme chance que représente la main-d'œuvre rurale, nombreuse, formée depuis l'Ancien Régime, bon marché (vers 1835, un ouvrier fileur

1. Comme l'a montré F. Crouzet après une soigneuse construction d'indices. Cf., « Un indice de la production industrielle française au XIXe siècle », *AESC*, janvier-février 1970, p. 85.

de Manchester gagne environ 54 F par semaine; en France, pour le même travail, il reçoit 24 F et souvent moins), bien répartie et moins coûteuse dans les régions éloignées des rivages. A la limite, la mécanisation n'est pas aussi nécessaire en France qu'en Grande-Bretagne, les « goulets d'étranglement » n'interviennent pas : en produisant des articles de luxe pour l'exportation et des articles courants demandant un long travail manuel ou semi mécanisé sur le marché national, en déplaçant les activités vers le nord et l'est, là où la main-d'œuvre est abondante et peu chère, en préservant longtemps des activités proto-industrielles, dans la région lyonnaise par exemple, l'industrie française démarre sans décoller. Et jamais le modèle anglais ne sera rentable : les cotonniers normands, les métallurgistes dynamiques qui, vers 1830-1840, tentent d'intégrer vers l'aval, en se lançant dans la mécanisation et la production de matériel ferroviaire, échouent. Au contraire, tous ceux qui obéissent au jeu normal du marché en intégrant les productions amont réussissent : des firmes qui fabriquent des articles finis avec une exploitation intense et traditionnelle de la main-d'œuvre font pression sur les firmes en amont, les absorbent ou les contrôlent. Ainsi, les manufacturiers de Mulhouse passent de l'impression au tissage, du tissage à la filature du coton; les lainiers de Roubaix remontent eux aussi du tissage à la filature et au peignage. Peu à peu, à rebours, la France se donne une industrie moderne, sans que les arguments traditionnels sur l'intervention néfaste de l'Etat puissent être retenus.

M. Lévy-Leboyer propose aussi une chronologie. Jusqu'en 1840, en s'appuyant sur des campagnes riches en main-d'œuvre et qui s'ouvrent inégalement au progrès agricole, avec un minimum de techniques anglaises, la croissance française démarre en s'appuyant sur les industries secondaires d'aval. Après 1840, alors que les prix agricoles se sont redressés et provoquent un appel de consommation rurale, que le marché traditionnel est mieux tenu grâce à la révolution ferroviaire, les industries primaires deviennent à leur tour consommatrices de main-d'œuvre, sont contrôlées par l'aval : l'expansion se généralise, les techniques progressent sans que les secteurs anciens consommateurs de main-d'œuvre soient négligés. Puis, de 1865 à 1890, l'économie française connaît une longue période de stagnation. Le handicap démographique se fait sentir, la crise agricole frappe, avec la concurrence des pays neufs, si bien que les prix agricoles baissent plus vite que les prix industriels, le commerce international est moins ouvert encore, car la France n'a pas su profiter du bouleversement vers l'Extrême-Orient qu'a représenté l'ouverture du canal de Suez en 1869 : les appuis traditionnels de la croissance industrielle se dérobent. Il faut attendre 1890 et la « Belle Epoque » pour que l'économie française se reconstruise et assimile vraiment la révolution industrielle du siècle. Taux de croissance de près de 4,5 % par an, secteurs de pointe comme l'électricité et l'automobile, malgré le poids du textile toujours dominant : les industries d'équipement deviennent enfin motrices, le pays est entré alors dans l'ère industrielle, très vraisemblablement parce que les rapports ville-campagne ont changé. Les marchés urbains, foyers de consommation, gonflés par l'exode rural, commandent la croissance[1].

Cette analyse, qui a été discutée et retouchée, tente d'ordonner rationnellement l'histoire de la révolution industrielle en France : c'est pourquoi nous avons tenu à la présenter. On notera au passage qu'elle détruit bien des affirmations antérieures : le rôle positif de l'Etat, si orgueilleusement souligné sous le second Empire, aurait été faible; la taille des firmes, jugées trop petites face aux entreprises anglaises, n'intervient guère; le chemin de fer aurait surtout permis de maîtriser le marché rural, aurait eu un rôle commercial et financier, plus qu'industriel. Face à la Grande-Bretagne, la France, vieux pays rural, a connu un très original processus d'industrialisation.

– Même souplesse d'adaptation aux réalités nationales en *Allemagne*. Là, le morcellement politique n'avait guère favorisé la création d'un marché où une main-d'œuvre rurale stimulée par une bourgeoisie commerçante aurait pu lancer une industrie textile. Au XVIIIe siècle, au contraire, seules les activités minières (lignite, houille, fer) s'étaient

1. Cf. M. Lévy-Leboyer [108].

développées et avaient rassemblé les premiers groupes ouvriers. Mais la dislocation du monde allemand par les guerres sous la Révolution et l'Empire brise toute velléité de démarrage. Cependant une bourgeoisie rhénane active s'affermit avec l'apport des Droits de l'homme et du Code civil, tandis que le mouvement d'émancipation des paysans s'accélère. Vers 1850, le servage a pratiquement disparu; les natalités deviennent très fortes; la main-d'œuvre nombreuse, active et mobile de l'industrialisation est constituée. Néanmoins, les forces nationales sont trop faibles pour imposer l'unité politique et économique : le capitalisme naissant n'effrite pas la vieille Confédération germanique et en 1848 les insurgés allemands échouent dans leur tentative de créer à Francfort une démocratie parlementaire unitaire. Le mouvement de l'industrialisation sera autrement saccadé et brutal, profondément original.

D'abord parce que la formation du marché a assez largement précédé la vague de fond de la révolution industrielle. Sous la pression de la bourgeoisie et des fonctionnaires de Prusse (n'oublions pas que depuis le congrès de Vienne de 1815, la Prusse agrarienne et féodale de l'Est s'est agrandie sur la rive gauche du Rhin et tient la Ruhr et la Westphalie), les idées libre-échangistes primées par Fr. List dès 1819 cheminent : après bien des difficultés, les dernières résistances des Etats du Sud tournés vers l'Autriche sont vaincues et un *Zollverein* se constitue en 1834. Ainsi naît, protégée contre les concurrences extérieures, et particulièrement l'anglaise, une unité économique d'une trentaine d'Etats regroupant 26 millions de consommateurs potentiels.

Désormais l'industrialisation a son assise. Utilisant sans complexe les spécialistes et les techniques anglaises, les machines, les rails même, puis les capitaux et le savoir-faire français (c'est ainsi qu'avec des métiers Jacquart et des spécialistes français, Krefeld devient un grand centre textile rival de Lyon et de Mulhouse), assimilant très vite les acquis des autres pays, les Allemands, faisant l'économie du passage par l'industrie cotonnière, se lancent dans une révolution industrielle moderne, par le charbon, l'acier et le chemin de fer. Des compagnies privées souvent relayées par les Etats – la Prusse en tête – créent le réseau ferré : dès 1850, il dépasse en longueur celui de la France. De 1820 à 1850, la production de charbon est multipliée par six, celle des biens d'équipement progresse à un rythme de 6 % par an, tandis que celle des biens de consommation, un moment négligée, plafonne à 2 % environ. En 1871, la puissance industrielle est solidement établie, ses localisations sont bien dessinées, sur la Ruhr, la Saxe, la Silésie et Berlin. L'unification politique du Reich en outre s'achève, après deux guerres victorieuses contre l'Autriche et la France qui confirment à la fois la voie prussienne vers l'unité et l'efficacité de l'acier des canons Krupp. L'Allemagne de Bismarck rejoint alors la norme internationale : elle redevient protectionniste en 1879 et se lance dans une politique d'exportation de ses capitaux, de ses techniques et de ses produits.

Elle a suivi donc un processus d'industrialisation original dans son rythme. Dans les structures qui le nourrissent aussi. Sans doute parce qu'elle est pauvre en capitaux à l'origine et que l'autofinancement à la française y est peu connu, elle pratique d'entrée la concentration des techniques, avec un souci de réaliser des ententes et de lier recherches industrielles et universitaires, tout comme celle des entreprises et celle des méthodes commerciales. Peu de capitaux, mais une politique hardie du crédit : négligeant les prudentes spécialisations françaises entre le dépôt et les affaires, ses banques financent l'industrie et le commerce avec efficacité. Une gerbe de découvertes fondamentales en physique et en chimie, immédiatement appliquées : colorants, explosifs, engrais, produits de synthèse, textiles artificiels, lancent une puissante industrie; la *Badische Anilin und Soda Fabrick*, installée en 1865 à Ludwigshaven, emploie 7 000 ouvriers en 1870 et 77 000 en 1882. Une précoce entente entre producteurs : dès 1858, cinquante sociétés de la Ruhr lancent un programme de recherche sur les dérivés du charbon; en 1876, le cartel des maîtres de la Ruhr, dominé par Haniel, Thyssen et Krupp, contrôle la moitié de la production industrielle du pays; les *konzern*[1], nés d'ententes techniques, et les cartels[1], plus commerciaux, orientent à leur profit la croissance économique. Dans tous ces domaines, l'Allemagne innove.

– Cependant, aux *Etats-Unis*, se façonne l'économie originale qui doit en quelques décennies dépasser celles du Vieux Monde et détrôner la puissance anglaise. Ses chances sont évidentes dès le départ. La colonisation anglaise débouche, sans heurts particulièrement violents et avec l'aide française, sur l'indépendance politique en 1783. Des achats à la France et à l'Espagne, une guerre contre le Mexique livrent à la jeune nation un immense territoire vierge, d'où les Indiens premiers occupants sont éliminés. La domination économique de l'Angleterre, qui freine jusqu'en 1810 environ l'essor de l'industrie textile nationale du Massachusetts, du New Jersey et du Connecticut, permet cependant le développement de fructueuses opérations maritimes, l'introduction massive de capitaux et de techniques. Et très vite, les Etats-Unis fournissent une étonnante pléiade d'inventeurs, de mécaniciens qui perfectionnent et adaptent aux réalités du pays les machines anglaises : Lowell et Moody installent en 1814, à Valtham, une usine de filature et de tissage, première intégration complète du coton brut à la cotonnade; Fulton, Rumsay, Stevens appliquent avec succès la vapeur aux navires et aux locomotives; en 1830, Geissenhainer fabrique du fer au coke et en 1851 Kelly invente, de son côté, le procédé Bessemer; Elias Howe invente la machine à coudre et Morse le télégraphe magnétique. Puis, la rareté de la main-d'œuvre avant le grand flot des immigrants de la seconde moitié du XIXe siècle rend nécessaire la production mécanisée, plus tard effectuée à la chaîne et standardisée : amorcé par Olivier Evans dès 1782, le processus lancé avec la fabrication de pièces interchangeables pour l'armement, en 1808, par Evans, Whitney et North, est vite appliqué au

1. Le cartel associe, pour tenir un marché face à la concurrence, plusieurs firmes qui gardent leur autonomie mais décident en commun le prix de leurs produits. Les *konzern*, eux, passent d'une concentration technique des productions entre les firmes à leur concentration financière.

matériel agricole (charrues, puis moissonneuses McCormick fabriquées à la chaîne dès 1850). En 1855, scellant ce triomphe technique, l'achat par le gouvernement britannique de la première machine-outil *yankee* prend valeur de symbole.

Ces chances, ces dons furent amplifiés par l'immigration : la population augmente de 4 à 50 millions entre 1790 et 1880, faisant des Etats-Unis le pays le plus peuplé du monde blanc. Outre le mouvement naturel très vif, les immigrants entrent pour plus du tiers dans la croissance démographique avant 1880, pour la moitié entre 1880 et 1914. L'Europe anglo-saxonne et germanique, relayée par l'Europe centrale, orientale et méditerranéenne, déverse vers le Nouveau Monde de l'espoir ses opprimés et ses miséreux en surnombre, en un flot sans cesse grossi : 3 à 400 000 par an entre 1845 et 1870, 600 000 à 1 million après 1880. Ces immigrants, déjà formés, souvent techniquement très capables, contribuent à élargir le marché urbain, donnent une main-d'œuvre industrielle à assez bon marché, relativement bien assimilée à la société américaine primitive par un *melting pot* efficace. Ainsi s'affirme la puissance américaine : les investissements anglais, relayés par les capitaux accumulés dans une agriculture très productive à l'Ouest et au Sud, permettent de valoriser et de renouveler les techniques et les équipements. Le *rush* des immigrants lance la révolution industrielle et urbaine, sans exode rural. De son côté, la population rurale, à très forte natalité, soutient le rythme de la productivité agricole. Ainsi, pour la première fois, à la différence de l'Europe, une révolution industrielle intervient avec une redistribution constante et relativement harmonieuse de la main-d'œuvre, grâce à l'apport renouvelé de l'immigration.

Telles sont les explications le plus souvent mises en avant par les économistes américains actuels, qui tendent à minimiser les schémas traditionnels[1]. Un profond travail fondé sur l'analyse d'un énorme matériau statistique a

1. Cf. Cl. Fohlen [382], 3e partie, chap. V à VII. Et M. Lévy-Leboyer [385], p. 1035-1069.

toutefois renouvelé notre vision de l'histoire économique américaine sur quelques aspects essentiels :

– La chronologie de la croissance est modifiée. La thèse traditionnelle privilégiait la guerre de Sécession : le Sud esclavagiste et terrien est vaincu par le Nord capitaliste qui lance l'Union dans la révolution industrielle après 1865, grâce aux chemins de fer, aux tarifs douaniers, à l'exploitation du travail urbain. Or des études locales révèlent qu'un démarrage a eu lieu entre 1840 et 1850. Les canaux, les premiers chemins de fer, la vapeur, l'eau permettent dès cette période d'utiliser les ressources agricoles, humaines, techniques du pays, sans crises graves. Un marché s'est constitué dans des régions et sur des produits complémentaires : le coton du Sud, relayé depuis la crise de 1837 par les produits alimentaires et les matières premières de l'Ouest, les services et les produits industriels du Nord-Est, organisateur du crédit, des transports, coordinateur de l'investissement, utilisant à des fins économiques un enseignement original. Un marché, des transports, des techniques, un capital humain valorisé par l'éducation et renouvelé par les immigrants, des productions complémentaires : la croissance a de beaux atouts. De 1844 à 1854, le taux de croissance annuel est de 6,9 %, il est aussi vif que celui des années 1874-1884 (7 %).

– Dans cette optique, le rôle des chemins de fer est dévalué. Il semble qu'avant l'âge des transcontinentaux – le premier est achevé en 1869 – la consommation de rails n'ait pas lancé l'industrie métallurgique : de vieux rails sont réutilisés; les maîtres de forge anglais se réservent les 3/4 des commandes avant 1860; le chemin de fer a absorbé moins du 1/5e de la production de fer. La croissance n'est donc pas liée au rail, mais à la multiplicité des innovations dans toutes les branches de l'activité économique : on retrouve le schéma précédent.

– Le rôle du capitalisme privé est tout autant mis en cause. Avant 1880 les collectivités, villes, Etat, Etat fédéral auraient joué un rôle décisif dans le lancement de la croissance, en organisant la vente des terres, en lançant des travaux publics, en subventionnant la création de compagnies ferroviaires et en souscrivant ensuite massivement à leurs emprunts obligatoires. Ainsi, de 1790 à 1850, l'Etat de Pennsylvanie a participé à plus de 150 sociétés « mixtes » dirions-nous aujourd'hui. Dans le Missouri, la Georgie, le Massachusetts, l'Etat subventionne la construction ferroviaire. Ce n'est qu'après le lancement, lorsque les risques graves ont été assumés par la collectivité, que les capitaux publics sont retirés et que s'amorce le règne incontesté des firmes privées après 1880. Mais le démarrage n'a pas été aussi « libéral » qu'on a parfois voulu le laisser entendre. Les « rois » du rail, de la banque, tous les « barons pillards », tous les opulents personnages de la « classe de loisirs » surgissent plus tard, avec la maturité du capitalisme américain.

– En revanche, l'Ouest aurait été la terre d'élection du capitalisme. Et le thème de la « Frontière », si puissamment enraciné dans la conscience américaine depuis les travaux de Turner[1], est ainsi renversé. Les terres libres ont été peu nombreuses : entre le colon et l'espace vierge à fertiliser, s'est le plus souvent interposé l'Etat, le spéculateur ou la compagnie ferroviaire qui redistribuent à leur profit les énormes lots conquis; la prétendue démocratie robuste et individualiste de l'Ouest est ainsi tournée, défigurée par l'inégalité économique; enfin, loin d'être une « soupape de sûreté » de la société américaine, l'Ouest a très peu attiré les ouvriers et les immigrants de l'Est; la vraie « soupape de sûreté », c'est la ville et son industrialisation par un capitalisme original, avec le flot montant de la richesse qui permet des promotions individuelles au milieu d'inégalités constantes et du rejet des minorités de couleur (Noirs, Indiens) ou des derniers arrivants (Porto-Ricains, Latins, Slaves).

Mais cette profonde remise en question de tous les aspects de l'évolution économique du pays ne doit pas faire oublier l'ampleur de la réussite. Depuis 1840, le produit national par habitant croit de 1,75 % par an, ce qui correspond à un doublement réel du revenu individuel tous les quarante ans environ. Dès la fin du XIXᵉ siècle, les

1. Voir F.-J. Turner, *La Frontière dans l'histoire des Etats-Unis*, PUF, 1963 (paru aux Etats-Unis en 1893).

Etats-Unis sont devenus la première puissance industrielle du monde.

Ainsi, vers 1860-1880, Grande-Bretagne, France, Allemagne, Etats-Unis ont forgé leur puissance[1]. Partie d'Angleterre, la révolution industrielle s'est étalée. Mais, même si les techniques, les capitaux, les ingénieurs et quelques travailleurs anglais ont pu être introduits, jamais cet étalement n'a été un calque du modèle anglais. Chaque économie s'est transformée en utilisant au mieux, empiriquement, les facteurs de production nationaux les plus favorables et les plus rentables : capital, richesse naturelle, main-d'œuvre, marché, chaque élément peut précipiter la réaction technique et humaine d'où sort l'industrie nouvelle, puis, périodiquement, un secteur clé se dessine, qui relait le précédent et relance la croissance, sans que les mécanismes observés en Grande-Bretagne se répètent.

Le second souffle.

Avec l'aide des premières grandes puissances, ou en réaction contre leur prééminence, quelques pays lancent à leur tour une révolution industrielle dans le dernier tiers du XIXe siècle, toujours avec la même originalité. Au prix des plus grandes difficultés aussi : les économies plus anciennement industrialisées ont le monopole du progrès technique, exportent des capitaux, maîtrisent une bonne partie du commerce et de la circulation maritimes, cherchent à contrôler l'expansion mondiale de l'industrie. Prenons quelques exemples :

– L'*Empire d'Autriche*, devenu double monarchie austro-hongroise après le compromis de 1867, tout paralysé par des problèmes de nationalités qui menacent sa cohésion, tente néanmoins de rejoindre les grandes puissances industrielles, surtout depuis que l'exemple allemand hante

1. Vers 1870, l'Europe de l'Ouest (Royaume Uni, Allemagne, France, Belgique et Suisse) assure 60 % de la production industrielle mondiale et les Etats-Unis 23 %.

quelques-uns de ses dirigeants. L'étape est importante, puisque ces régions font la transition entre l'Europe occidentale, l'Europe orientale et les confins de l'Empire turc : pourra-t-on répandre la révolution industrielle vers l'Est?

L'industrie textile traditionnelle semblerait s'y orienter vers une croissance de type anglais dans le second tiers du XIXe siècle. En outre, les techniques occidentales permettent alors une première mise en valeur des ressources minières : hauts fourneaux et convertisseurs Bessemer sont installés en Moravie dès 1866. Les petites zones industrielles pullulent : en Styrie, en Carinthie, dans le Voralberg, à Vienne, en Bohême surtout. Mais très nettement, les « pays tchèques » (Bohême, Moravie, Silésie tchèque) plus cohérents, au contact de l'Allemagne, prennent la tête du mouvement, rassemblant plus du tiers des entreprises industrielles de la monarchie. La fièvre d'investissement des années fastes 1850-1873 accélère le processus : cotonnades, lin, ganterie de Vienne, sidérurgie, démarrent vraiment. L'essor des chemins de fer, au moment où sont lancées les premières percées alpines qui font de l'Autriche-Hongrie une plaque tournante entre l'Europe, l'Orient, et la Méditerranée, devrait cimenter un vaste marché. Sur un modèle allemand, car avant même la fin de la révolution industrielle, des cartels et des concentrations s'observent.

Pourtant, ce développement reste très aléatoire. En 1913 la double monarchie ne donne guère que 6 % de la production industrielle européenne; elle n'a pas pu prendre place dans les luttes coloniales de la fin du siècle; les déséquilibres régionaux s'observent. La poussée industrielle n'a jamais modifié les rapports de force : pour une zone tchèque industrialisée, tout un arrière-pays, profondément rural, en Transleithanie. L'Autriche, avec ses bourgeoisies allemande ou tchèque dynamiques, traîne toujours une Hongrie des grands domaines fonciers, sans que les communications modernes aient pu véritablement unifier le marché. L'emprise étrangère, anglaise, allemande, française, hollandaise, reste toujours aussi forte : l'Empire est une zone d'accueil fructueuse pour les capitaux européens. Dans les pays tchèques il faut attendre 1860 pour que des industries nationales par leurs capitaux et leur gestion puissent naître, dans les sucreries, le textile et la métallurgie; les banques nationales qui tentent d'organiser le crédit restent jusqu'en 1914 particulièrement vulnérables et celles qui surnagent, comme le Kredit Anstalt fondé en 1855, doivent conserver des liens étroits avec les milieux bancaires internationaux. Vers 1880, on peut dire que la révolution industrielle est accomplie dans la région de Vienne et dans les pays tchèques[1]. Mais elle reste dans l'orbite germanique, sans avoir pu s'étendre à l'ensemble de l'Empire. Partout, appuyé sur l'administration et l'armée, la noblesse foncière a refusé à peu près systématiquement soit d'investir les capitaux tirés de ses domaines dans l'industrie, soit de s'agglomérer à la faible bourgeoisie capitaliste des villes. Les vieilles structures sociales résistent, freinant l'industrialisation de l'Europe danubienne. Pas de révolution industrielle complète, là comme ailleurs, sans révolution agricole et bouleversement social.

– On peut observer les mêmes piétinements en *Italie*. Mêmes résistances des vieux mondes agraires, accrues lorsqu'on descend du nord au sud de la péninsule. Pourtant, avant l'unité politique, des centres industriels comme Milan avaient repris activité et prestige grâce au textile. Et l'activité proto-industrielle restait vivace. Dans le dynamique royaume de Piémont, une équipe dirigeante groupée autour de Cavour, très marqué par la réussite anglaise, tente d'insérer le monde italien dans le circuit de l'économie européenne libérale : une timide révolution agricole commence dans quelques grands domaines de la plaine du Pô; l'appel au crédit étranger est soigneusement pesé et balancé entre les capitaux français et anglais qui souscrivent aux emprunts d'Etat et permettent de lancer les voies ferrées indispensables; le commerce démarre. Après l'unité réalisée, avec l'aide française, sous l'égide du Piémont, cette politique reçoit enfin un champ d'action à sa mesure : l'Italie entière. Les gouvernements pratiquent avec obstination le libre-échangisme, puis s'aperçoivent bien vite que le poids du monde rural, particulièrement dans le Sud,

1. Cf. les discussions chronologiques présentées par B. Michel [375].

nécessite des méthodes nouvelles. La bourgeoisie du Nord accepte donc une sorte de « germanisme économique[1] »; l'Etat construit des arsenaux et des chemins de fer, concède des tarifs protectionnistes aux industries du textile en 1878, canalise l'afflux de capitaux étrangers lancés dans les spéculations de la construction urbaine vers les productions industrielles solides : mécanique, chimie, textile. Dès lors, le développement industriel italien est lancé : après 1880, les taux d'accroissement annuels dépassent 4 %; les aciéries, les chantiers navals, le caoutchouc s'installent aux côtés des anciennes industries dans le triangle « utile » Milan-Turin-Gênes. Vers 1900, l'industrie lainière suffit au marché intérieur, des cotonnades sont exportées, la production de soie est la première d'Europe. Le manque de charbon a stimulé l'utilisation de l'énergie nouvelle de l'hydro-électricité, qui fait la fortune de la métallurgie turinoise bien alimentée par les barrages des Alpes : la création par Agnelli en 1899 de la FIAT symbolise bien le dynamisme et les appétits de ce jeune capitalisme italien[2]. De 1890 à 1910, les productions industrielles et les exportations doublent.

Mais cette industrialisation brutale a aggravé ou engendré des déséquilibres. Les prix des produits manufacturés montent, tandis que les prix agricoles baissent. Les capitaux tirés du sol par les grands latifundiaires s'investiront désormais plus volontiers dans l'industrie du Nord, pour éviter la crise des « ciseaux », ce qui aggrave encore le sous-développement du Centre et du Sud du pays, désormais condamnés à la stagnation. La circulation ferrée moderne a cimenté un marché national déséquilibré, où le Nord draine capitaux, produits agricoles, main-d'œuvre et où le Sud reçoit les produits industriels milanais ou turinois. Une violente crise politique et sociale secoue le pays dans les dernières années du siècle, où se mêlent anarchisme, revendications ouvrières et révoltes des paysans pauvres. Mais la réaction sociale intervient : le tarif

1. L'expression est de G. Procacci [365], p. 327.
2. Sur l'industrialisation turinoise, voir P. Gabert, *Turin, ville industrielle,* PUF, 1964, 3ᵉ partie.

général de 1887 a jeté l'économie dans un protectionnisme étroit qui satisfait provisoirement industriels et grands propriétaires. Le bloc « agraro-industriel » (l'expression est de Gramsci) est constitué, qui contraint le pays à la stagnation, par un processus, on le voit, très différent de celui de l'Autriche-Hongrie. La révolution industrielle amorcée a relancé les déséquilibres régionaux et sociaux : le Nord s'oppose au Sud, les ouvriers et les paysans aux classes dominantes désormais soudées. Cette situation confuse, attisée par l'essor démographique et les ambitions nationalistes, conduit l'économie italienne à l'incohérence et au malaise généralisés à l'aube du XXe siècle. Le capitalisme désorganise et anesthésie une société rurale et marchande qu'il n'a pas su transformer. Il faut attendre 1930 pour que, à travers la guerre et le fascisme, la valeur de la production industrielle dépasse celle de la production agricole.

– Le *Japon* est, lui, bien difficile à classer, mais son cas est singulièrement révélateur. Il est le seul pays asiatique à s'émanciper au XIXe siècle de la tutelle économique des grandes puissances; son système économique hérité sait s'adapter aux nouvelles exigences; les capitaux étrangers n'y ont guère de possibilités de domination. Seul, dans un sursaut national, le Japon se lance dans un développement original.

Dès 1825, avec les premiers accords commerciaux et « culturels », les Occidentaux avaient tenté de forcer le marché nippon; en 1858, à la suite de pressantes démarches, le pays doit signer des traités de commerce avec les Etats-Unis, la Hollande, la Russie, la Grande-Bretagne et la France : on pouvait craindre qu'il ne devînt une nouvelle Chine. Mais depuis quelques années un réflexe national s'était signalé : le premier haut fourneau date de 1849; en 1857, sur les mines de fer de Kamaishi, le premier ensemble sidérurgie s'est édifié; quelques grands seigneurs, les *daimyos*, tentent d'améliorer la production agricole de leurs fiefs. Mais le régime féodal, où une famille de seigneurs occupe héréditairement le poste clé de *shogoun* et a évincé l'empereur, est rendu responsable à la fois de l'ouverture vers l'Occident et de n'avoir pas su résoudre les difficultés internes du pays. A partir de 1867 le jeune empereur Mustu-Hito rêve de lancer son pays dans une ère de progrès, de « Lumières » : le Meiji. Il s'installe à Tokyo, soumet les *daimyos*, joue habilement sur les ambitions et les rivalités entre les *samourais* et eux, édifie progressivement une monarchie forte qui dérive en 1889 vers un système constitutionnel original. Economiquement, le phénomène essentiel est la création d'une administration et d'une fiscalité cohérentes et disciplinés : la perception de la rente foncière passe des féodaux à l'Etat.

Sur la vieille civilisation, la greffe industrielle est alors tentée. De concert, révolutions agricole, démographique et industrielle s'amorcent, par une sorte de symbiose qui pose de redoutables problèmes aux théoriciens de la croissance économique. La terre doit jouer le rôle déterminant : les droits féodaux sont transformés en un capital de fonds d'Etat qui constituera la marge de manœuvre de l'intervention gouvernementale dans l'économie; après la suppression des fiefs, la propriété nouvelle est soigneusement cadastrée et soumise à un impôt lourd équivalant environ à 3 % de sa valeur, qui fournit plus des 3/4 des recettes fiscales de l'Etat. Mais sans que la structure sociale ait changé : la grande propriété se perpétue et les paysans doivent dédommager les anciens seigneurs. Pourtant, le nouveau système permet d'augmenter la productivité agricole car, progressivement, la fiscalité se fait moins lourde sur les domaines rénovés à productions accrues. En accroissant la production de denrées alimentaires – de riz particulièrement – et de fibres textiles, en stimulant la consommation de produits industriels, en offrant sous la contrainte le capital indispensable à l'investissement moderne, le monde rural, au prix de difficultés dont témoignent les nombreuses révoltes de la fin du siècle, permet le décollage. Dans le même temps, la croissance démographique devient vigoureuse : 30 millions de Japonais vers 1860, 45 vers 1900, 52 vers 1914. Les vieilles pratiques de limitation des naissances sont abandonnées, car le pouvoir favorise la natalité et honore la conscience nationale des familles nombreuses, si bien que le taux de natalité passe de 20 à 33 % entre 1860 et 1910, face à des mortalités étales autour de 20 % depuis que les progrès agricoles éliminent les famines périodiques. L'industrie nouvelle dispose d'un réservoir de main-d'œuvre, et particulièrement d'une masse de femmes et d'enfants susceptibles d'être employés dans le textile. Fait révélateur : la croissance démographique devient plus forte dans les villes après 1890; les campagnes, toujours actives grâce à la sous-traitance des grandes firmes, après avoir fourni les premiers bataillons de travailleurs industriels, se stabilisent sans exode rural massif.

On voit désormais combien l'industrialisation devient possible, sans modifier trop profondément la structure sociale traditionnelle. D'autant plus que l'aristocratie – *daimyos* et quelques *samouraï* – s'est, par un phénomène à peu près unique au monde, très souplement « métamorphosée » en classe dirigeante capitaliste[1]. Mais, dans un premier temps, l'initiative de l'Etat fut indispensable. Par l'emprunt sur les places étrangères, par une redistribution des recettes fiscales, par l'utilisation habile de l'inflation monétaire, il finance. Par la négociation directe dans l'achat de matériel étranger, anglais, américain, allemand, par ses contrats avec des techniciens et des enseignants occidentaux, par la redistribution des nouveautés techniques, par ses préfets et ses écoles, il introduit l'innovation indispensable sans soumettre le pays à la pénétration directe des capitaux étrangers. Il construit aussi : textiles, mines, verre, ciment, machines, chantiers navals, partout il lance les entreprises soit en les finançant, soit en les créant lui-même. Si la première ligne ferrée Tokyo-Yokohama est construite en 1872 par des ingénieurs anglais avec des capitaux souscrits à Londres, les suivantes sont japonaises dans le financement et les techniques : 160 km en 1880, 3 000 en 1890. Il lance enfin le pays vers l'extérieur par une politique militaire active et une organisation sérieuse du commerce. Mais, après 1880, lorsque « l'amorçage de la pompe » de l'industrialisation est correctement établi, il cède à bas prix, par une conversion dont on ne retrouve

1. L'expression est de L. Vandermeersch, « Meiji, ou le Janus nippon », *Esprit*, janvier 1969.

aucun exemple en Occident, les entreprises qu'il a créées au secteur privé, dans l'espoir de conserver un rôle directeur souple, tout en stimulant l'initiative et l'investissement des techniciens, des capitalistes et des firmes encore inexpérimentées. L'effet est immédiat : seules quelques familles, issues du monde du commerce et de la banque, peuvent disposer du capital financier et technique nécessaire à ces rachats. D'entrée, le capitalisme japonais saute la phase de libre concurrence et passe à la concentration. Les *zaibatsus* sont des trusts fortement intégrés, calquant les vieilles structures de clan, tenus par quelques familles richissimes comme Mitsui, Mitsubishi, Sumitomo ou Yasuda. Ces grandes unités contrôlent l'investissement et la production de tous les secteurs modernes, tout en pratiquant systématiquement comme avant la sous-traitance dans les entreprises plus petites, souvent artisanales, des villes et des villages.

C'est dans ce cadre que la production démarre. L'industrie textile donne l'élan initial, grâce à une exceptionnelle complémentarité entre le coton de Etats-Unis et la soie nationale : cotonnades, soieries, tissées sur des machines anglaises, lancent l'ensemble du secteur, qui assure la moitié de la production industrielle et multiplie par 33 son chiffre de production entre 1870 et 1910. Loin derrière, les mines, la sidérurgie, la mécanique, la chimie ne démarrent vraiment qu'après 1900 et s'épanouissent avec la Première Guerre mondiale. Seules les constructions navales et l'armement prospèrent dès 1880. Ainsi, malgré sa vivacité et son originalité, le capitalisme japonais présente des signes de faiblesse : dysharmonie entre la structure de l'économie et celle de la société; prépondérance du textile au moment où les concurrences internationales se font plus âpres avec l'arrivée de nouveaux producteurs sur le marché (l'Inde, par exemple) et où le marché intérieur paysan reste très inélastique; poussées de croissance rythmées par les commandes d'armement et les guerres contre la Russie et la Chine; dépendance de plus en plus affirmée de l'ensemble de l'économie devant le commerce d'exportation désormais indispensable après 1900. Pour maintenir son rythme de croissance industrielle sans bouleverser sa société, le Japon glisse insensiblement vers l'impérialisme commercial et militaire. Mais il a révélé au monde un développement industriel tout à fait original.

Europe centrale, Italie, Japon : l'industrialisation du monde s'étend, et après 1850, à un rythme plus rapide qu'au début du siècle. On pourrait y ajouter des signes nets de démarrage en Suède, au Canada, dès avant 1900. Mais cette seconde étape est plus rude. Les sociétés anciennes, plus longtemps ankylosées, résistent avec plus de vigueur à la nouveauté que dans les premiers pays industrialisés. Les déséquilibres régionaux, sociaux y sont plus vifs. Les tentations d'un nationalisme de frustration plus agressif, destiné à projeter vers l'extérieur les difficultés internes, plus évidentes. L'insertion dans le marché mondial plus difficile aussi, car les « grands » sont déjà solidement établis. Ce second souffle de la révolution industrielle charge l'horizon à l'aube du XXe siècle, alors que le partage du monde s'achève.

4

Dominations et crises

L'âge de la révolution industrielle est celui de la domination des premières nations industrialisées sur l'ensemble du monde : Grande-Bretagne, Etats-Unis, France, Allemagne, Belgique, auxquelles il convient d'ajouter la vieille nation de « rouliers des mers », les Pays-Bas. Vers la fin du siècle, quelques nouveaux venus, le Japon, le Canada, la Suède s'agglomèrent au groupe des « leaders ».

Les mécanismes.

Comptabilisé en francs-or, monnaie stable depuis le début du siècle, le commerce mondial passe de 10 milliards en 1830 à 30 milliards en 1850, puis à 58 en 1875 et 200 à la veille de la Première Guerre mondiale[1]. Les moyens de communication, nous l'avons vu, se développent; les baisses de tarifs de fret favorisent les nations aux flottes puissantes et anciennes. C'est pourquoi la part des grandes puissances dans les grands échanges mondiaux s'accroît régulièrement : 1/3 environ vers 1850, 2/3 vers 1875, 3/4 en 1913. Les causes de ce gonflement sont claires. Les grands pays achètent massivement denrées alimentaires et matières premières et exportent leurs produits manufacturés. Le mécanisme peut s'appliquer à un empire colonial déjà constitué au XVIIIe siècle et agrandi ensuite, ou bien à des zones de clientèles privilégiées en Europe non industrialisée, en Afrique, en Amérique du Sud ou en Extrême-

1. Cf. Lesourd et Gérard, *Histoire économique, XIXe-XXe siècle*, A. Colin, 1963, t. II, p. 377.

Orient. C'est ainsi que la Grande-Bretagne, maîtresse des mers, qui au milieu du XVIIIe siècle avait un commerce assez équilibré, passe dès 1830 à une structure caractéristique : trois quarts des importations en denrées alimentaires et matières premières, 85 % des exportations en produits fabriqués. Les cotonnades, les filés, les fers ouvrés, les machines anglaises sont échangés contre les blés d'Amérique ou d'Europe orientale, les viandes d'Australie et d'Argentine, les produits laitiers du Danemark, les produits tropicaux de l'Empire et d'Amérique centrale, l'étain de Malaisie, le fer d'Amérique du Sud, les bois scandinaves, etc. Au long du siècle, les grandes puissances doivent exporter davantage, menacées par la crise de surproduction, réglant difficilement la production sur une demande intérieure raidie par suite du mouvement des prix et les inégalités constantes des capacités de consommation entre les habitants du pays [1]. Les désordres de la production et les difficultés sociales internes conduisent à l'expansionnisme commercial. Brutalement, J. Ferry a résumé la situation en 1885 : « Une colonie, c'est un débouché. »

Qu'importent les théories économiques! Le mercantilisme est abandonné : les vieilles compagnies coloniales anglaises et françaises perdent leurs privilèges, l'abolition des *corn laws* en 1846 et le traité « saint-simonien » entre la France et l'Angleterre de 1860 consacrent sa disparition; une phase libre-échangiste est largement affichée entre 1860 et 1876, avant que le retour au protectionnisme ne devienne nécessaire à la fin du siècle. Le mécanisme est universel, même si ses applications diffèrent : des pays-usines dominent des pays fournisseurs et acheteurs.

Les balances commerciales peuvent dès lors être déficitaires. L'application brutale du libre-échangisme et de la loi de l'offre et de la demande peut mener des pays à importer davantage qu'ils n'exportent. Mais l'équilibre au XIXe siècle est toujours rétabli par une balance des « invisibles », c'est-à-dire des services (assurances, frets, droits de transit) ou des transferts (brevets, intérêts des placements ou des emprunts extérieurs souscrits en monnaie

1. Voir J. Bouvier [26], chap. 13 à 15.

forte). Si l'on ajoute aux « invisibles » les excédents de la balance des mouvements de capitaux à court et à moyen terme, la balance finale des comptes est toujours bénéficiaire pour les pays industrialisés. Cependant, l'expansion des capitaux est de plus en plus nécessaire à la survie de leur domination : l'impérialisme est dans la logique de la révolution industrielle. Et au passage bien des affirmations hâtives peuvent être ruinées par des travaux récents. Si l'on considère la Grande-Bretagne, il est évident, comme l'a montré M. Lévy-Leboyer[1], qu'avant 1840 la « désindustrialisation » de l'Asie et du Moyen-Orient, la ruine de son artisanat face à la concurrence anglaise et particulièrement celle du centre cotonnier de Manchester, pouvait encore n'être ni trop alarmante ni irréparable, car la vente de matières premières et de denrées alimentaires coloniales dans des termes de l'échange favorables pouvaient permettre à ces pays de faire de substantiels bénéfices et d'accroître leur pouvoir d'achat ou d'accumuler les capitaux nécessaires à leur équipement industriel futur. Mais tout change après 1840 lorsque la révolution industrielle anglaise s'affirme et que le libre-échange l'emporte : le transport du charbon donne aux navires anglais le pondéreux qui leur manquait dans leurs trajets « aller »; les compagnies anglaises de navigation peuvent ainsi baisser leur taux de fret, ruiner les vieilles concurrentes, étendre leur influence plus étroitement sur les mers du globe, équilibrer leur trafic par des compensations entre toutes les régions du monde. Et dans le même temps, l'appareil bancaire rénové permet de libérer l'investissement en Grande-Bretagne et de le lancer avec succès à l'assaut du monde. L'industrialisation donne au pays des capacités de services et de capitaux qui consolident durablement sa suprématie. Désormais, l'économie anglaise peut rester résolument libre-échangiste jusqu'en 1914, rendant sans objet et sans issue les campagnes d'opinion protectionnistes de la fin du siècle. La Grande-Bretagne ne sent pas la nécessité de resserrer brutalement ses liens économiques

1. [141], chap. 4.

avec son Empire[1]; elle peut même répondre favorablement aux aspirations d'émancipation en permettant la création des Dominions, tout en maintenant sa pression sur les zones stratégiquement essentielles pour sa navigation. Car ses services et ses capitaux peuvent, à leur gré, suivre la piste du plus grand profit possible en Amérique latine, en Extrême-Orient, en Afrique, en Méditerranée et en Europe continentale. Au même moment, les capitaux français se détournent de l'Empire colonial pour s'investir massivement en Russie ou en Europe orientale. L'impérialisme est le fils légitime de la révolution industrielle et des mécanismes d'échanges mondiaux qu'elle impose vers le milieu du XIXe siècle. Mais il ne s'identifie pas à des zones protégées ou à des empires coloniaux très jalousement gardés – sauf lorsque de nouveaux venus comme l'Allemagne ou le Japon tentent des agressions militaires et économiques. Il répond au désir de profit industriel en permettant par l'exportation de maintenir les marges bénéficiaires alors que les consommations intérieures peuvent être, eu égard au prix et aux salaires, saturées. A celui aussi de faire fructifier les capitaux au plus vite par les investissements industriels, les grands travaux, les prêts aux Etats étranges, les avances et les spéculations dans les zones les plus accueillantes.

Les économies dominées.

Quelques exemples concrets permettront de mieux préciser ces mécanismes généraux.

– En *Amérique latine*, l'influence anglaise s'installe. Du Mexique à l'Argentine, les nouveaux grands domaines de plantation, destinés à fournir le café, le cacao, la canne à sucre, le caoutchouc naturel exportés vers l'Europe, contribuent à aggraver les déséquilibres ruraux hérités de la période coloniale et que l'émancipation politique, achevée

1. Voir F. Crouzet : « Commerce et Empire : l'expérience britannique », *AESC*, mars-avril 1964, repris dans [105], p. 353-375.

dans la division vers 1825, n'a pas pu surmonter. Les banques locales et nationales sont concurrencées par les banques anglaises, soit par fusion, soit par insertion dans un réseau dessiné depuis Londres, après parfois de vives résistances. Ces grands organismes, comme la *London and River Plate Bank*, installée avec la bénédiction de la Banque d'Angleterre à Buenos Aires en 1862, la *London and Brazilian Bank* créée la même année à Rio, la *London Bank of Mexico and South America* fondée en 1864, se partagent le continent : celle de Buenos Aires tient l'Argentine, l'Uruguay, le Chili; celle de Rio tout l'Ouest; celle de Mexico, toute l'Amérique centrale. Malgré les crises économiques, les budgets instables, les débiteurs insolvables, la banque anglaise, louvoyant au milieu des rivalités politiques et des inflations chroniques des monnaies locales, souscrit aux emprunts d'Etat, avance des fonds, investit dans les plantations et les industries extractives. Elle draine le quart des dépôts en Argentine, le tiers au Brésil. De 1880 à 1914, l'actif de la *London and River* gonfle de 4 à 32 millions de livres, celui de la *London and Brazilian* de 5 à 22 millions. Vers la fin du siècle, la mêlée est générale : les banques américaines, allemandes, françaises, italiennes, belges, hollandaises, suisses sont présentes. Grâce à elles, se constituent les sociétés qui exploitent les richesses naturelles : nitrates et cuivres chiliens, étain bolivien, fer brésilien, viande argentine. De 1800 à 1880, le commerce de l'Amérique espagnole s'accroît de 460 %, après avoir doublé de 1850 à 1880, pour le plus grand profit de complexes sociétés d'import-export aux mains de l'étranger. Puis, en négligeant systématiquement les industries d'équipement, quelques industries de transformation – textile, mécanique – sont lancées, avec des participations européennes, au Brésil surtout, pour profiter des appels nouveaux de la consommation intérieure ou fabriquer à moindres frais des produits exportables. Le flux croissant des émigrants européens – plus de 6 millions de 1850 à 1900 – justifie enfin le renouvellement de la domination. Au XIXᵉ siècle, l'Amérique latine devient le complément de l'Europe et des Etats-Unis.

– La *zone méditerranéenne*, valorisée par la présence

française en Algérie et le rôle vital du canal du Suez dont les capitaux anglais contrôlent depuis 1875 la société gestionnaire, offre aussi un terrain de choix. Zone stratégique, avec des possibilités de grandes plantations de coton qui pourraient relayer celles du Sud des Etats-Unis dont l'arrêt de production au cours de la guerre de Sécession avait déclenché une grave crise, l'Egypte en particulier y est convoitée. Elle était déjà « désindustrialisée », depuis que les velléités d'indépendance économique de Mohammed Ali (qui, après avoir développé les exportations de coton, avait investi la somme énorme de 12 millions de livres en 1838 pour rénover l'agriculture et créer une industrie textile nationale protégée par une barrière douanière) avaient été détruites par la convention anglo-turque qui, la même année, ouvrait largement le pays aux commerçants et aux produits européens. Il restait à la conquérir. Dès lors, de 1875 à 1882, groupes anglais et français se livrent une lutte acharnée. Un syndicat bancaire dirigé par le *Crédit Foncier* fait des avances au khédive. Les Anglais ont répliqué en 1875 par le rachat des actions de la Compagnie de Suez appartenant au khédive. Sous l'œil des diplomates, un condominium franco-anglais se partage le contrôle du budget et des affaires du pays. Puis la lutte entre le *Crédit Foncier* et la *Land and Mortgage Company*, entrecoupée de rebondissements politiques, affirme la mainmise définitive de l'étranger sur l'économie égyptienne. L'occupation militaire du pays par les Anglais en 1882 parachève l'œuvre et permet le triomphe des intérêts de la City[1]. Mais en Amérique latine et en Egypte l'empire des grandes puissances s'exerce sur des zones à pouvoir politique faible, sans grande capacité de défense. Plus rude est la tâche dans d'anciens Empires, qui sauront trouver en eux des velléités de résistance, révélant que tout espoir de développement n'y est pas exclu, comme le XXe siècle le prouvera.

– Pour la *Russie*, le problème est délicat, car les historiens et économistes soviétiques y ont manié la notion de

1. Voir J. Bouvier, « Les intérêts financiers et la question d'Egypte 1875-1876 », *RH*, juil.-sept. 1963.

révolution industrielle avec une inquiétante fluidité dans leur chronologie[1]. Mais que le problème soit posé est déjà révélateur : la Russie a-t-elle connu une véritable révolution industrielle avant 1930? Dès la seconde moitié du XVIIIe siècle, des signes d'industrialisation peuvent s'observer car le marché anglais attire le fer russe et la fabrication de produits semi-ouvrés destinés à l'exportation crée dans l'Oural une dynamique région industrielle. L'abondance du bois et de l'eau, l'arrivée d'une main-d'œuvre paysanne lancent définitivement la région qui à la fin du siècle fournit les 2/3 des productions métallurgiques du pays, groupe 120 usines, amorce une intégration vers le cuivre et le textile. Jusqu'en 1825, les techniques occidentales, machines à vapeur, métiers à filer, arrivent normalement, sans retard irréparable; Moscou et Saint-Pétersbourg accueillent leurs premières usines; une bourgeoisie industrielle, composée de marchands et de paysans enrichis, se constitue. Un vaste secteur cotonnier croît régulièrement jusqu'en 1880, avec 80 % de ses productions dans le secteur rural et le métier à main. Le commerce extérieur, évalué autour de 900 millions de roubles au milieu du siècle, croît lui aussi, devient même sensible aux crises internationales. Une *intelligentsia* a compris le rôle d'avenir du chemin de fer, un personnel et des ingénieurs russes sont prêts à édifier les premières lignes. La recherche scientifique, l'enseignement prêtent eux aussi leur concours. Pourtant, le développement se fait attendre, malgré ces belles promesses[2]. Les « entrepreneurs » actifs restent des marginaux dans la société russe : anciens serfs, vieux-croyants moscovites, israéliens, étrangers, ils sont mal compris et peu soutenus dans leur action. Le secteur cotonnier ne parvient pas à entraîner d'autres industries. La domination étrangère pèse toujours : un Ecossais, Baird, devient le magnat de la métallurgie pétersbourgeoise; un Allemand, Stieglitz, est le premier banquier de l'Empire : les 1 000 km de voies ferrées construites en 1880

1. Voir R. Portal, *La Russie industrielle de 1880 à 1917,* CDU, 1960.
2. Cf. W. L. Blackwell [371].

ont du matériel et des capitaux internationaux. L'Etat autocratique, mal servi par une bureaucratie médiocre, intervient avec brutalité dans l'économie, impose ses seuls intérêts militaires. Surtout, le marché national n'existe pas. Les campagnes russes vivent en autarcie. Aucun appel de consommation non plus, par suite du très faible niveau de vie de la population et, vers 1830, on constatera même des crises de surproduction de cotonnades ! Peu de capitaux nationaux : il faut attendre 1864 pour que soit fondée la première banque d'affaires; l'aristocratie se détourne de l'activité industrielle. La Russie terrienne et figée l'emporte. L'oligarchie au pouvoir se contente de la lancer, à son profit, dans l'exportation massive des céréales.

Tout aurait pu évoluer après l'abolition du servage par Alexandre II en 1861. Mais la réforme agraire qui devait en être la conséquence s'engage mal. L'obligation du rachat des terres par les moujiks les livre pour longtemps à l'Etat qui leur a permis de dédommager leurs seigneurs. La communauté du *mir* redevient oppressive, car elle reçoit de l'administration les anciennes attributions seigneuriales, se transforme en instrument fiscal et s'étend dans des territoires nouveaux comme l'Ukraine. Les nobles, dédommagés en bons d'Etat négligent l'équipement agricole et se contentent d'une vie de spéculations et d'oisiveté. La révolution agricole n'intervient pas en Russie et la tension sociale dans les campagnes monte, comme en témoignent les quelque deux mille révoltes qui suivent l'abolition du servage. Au point que, face au jeune et timide mouvement intellectuel marxiste, les arguments des populistes, repris par les socialistes-révolutionnaires qui rêvent d'un passage direct au socialisme par les seules actions paysannes, en négligeant l'étape de l'industrialisation « bourgeoise », trouvent un large écho. L'hypothèque agraire bloque toute révolution industrielle profonde.

Désormais, c'est un capitalisme plaqué qui se développe, face à une Russie « profonde » convulsée. Avec des taux de croissance exceptionnels (près de 8 % par an), les zones industrielles se dessinent de 1880 à 1910 : une région centrale, autour de Moscou, Saint-Pétersbourg et Ivanovo, avec ses activités textiles, mécaniques, son commerce; une région métallurgique, l'Oural; une région neuve et dynamique, avec ses énormes richesses minières, l'Ukraine; une amorce de développement sur le pétrole de Bakou. Mais cette industrialisation reste fragmentaire, ponctuelle : aucun lien entre les régions nouvelles, aucune conquête d'un marché que le Transsibérien et le puissant déplacement de population vers l'Est ne parviennent pas à coordonner. A la différence des Etats-Unis, le capitalisme russe ne parvient pas à maîtriser l'espace. L'usine se perd dans la forêt et la steppe. A la différence du Japon, l'Etat, trop faible, malgré l'« épargne forcée » de la pression fiscale, ne parvient pas à compenser les défaillances de ses classes dirigeantes. Les effets néfastes de l'économie nouvelle, par contre, sont évidents : conséquences sans doute de la pénurie d'entrepreneurs, les concentrations verticales, les combinats se constituent. Une masse de ruraux appauvris y fournit son travail. De ces concentrations ouvrières très faibles, face au monde rural, avec à peine 3 millions de travailleurs industriels en 1913, jaillit une misère génératrice d'élan révolutionnaire qui, combiné à l'agitation des campagnes, mène à la révolution avortée de 1905. Alors que les chemins de fer, la sidérurgie, la mécanique démarrent puissamment, les fabriques textiles parfois dégénèrent, concentrant péniblement la filature, contraintes d'éparpiller le tissage dans les campagnes. Mais bien des secteurs rentables sont tenus par le capital étranger, qui contrôle la moitié de l'investissement, 90 % des capitaux dans les mines, 45 % de la métallurgie, et 28 % du textile seulement – moins rentable en 1913. La France fournit le tiers des capitaux étrangers, la Grande-Bretagne le quart, l'Allemagne 20 %, la petite Belgique 14 %. Dans le jeu subtil des relations internationales et la formation des grandes ententes, les firmes russes en difficulté se soumettent à l'entrée en force des capitaux et des gestionnaires occidentaux, comme la grande firme métallurgique Poutiloff reprise en main par la *Russo-Asiatique,* elle-même tenue par les grandes banques d'affaires européennes[1], puis passe en

1. Cf. R. Girault, « Finances internationales et relations internationales. A propos des usines Poutiloff », *RHMC,* juil.-sept.

1914 sous la domination de Schneider et de la *Banque de l'Union Parisienne* après avoir évincé les concurrents allemands. Les interventions sont depuis longtemps éprouvées : des sociétés regroupant banques d'affaires, industriels, gonflées des placements des petits épargnants, se jettent sur une région, à l'exemple de cette *Société franco-russe de l'Oural* qui, dès 1879, exploite les domaines du prince Galitzine, leurs forêts, leur fer, leur charbon, sans négliger les profits sûrs des débits de vodka dans les campagnes environnantes, pour le compte des rentiers lyonnais et des maîtres de forges stéphanois. Maîtrisée par les grandes puissances, l'industrie russe gonfle, sans profit pour l'ensemble du pays. La Russie connaît une large expansion, mais sans révolution industrielle véritable. Car la tentative de Stolypine, qui après 1910 tente enfin de relancer la productivité agricole par la création d'une classe de paysans moyens, est arrivée trop tard.

– En *Extrême-Orient,* les réactions hostiles à la pénétration européenne furent également très vives et génératrices de convulsions. Dans les zones politiquement faibles, comme la Birmanie, l'Indonésie ou les Etats de la Péninsule indochinoise, l'implantation est relativement aisée. Les Anglais s'installent définitivement en Birmanie en 1886; aux Indes néerlandaises, le « système Van den Bosch » fondé sur la corvée et la chiourme permet dès 1820 une exploitation coloniale des meilleures terres où les plantations à gros profits fournissent café, canne à sucre, cannelle, indigo, tabac, poivre, thé, enrichissant les riches propriétaires et les marchands d'Amsterdam; la France, partant de sa colonie de Cochinchine, étend à la fin du siècle son protectorat sur le Cambodge, le Laos, l'Annam et le Tonkin, livrant à la Banque d'Indochine et aux industriels les richesses minières et l'hévéa, favorisant l'essor portuaire, poussant même en Chine du Sud par le chemin de fer du Yunnan, sans grandes difficultés. Mais le

1966, repris dans J. Bouvier et R. Girault, *L'Impérialisme français d'avant 1914,* Mouton, 1976.

Tonkin est contraint à exporter son charbon alors que les trains cochinchinois marchent longtemps au bois.

La résistance de la Chine fut plus assurée. Forcé en 1840 par la guerre de l'opium et le traité de Nankin (1842), qui permettent à la Grande-Bretagne de perpétuer son fructueux trafic de drogue entre l'Inde et la Chine, l'Empire du Milieu plie l'échine. Après une intervention militaire franco-anglaise, le traité de Tien-Tsin de 1860 ouvre aux Européens les grands ports et le Yang-Tsé, tandis que les Russes s'emparent des provinces maritimes et fondent Vladivostok. En 1896, la construction, financée par la *Banque russo-chinoise,* du chemin de fer de Mandchourie donne le signal de la curée : France, Grande-Bretagne, Allemagne, Belgique, Etats-Unis, Japon imposent les traités inégaux, se partagent la côte, lancent des voies ferrées mal coordonnées destinées à pénétrer les secteurs prometteurs du marché intérieur, créent les filatures de Chang-Haï et de Tien-Tsin, les aciéries d'Hankéou, contrôlent le commerce : la Chine est une semi-colonie. Inondée de produits occidentaux, dépouillée de ses richesses minérales, elle voit ses exportations de thé diminuer du tiers entre 1886 et 1905. Pourtant, humiliée, dépecée, elle résiste. L'agitation paysanne, l'action des sociétés secrètes, la haine de l'étranger déclenchent de violentes révoltes, *Taïpings* vers 1860, *Boxers* en 1900, sans compter l'agitation larvée dans les zones concédées aux Européens. Une bourgeoisie nationale portuaire se dessine, rêvant d'une émancipation qu'elle dirigerait, tandis que les *compradores,* ces agents chinois des banques occidentales, assurent avec obstination la liaison entre l'Occident et la vieille société confucéenne. Devant l'anarchie monétaire et politique qui s'installe, contre la décomposition de la société et de l'économie rurale traditionnelle, le *Kuo-min-tang* fondé en 1905, est partie prenante dans l'avènement d'une équivoque République en 1912, qui balaye la dynastie mandchoue, alors que dans les villes artificiellement gonflées, un mouvement ouvrier original se développe. Dans le même temps, déchirée, livrée aux famines et à l'exploitation des propriétaires, des mandarins et des militaires, la Chine intérieure reste conservatrice, entretient jalousement son artisanat et ses traditions, amasse un sourd mécontentement que l'irruption de l'économie monétaire imposée par l'Occident avive. Plus rebelle que passive, minée par ses contradictions internes, la Chine entre dans l'âge des Seigneurs de la guerre, de l'orgueil national et de la révolution.

On peut distinguer la même évolution, plus feutrée, aux Indes. A la fin du XVIIIe siècle, après avoir évincé les Français, les Anglais trouvent un monde indien dévasté par les guerres, livré à la famine périodique, mais où l'artisanat, l'activité commerciale, l'industrie ancienne des étoffes précieuses demeurent importants. Ils l'utilisent systématiquement pour lancer leur révolution industrielle : les métaux précieux indiens drainés vers Londres consolident la livre; le trafic des esclaves enrichit les commerçants; le coton et l'indigo sont indispensables aux centres industriels comme Manchester, qui réexporte filés et cotonnades vers le marché indien. Puis, jusqu'en 1850, après avoir réalisé une factice unité politique, ils l'exploitent plus rationnellement. La vieille Compagnie des Indes mercantiliste perd tout pouvoir économique après 1833 : l'Inde entre de force dans l'ère du libre-échange à sens unique. Le coton revient sous forme de cotonnades, via Manchester, avec profit aller et retour; l'artisanat rural et urbain périclite, ce qui rejette sur les campagnes les anciens tisserands, par un mécanisme inverse de celui qu'on peut alors observer en Europe. Des taxes frappent durement les exportations indiennes, tandis que les produits anglais retrouvent toute liberté : armateurs et commerçants indigènes disparaissent ou sont absorbés par les puissantes sociétés britanniques. Avec une balance commerciale apprauvrie, un système monétaire qui privilégie la livre, l'Inde, malgré ses énormes richesses de métaux précieux, s'appauvrit. L'agriculture de plantation démarre, fournissant l'indigo, le thé, le café. La société est, par contrecoup, bouleversée : une aristocratie, fidèle clientèle des Anglais, s'enrichit encore, tandis que la classe moyenne urbaine disparaît et que la surcharge des campagnes, la multiplication des systèmes agraires, l'irruption d'une fiscalité bien contrôlée par le Colonial Office et ses fonctionnaires, annoncent une crise générale, malgré les premiers grands travaux d'irrigation de la colonisation au Pendjab. La révolte des cipayes de 1857 est le signe d'un profond mécontentement.

Mais entre 1850 et 1914, la désagrégation persévère. L'ouverture du canal de Suez, la navigation à vapeur, le chemin de fer lient mieux encore la colonie et la métropole. Pour la première fois, les cultures de plantation débordent sur les cultures vivrières et l'Inde fournit des quantités croissantes de coton, de blé, d'arachide, de thé, de caoutchouc naturel à l'Europe. Les crises périodiques et les disparités régionales accrues révèlent vers 1880 que l'Inde est entrée dans une économie largement coloniale. Les rares capitaux indiens se détournent de l'investissement moderne et se replient vers les campagnes où ils favorisent le développement d'un très oppresseur système usuraire. Seuls les capitaux britanniques non rapatriés créent les premières sociétés anonymes après 1860, solidement tenues par un système des « agences de gestion » qui donne tout pouvoir aux sociétés-mères britanniques. Les premières banques indiennes comme la *Bank of India* de Bombay fondée en 1906 ou l'*Indian Bank* de Madras se maintiennent difficilement. Au début du XXe siècle, pourtant, les résistances s'affirment. Car la crise rurale n'est pas résolue. Sans être aussi meurtrières qu'auparavant, les famines ne sont pas éliminées par la colonisation et emportent 26 millions d'Indiens de 1875 à 1900; la dette paysanne s'alourdit; aucune réforme agraire n'est tentée, alors que les progrès de l'hygiène et de la médecine permettent de discerner dans des zones modèles les chutes de mortalité annonciatrices de l'explosion démographique des années 1930. D'autre part, le mouvement *svadeshi* annonce la formation d'un capitalisme national. L'industrie textile était apparue à Bombay dès 1853 et prend de l'importance lorsque le chemin de fer la relie aux plantations de coton du Deccan et du Pendjab. Lancée par des Ecossais, l'industrie du jute s'implante solidement au Bengale oriental : en 1908, les productions de Calcutta dépassent le vieux centre écossais de Dundee. En 1914, l'Inde possède la quatrième industrie cotonnière du monde, derrière les Etats-Unis, la Grande-Bretagne et le Japon. L'extraction charbonnière progresse à une allure record : 300 000 tonnes en 1860, 16 millions en 1914, ce qui tarit les importations anglaises. Et surtout, cette mise en valeur moderne n'est plus totalement aux mains du capital britannique. Une bourgeoisie, surtout recrutée chez les Parsis de Bombay, contrôle une partie des textiles et des charbonnages, lance même avec la *Iron and Steel Company* de la famille Tata une sidérurgie et une mécanique dans la vallée de la Damodar. Assurée, cette nouvelle génération d'entrepreneurs exige un statut de Dominion pour la colonie, fournit le gros du parti nationaliste du Congrès créé en 1885. Avec sa société rurale archaïque, disloquée et dont la colonisation n'a jamais pu briser totalement l'autarcie, avec son capitalisme national prêt à prendre la relève des Anglais, l'Inde témoigne d'une longue expérience qui n'a pas pu briser les résistances d'un vieux pays.

– Impétueux dans les zones à faible armature sociale et politique, comme l'Amérique latine, l'Egypte ou l'Indochine, moins chanceux mais tout aussi fructueux dans les empires continentaux où les villes rurales résistent, comme en Russie, en Chine ou aux Indes, le capitalisme des nations industrialisées s'est aussi imposé, mais dans un cadre colonial plus strict, en *Afrique*. Beaucoup plus tardivement cependant. Malgré l'expansionnisme qui pousse l'Allemagne, l'Italie, la Grande-Bretagne dans des politiques armées de la grandeur, avec de grands remuements d'opinions, malgré l'ouverture de l'Afrique par la conférence de Berlin de 1885, l'action n'est vraiment tenace qu'après 1900. A l'exception de la Belgique qui exploita avec constance son Congo, jamais les grandes puissances coloniales, anciennes ou nouvelles, quoi qu'on en ait dit, n'ont particulièrement cherché à privilégier un domaine colonial bâti par à-coups, dans le cas de la France, ou trop tard, dans le cas de l'Allemagne. L'exploitation de l'Afrique et du Moyen-Orient fut plutôt un phénomène ultime, lorsque les rivalités internationales se font plus âpres en Amérique du Sud ou en Extrême-Orient, que les résistances que nous avons signalées sont perceptibles, lorsque enfin le pétrole devient un enjeu vital[1]. Les capitaux, les trafics commerciaux ont au XIXe siècle suivi plus volontiers la pente naturelle du profit qui les conduit dans les zones immédiatement rentables sans gros problème d'approche. Le colonialisme, si souvent analysé et parfois dénoncé, n'est qu'un épisode tardif d'un phénomène plus profond et plus ancien, lié à la révolution industrielle dès ses origines, transgressant toutes les nuances du vocabulaire. Colonialisme, impérialisme, expansionnisme, sans doute. Domination du monde par des pays-usines, assurément.

Les crises.

Ainsi décrit, le monde économique né de la révolution industrielle paraît décidément bien assuré dans sa puissance. Et les Européens ne s'y sont pas trompés, qui virent là le sceau d'un progrès de l'humanité dont l'application leur avait échu justement. C'est pourquoi, ceux auxquels l'entreprise profitait furent très peu sensibles aux accidents et aux crises que la nouvelle économie engendra très tôt. Le XIXe siècle est fondamentalement optimiste, bercé dans l'euphorie saint-simonienne et scientiste. Les contemporains constatent les crises, leur périodicité, leurs méfaits sociaux, mais n'en donnent que des explications monétaires, les relient dans le meilleur des cas à un « excès d'investissement ». Jamais, malgré les liens unissant les économistes libéraux à quelques rares hommes d'affaires, les théories des crises ne sont connues et discutées, jamais surtout on ne les relie à des dérèglements de la production et du profit[2]. Seuls des économistes obstinés et quelques esprits chagrins hantés par la misère ouvrière les scrutent avec insistance, assurés d'y trouver les mécanismes secrets de l'économie nouvelle.

1. Cf. A. Nouschi, *Luttes pétrolières au Proche-Orient,* Flammarion, 1970, chap. 1.
2. Pour la France, cf. B. Gille [119].

En tentant de nous replacer dans l'optique des contemporains, suivons pas à pas les crises les plus aiguës[1] :

– La crise d'Ancien Régime, caractérisée par une sous-production agricole, gagnant ensuite le commerce et l'industrie, telle que par exemple la France la connut à la veille de la Révolution de 1789, avec ses disettes, ses « accaparements », ses chômages, ses convois de grain pillés, n'apparaît plus avec netteté au XIXe siècle. A économie nouvelle, crises nouvelles.

– En 1816, apparaît une crise de type nouveau, que Ricardo, qui en fut le témoin, nomma « crise de reconversion ». En guerre depuis 1793 avec la France, la Grande-Bretagne avait gonflé ses dépenses publiques et militaires, émis beaucoup de monnaie, favorisé son agriculture dont les prix des denrées s'étaient élevés. Avec Waterloo, une fièvre spéculative se déclare. Les industriels anglais pensent pouvoir inonder en produits textiles et mécaniques une Europe qui leur avait été largement fermée par le Blocus continental. Mais l'Europe, appauvrie, mieux dominée par les produits français et belges, n'absorbe pas la quantité de produits espérée. D'où engorgement de stocks. La reprise du commerce international permet l'entrée de produits alimentaires importés : les prix agricoles anglais s'effondrent. L'affolement, l'inflation, la spéculation créent une crise monétaire, avec de nombreuses faillites de banques. Tous les secteurs de l'économie sont désormais atteints, alors qu'une mauvaise récolte en 1817 aggrave la misère et l'agitation sociale. Les Etats-Unis, surpris par le retour du commerce anglais vers le continent européen, voient leurs exportations diminuer. La France connaît une grave crise agricole qu'elle ne peut pas compenser par des ventes industrielles face à une concurrence anglaise acharnée. Blocage de tous les secteurs, extension mondiale amorcée : cette crise est moderne dans une large mesure. Puis, la stagnation industrielle et commerciale permet d'éponger les surplus et l'économie redémarre vers 1818, sans grands soubresauts, au point que Ricardo conclut qu'une crise de

1. Nous reprenons les analyses d'E. Labrousse.

surproduction prolongée était impossible, que l'équilibre se rétablirait toujours naturellement.

– Nouvelle crise en 1825, boursière celle-là, née à Londres à la suite de spéculations hasardeuses des banques en Amérique latine. La hausse des taux d'escompte stoppe le crédit et l'investissement, entraînant en 1826 une grave récession du textile et du commerce anglais. Touchés dans leurs exportations de coton, les Etats-Unis subissent le contrecoup. Sismondi et J.-B. Say y virent la première crise monétaire et industrielle véritable.

– En 1836-1839, crise financière, frappant la Grande-Bretagne et les Etats-Unis, après des spéculations hasardeuses au Portugal et en Espagne et une hausse du coton.

– Entre 1846 et 1851, survient une des plus profondes dépressions du siècle, modèle de crise « mixte ». Elle est agricole et d'ancien type dans ses origines, avec la maladie de la pomme de terre en Irlande, les mauvaises récoltes de coton aux Etats-Unis, les hausses des prix des céréales après le gel des emblavures en Europe dans le dur hiver 1846-1847. Elle se complique d'une crise financière, lorsque les compagnies ferroviaires hâtivement constituées depuis quelques années demandèrent à leurs actionnaires, dont elles ont déjà tari les disponibilités, des versements complémentaires pour achever les constructions. Le crédit extérieur manque, car il est mobilisé pour les indispensables importations de blé, russe surtout. Les compagnies « sautent ». Puis la crise devient industrielle : la consommation s'arrête, car l'alimentation, avec les prix agricoles en hausse, absorbe toutes les ressources des particuliers. Dans ses cheminements, cette crise caractérise bien un monde où la révolution industrielle n'a pas encore triomphé, où les vieux problèmes ruraux restent déterminants. Mais son ampleur sans précédent explique en grande partie les révolutions de 1848 en Europe.

– Puis, tout évolue. En 1857, première crise de surproduction agricole : le blé américain ne s'exporte plus à cause des belles récoltes européennes et la reprise des fournitures russes après la guerre de Crimée. Pour acheter leurs produits manufacturés à l'Europe, les banques américaines empruntent massivement à Londres. La spéculation aidant, une crise du crédit s'enclenche. En 1866, au contraire, l'arrêt des fournitures de coton par les Etats-Unis, qui sortent des cinq années de guerre de Sécession, oblige les industries européennes à s'approvisionner au prix fort, hâtivement, en Inde et en Egypte, ce qui déclenche une crise financière très vive. Etats-Unis, Grande-Bretagne, Allemagne, France, toutes les grandes puissances sont, pour la première fois, touchées en même temps : la diffusion internationale des capitaux, l'extension des aires d'approvisionnement dilatent la crise à l'ensemble du monde industrialisé.

– Enfin, en 1873, éclate la crise qui, pour E. Labrousse, est le signe de l'ère industrielle contemporaine enfin adulte. Née dans les pays les plus fraîchement industrialisés, Etats-Unis et Allemagne, elle s'étend brutalement à l'ensemble du monde capitaliste. Elle est clairement liée à une surproduction généralisée des industries textiles et sidérurgiques. Ses aspects financiers soulignent le rôle prépondérant du marché international, puisque la banqueroute espagnole, la suspension du paiement des dettes turques, les difficultés d'Amérique latine et de Russie paralysent brutalement le jeu normal des investissements mondiaux des pays dominants. Enfin, la chute brutale et corollaire des prix, des salaires et des profits témoigne de la maturité du système qui les relie.

Nous achevons avec elle notre description chronologique. Car elle marque une coupure dans le siècle. Cette surproduction des produits de l'industrie, cette soumission du monde au jeu des capitaux des premières puissances industrielles marquent, à l'échelle internationale au moins, la limite chronologique de notre étude. La révolution industrielle a triomphé. Centrée sur la Grande-Bretagne, les Etats-Unis, la France et l'Allemagne, elle leur permet de dominer le monde. Le grand problème de l'avenir n'est plus produire, mais vendre et se partager les marchés : l'âge libéral cède la place. Désormais, après 1873, aucune révolution industrielle nationale ne se fera sans que les quatre grandes puissances n'interviennent – favorablement ou non, peu importe – dans son démarrage et sa crois-

TABLEAU 18

MOUVEMENT SÉCULAIRES ET CYCLIQUES DE LA VIE ÉCONOMIQUE (1815-1895)

(analyse théorique à partir des prix)

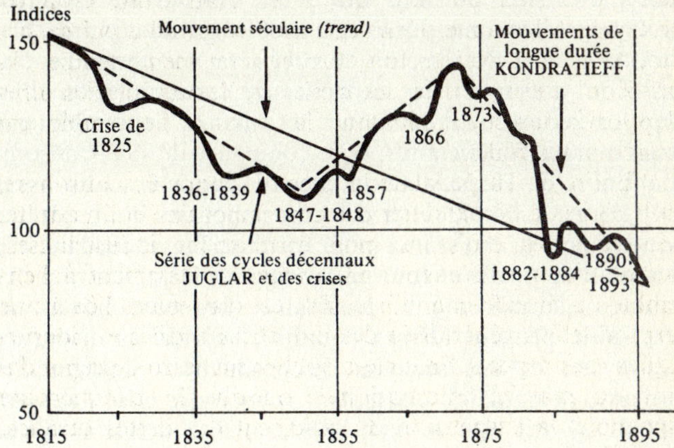

Sources : J.-A. Lesourd et C. Gérard, *Histoire économique XIXe-XXe siècles,* A. Colin, 1963.

sance. Les processus d'industrialisation naturels ne jouent plus aussi librement qu'avant, car les économies dominantes veillent. Les déséquilibres économiques de notre XXᵉ siècle naissent sur ce sommet de 1873.

Mais les réflexions économiques permettent de confirmer cette explication (voir tableau 18). Au XIXᵉ siècle, l'alternance régulière des crises conduit à élaborer assez facilement les premières théories des cycles. Dans ses *Crises commerciales et leur retour périodique en France, en Angleterre et aux Etats-Unis,* parues en 1862, Clément Juglar définit le cycle majeur de l'histoire économique de son siècle, à périodicité de six à onze ans, avec ses phases régulières d'essor, de crise, de dépression et de reprise, que tous les travaux contemporains retrouvent immanquablement[1]. Les grandes explications des crises sont données, même si les industriels, les banquiers et les hommes d'Etat du temps ne savent pas comprendre qu'on peut prévoir et peut-être maîtriser les catastrophes : crise de surcapitalisation, lorsque le loyer de l'argent devient trop cher pour les entreprises mal outillées qui n'ont pas su assimiler les nouveautés technologiques; crise de surproduction de Sismondi, liées à des erreurs de prévision des chefs d'entreprise qui préjugent des capacités de consommation d'un pays en refusant de débloquer les salaires pour maintenir leurs marges bénéficiaires; crise conjuguée de sous-consommation et de surproduction, décrite par Marx aux livres I et III du *Capital,* reflet des contradictions d'un système condamné à la croissance pour éviter la baisse tendancielle des taux de profit et tout en pratiquant la loi d'airain des salaires qui préserve la plus-value. Les économistes du XXe siècle peuvent affiner l'analyse, scruter les disparités des cycles et des secteurs de production, dégager des processus cumulatifs élargissant la moindre crise : l'essentiel a été dit dès le XIXe siècle. Par l'intrusion d'une économie de type nouveau qui rassemble en quelques mains les moyens de production tout en accentuant, par la division du travail et la concentration de la main-d'œuvre, le caractère social de cette même production, la révolution industrielle s'étale à la dimension du monde, mais en conservant toujours son rythme alterné de gonflements et de récessions.

Enfin, au XXe siècle, les travaux de Simiand, de Kondratieff, de Schumpeter ont dégagé les fluctuations longues du siècle passé. Portées par l'afflux ou le reflux des métaux précieux et des disponibilités monétaires, de longues phases d'environ vingt-cinq ans rythment l'évolution économique. En phase A (pour reprendre la terminologie de Simiand), les prix, les productions, les salaires sont à la hausse; en phase B, ils stagnent, tandis que, pour lutter contre la baisse des profits, l'investissement, la technologie

1. Sauf pour les Etats-Unis, où le cycle de Kitchin, sur trois ou quatre ans, est plus fréquent.

peuvent progresser. Or ces longues pulsations ont des limites précises : phase A à la fin du XVIIIe siècle, puis de 1851 à 1873 et de 1896 à 1914; phase B de 1810 à 1851, puis de 1873 à 1896. Elles éclairent singulièrement notre propos. Les révolutions industrielles seraient plus faciles en phase A : fin du XVIIIe pour la Grande-Bretagne, 1851-1873 pour la France, les Etats-Unis et l'Allemagne. Si elle ne crée pas les conditions du démarrage, si particulières, nous l'avons vu, pays par pays, la phase A semble bien contribuer à ancrer la révolution industrielle, à lancer la croissance irréversible malgré les crises cycliques. Au contraire, la phase B offre un cadre moins favorable : piétinements de 1873 à 1896 en Russie, en Italie, en Extrême-Orient, difficultés en France, en Allemagne et aux Etats-Unis de 1815 à 1851. Tandis que la nouvelle phase A de 1896 à 1914 cimente la prépondérance industrielle de l'Europe et favorise l'accélération des facteurs d'expansion dans les pays retardés ou dominés, donnant un second souffle à la croissance industrielle.

L'âge de la révolution industrielle culmine donc en 1873. Certes, chaque pays connaît son rythme propre. Mais les modifications décisives interviennent alors : la surproduction, le rôle déterminant des capitaux, l'affirmation des ambitions de domination mondiale. Elles annoncent décidément une nouvelle étape.

5

Villes, usines, ouvriers

Pas de croissances, pas de dominations et de profits nouveaux sans une lente mais profonde reconstruction de la société : des bouleversements sociaux sont organiquement liés à la révolution industrielle. Autant que les machines et les produits, les sociétés et les hommes changent. Il nous faut donc examiner maintenant cette grande mutation, acte de naissance du monde social contemporain pour les pays industriels.

L'essor urbain.

Première évidence, qui frappa tous les contemporains : l'essor urbain. Les agglomérations de plus de 5000 habitants rassemblaient vers 1800 environ 7 % de la population mondiale, en 1850, 13 %, en 1900, 25 %. Encore faut-il bien cerner l'ampleur géographique de la vague : en Asie et en Afrique, à l'exception du Japon et de quelques ports lancés dans le commerce international, somnolence générale; par contre, en Amérique et dans les pays neufs de l'hémisphère austral, on observe une poussée brutale de l'urbanisation dans toutes les zones reliées au capitalisme. En fait, c'est en Europe occidentale que la poussée fut la plus constante et qu'elle eut l'influence la plus impérative sur l'ensemble de la société par lente imprégnation de l'économie et des habitants.

C'est que la croissance urbaine est liée désormais bien plus souvent à l'industrialisation. La mobilité de la main-d'œuvre est une nécessité pour l'industrie nouvelle qui entend diviser le travail, passer du *domestic system* à l'agglomération de la manufacture et de l'usine, tout en disposant sur un espace restreint des sources de matières premières et de main-d'œuvre pour abaisser les coûts. Dans des zones, comme les pays Baltes ou la Russie, où les paysans libérés du servage restent cependant fixés sur les domaines, l'industrialisation et l'urbanisation piétinent. En revanche, dès qu'une nouveauté technique est introduite dans une ville anglaise par la révolution industrielle, la ville gonfle : Leeds au début du XVIIIe siècle, vieux centre lainier, était plus importante que Manchester; en 1775, elle n'a que 17000 habitants, alors que Manchester en compte 30000 et progresse très vite, parce qu'elle s'est spécialisée dans la filature mécanique du coton. En France, jusqu'en 1840 environ, la croissance urbaine – Paris excepté – ne dépasse guère celle des campagnes, précisément parce que la révolution industrielle y revêt une forme originale, appuyée sur la main-d'œuvre rurale, où la production de certains produits textiles est privilégiée par rapport à la métallurgie et aux productions mécanisées. Face à elle, le Royaume-Uni et l'Allemagne ont une urbanisation plus brutale (voir le tableau 19).

Mais, si l'on pousse l'analyse, on s'aperçoit aussi que l'industrialisation favorise plus volontiers les grandes villes. Les agglomérations de plus de 100000 habitants en Europe, qui rassemblaient moins de 2 % de la population, en comptent 15 % en 1910. Et parmi elles, les très grandes grossissent encore plus vite. Siècle des villes, siècle des capitales surtout. Dans l'urbanisation comme ailleurs, la loi brutale du plus fort s'impose. La population de Londres double en trente ans pour atteindre 4 millions en 1880 sur 30 millions d'Anglais, celle de Paris atteint à la même date plus de 3 millions, presque un Français sur 10. Le gain, au cours du XIXe siècle, est de 300 % pour Saint-Pétersbourg, 490 % pour Vienne. Berlin, avec 872 % bat tous les records : elle a ravi aux centres régionaux le premier rang pour la banque, le textile, la sidérurgie, l'enseignement; nourri les grandes dynasties bourgeoises de la chimie, de l'électricité, de l'acier, les Simens et les Borsig.

C'est que cette concentration du pouvoir et de la

TABLEAU 19

ÉVOLUTIONS DE LA POPULATION URBAINE ET DE LA POPULATION RURALE (1850-1914)
(chiffres arrondis)

Pays	*Années*	*Population totale (en millions)*	*Population rurale en millions*	*en %*	*Population urbaine en millions*	*en %*
Angleterre et Pays de Galles	1851	18	9	48	9	52
	1881	26	8	31	18	69
	1911	36	8	22	28	78
Royaume-Uni	1851	26	14	52	12	48
	1881	33	12	37	21	63
	1911	46	13	27	33	73
Allemagne	1871	41	26	64	15	36
	1891	49	23	47	26	53
	1911	65	26	40	39	60
États-Unis	1840	17	15	15	2	11
	1870	39	29	74	10	26
	1890	63	41	65	22	35
	1910	92	41	54	42	46
France	1851	36	27	75	9	26
	1886	38	24	64	14	36
	1911	40	22	56	18	44
Russie	1851	59	55	93	4	7
	1900	110	96	87	14	13
	1914	142	114	81	28	20

production est dans la logique du système industriel. Seule la grande ville est vraiment un carrefour de la circulation moderne, c'est-à-dire ferroviaire ou maritime : elle contrôle parti ou totalité d'un réseau, est ainsi placée à une position stratégique pour la conquête du marché des petites agglomérations et des campagnes; les gros utilisateurs s'agglutinent désormais dans ces centres moteurs où les compagnies ferroviaires et les armateurs consentent à leurs produits des tarifs préférentiels. Ainsi, le long de la ligne du PLM, la population des villes desservies par le chemin de fer double en cinquante ans à partir du second Empire; dans les pays neufs, comme les Etats-Unis ou la Russie, la voie ferrée fait surgir des villes; tous les ports qui ont su à temps se reconvertir au trafic à la vapeur progressent au point de départ comme au point d'arrivée du trafic et Hong Kong, Singapour, Chang-Haï, Buenos Aires répliquent à Londres, Rotterdam, Marseille ou New York. La liaison croissante de la technologie et de la recherche favorise en outre les villes universitaires hardies, et l'ampleur des moyens matériels nécessaires après 1860 pour la faire progresser sélectionne les plus puissantes. La grande ville enfin est la seule où les banquiers de type ancien ont pu s'adapter aux nécessités nouvelles du crédit et de l'investissement, car ils disposaient de réserves suffisantes et de nombreux déposants. Or ils accordent leurs prêts de préférence aux industriels qu'ils contrôlent facilement. Par les capitaux, se tisse un réseau d'influence urbaine qui stimule l'industrialisation générale de la ville et de sa région dominée[1]. L'industrie réveille et multiplie toutes les fonctions de services, publics ou privés, qu'exerçait traditionnellement la ville. La concentration amorce un afflux de ruraux attirés par les salaires industriels et qui gagnent directement la grande agglomération, sans transiter, comme aujourd'hui, par les villes locales de relais. Ce gonflement de population ouvrière, par un effet multiplicateur, assure la croissance d'une population tertiaire de

1. En France, l'exemple lyonnais est particulièrement frappant. Cf. J. Bouvier [131]; et A. Labasse, *Les Capitaux et la Région*, A. Colin, 1955.

commerçants, d'employés. A l'origine de cette coalescence d'usines et d'ateliers, la grande ville s'impose donc tout au long du siècle de plus en plus comme le centre de distribution des biens, des services et des capitaux, vers la région qu'elle contrôle et dans laquelle elle a bâti une solide hiérarchie des villes petites et moyennes. Toutes les nouveautés affirmées par l'irruption de l'industrie profitent à la grande ville.

Dans ces conditions, la vieille structure urbaine traditionnelle ne répond plus aux nécessités de l'économie et de sa gestion. La ville « de province » avec ses foires, ses fonctions religieuses, administratives ou militaires, son réseau d'influence sur les campagnes patiemment tissé par ses artisans, ses négociants et ses notaires, parfois ses ateliers et ses petits métiers, doit se soumettre ou dépérir inexorablement. L'exemple français est sur ce point bien clair. La ville paisible et équilibrée, celle des romans de Balzac, se maintient, avec ses richesses bien digérées, jusque vers 1850, active, avec une vie de société originale. Dans les activités économiques comme dans le façonnement de la vie quotidienne et de son cadre, ni Paris ni les grandes métropoles ne font la loi. Tout change dans la seconde moitié du siècle. Ainsi, la concurrence de Roubaix est fatale aux centres lainiers du Languedoc : Lodève, Bédarieux meurent lentement. Toutes les villes du Bassin parisien amorcent un déclin soutenu, broyées par la puissance de la capitale : Châlons-sur-Marne, Beauvais, Orléans, et même les villes de Beauce et du Gâtinais, jadis tournées vers la Loire, sont pour longtemps dans l'orbite de Paris qui distribue ses capitaux et ses produits et ramasse sa main-d'œuvre. L'irruption du chemin de fer, avec un réseau en étoile destiné à tout concentrer sur Paris, accélère le processus. Malheur à celle qui, comme Tours, refuse la voie ferrée : son déclin est plus brutal. Les autres s'épuisent. Avec des natalités en baisse qui ne renouvellent même plus l'acquis, de fortes villes comme Clermont-Ferrand, Rennes, Angers, mal reliées à Paris, sous-industrialisées, stagnent. Il faut attendre la fin du siècle, avec la création d'un réseau ferré secondaire décidé par la IIIe République, pour que s'éveillent bien des centres locaux.

TABLEAU 20

INDUSTRIE, CROISSANCE ET STAGNATION URBAINES EN FRANCE (1811-1911)

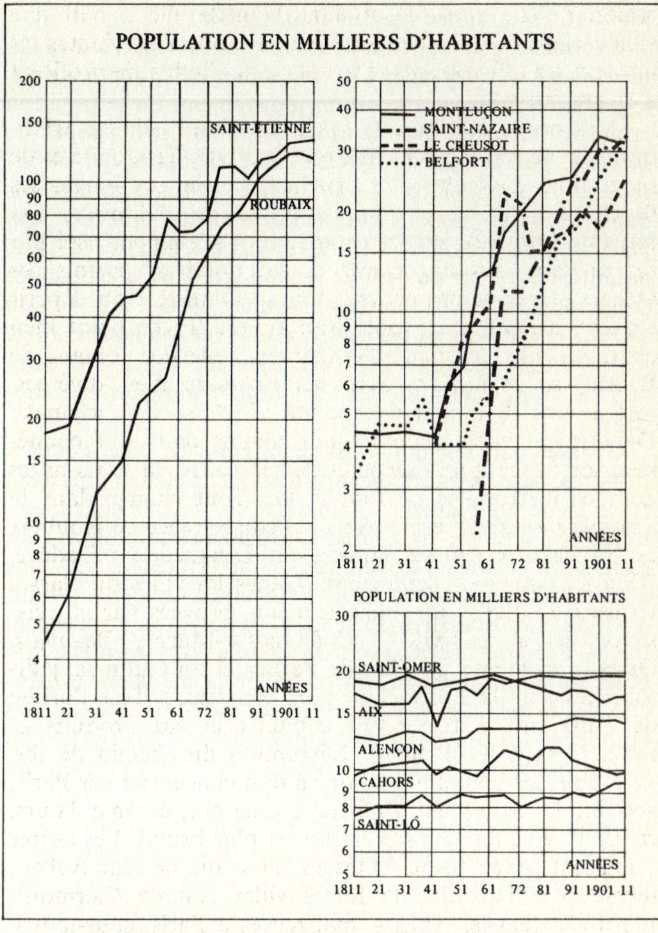

Source : G. Duby dir. , *Histoire de la France urbaine,* t. IV, *La Ville de l'âge industriel,* Le Seuil, 1983, p.42, 47, 50.

Quelques vieux réseaux urbains, comme celui du Bas-Languedoc au temps de la reconstruction du vignoble, avec leurs solides assises, profitent d'une crise pour se raffermir, en acceptant de servir de relais aux capitaux de Paris et des grandes régions industrielles.[1]

Capitaliste par ses fonctions, la grande ville l'est également dans son paysage et sa vie. « Pieuvre ardente » pour le poète Verhaeren, elle est en mouvement. Sa population croît brutalement, par l'industrialisation, par l'appel de services, par la simple détresse des campagnes qui déversent les « provinciaux », par l'arrivée enfin d'immigrants dans les pays neufs. Les accroissements naturels, qui peuvent être sensibles dans les quartiers pauvres à forte natalité, ne jouent qu'un rôle secondaire dans la croissance de la population, au moins jusqu'en 1860. A la fin du siècle, l'enracinement des habitants aidant, on assiste à une lente victoire des natalités urbaines sur celles des campagnes, avec d'importantes variations régionales et nationales.

Grossie par ses nouveaux habitants, la ville s'étale : Londres, sans ceinture de fortifications, s'élance librement et se dilue en banlieues à ségrégation sociale marquée : tout l'est, ouvrier, tout l'ouest, artistocratique, bourgeois, résidentiel et aéré. Les remparts sont franchis : à Vienne qui en 1857 y installe le *Ring*, à Anvers, à Cologne, à Bâle, à Milan. Les quartiers de la gare, presque toujours excentrés à l'origine, sont, avec les grands axes routiers, des pôles de développement où triomphe la médiocre esthétique des hôtels des voyageurs et des gargotes. Sautant les faubourgs historiques serrés autour des vieilles portes, les jeunes banlieues partent à l'assaut des campagnes maraîchères, créant dans le désordre une vie et un paysage urbains totalement neufs. Parfois, dans des zones industrielles privilégiées, les banlieues de villes voisines se rejoignent, créant ces « conurbations » de la Ruhr, des Midlands, du nord de la France. Dans le même temps, les centres, dont la croissance démographique se ralentit,

1. Comme le démontre R. Dugrand, *Villes et Campagnes du Bas-Languedoc*, PUF, 1963.

deviennent les zones privilégiées de la gestion, sur le modèle de la City londonienne, mais entassent leurs habitants dans des immeubles « de rapport » élevés, tandis que de grands travaux publics essaient d'y rendre la circulation plus aisée. Pas d'esthétique, ou plutôt une longue et bien laide hésitation entre le style renaissance ou gothique pour les bâtiments publics, dont la Vienne de François-Joseph donne l'exemple, et le style contourné des immeubles bourgeois. Parfois, symboles des temps nouveaux, le verre et l'acier sont mis à contribution, pour édifier des églises, des halls, des palais d'expositions, dont le *Crystal Palace* de Londres est l'ancêtre.

La vie urbaine pose très vite d'énormes problèmes. Une longue voie à entretenir (Londres à 8 500 km de rues vers 1860), à éclairer au gaz, puis à l'électricité, des égouts à creuser, des ordures à évacuer, un approvisionnement délicat à organiser en eau, en aliments, en énergie, en matières premières industrielles[1] : le canal, l'usine à gaz, le hangar s'intègrent – mal – au paysage. Dans la cohue des fiacres, les omnibus à chevaux et les nouveaux tramways accroissent l'encombrement, dont Londres, une fois encore, donne l'exemple, au point qu'on songera très tôt à y créer un chemin de fer souterrain. Mais cet urbanisme hésitant de la grandeur et de l'utilité disparaît dès qu'on aborde les quartiers populaires et les banlieues, avec leurs impasses, leurs chemins boueux, leurs rares becs de gaz, leurs entassements humains qui donnent une toile de fond peu flatteuse à la vie ouvrière que nous décrirons plus loin. C'est que la grande ville, malgré sa modernité, reste le reflet de la société industrielle qui l'a créée. Les grands travaux du centre ont souvent chassé les habitants vers les périphéries avec un tri soigneux entre riches et pauvres, avec une curieuse ségrégation géographique qui donne l'ouest aux premiers et laisse les autres se concentrer à l'est. Dès 1830 à Manchester, les bourgeois délaissent leurs usines et les cottages de leurs ouvriers pour s'isoler dans des banlieues

1. L'étude reste à faire des origines, alors, de ce que nous nommons aujourd'hui « nuisances », « pollution » et « environnement ». Voir les réflexions pionnières d'A. Corbin [270].

plus verdoyantes. Vieux quartiers surchargés ou zones nouvelles, construites à la hâte à grand renfort de plâtre et de torchis, rassemblent les travailleurs, face à la ville dorée, en pierre de taille et belles avenues des nantis. « Slums » londoniens, « Petite Irlande » de Manchester, « courées » de Roubaix, faubourgs inquiétants de Düsseldorf, ces villes dans la ville ne communiquent plus avec les « beaux quartiers ». Les antagonismes et les cloisonnements sociaux de la nouvelle société s'inscrivent définitivement dans l'espace urbain.

Achevons cette description avec l'exemple si net d'une ville qui fascina le monde : Paris, dans laquelle toutes les nouveautés décrites jusqu'ici peuvent être entrevues. Sa croissance épouse le rythme de l'industrialisation. La vieille capitale de l'administration et de l'atelier, forte de 500 000 habitants vers 1800, grossit régulièrement jusqu'au milieu du siècle dans son cadre traditionnel surchargé : 714 000 en 1817, 868 000 en 1836, 1 million en 1846. Avec le second Empire et l'essor capitaliste, elle double en population et en superficie : 1 800 000 en 1872 pour la seule ville, 2 millions en 1879. Puis, avec un accroissement naturel faible, une immigration mieux disciplinée, elle passe plus lentement à 2 500 000 en 1896 seulement, reflétant l'essoufflement industriel de la phase de dépression et la stagnation démographique du pays tout entier. Mais, avec des pulsions rythmées, elle a en un siècle absorbé à elle seule la quasi-totalité de l'accroissement démographique français. Son rôle économique est complexe. Face aux grandes concentrations du Nord ou de l'Est, elle garde une physionomie industrielle longtemps traditionnelle. Certes, dès 1866, deux Parisiens actifs sur trois sont salariés, un sur deux vit du travail industriel. Mais les grosses entreprises restent peu nombreuses : pour environ 100 000 patrons en 1860, 7 500 seulement occupent plus de 10 ouvriers; c'est dire que le monde des métiers traditionnels, de l'artisanat, du travail à façon domine largement. Et il faut attendre la fin du siècle pour que les grosses entreprises rassemblent plus d'un ouvrier sur trois. Mais les facteurs de domination sont déjà en place : liaisons routières, ferroviaires, fluviales avec les centres industriels actifs; rôle bancaire décisif; rôle commercial accru avec la naissance sous le second Empire du grand magasin qui sait rapidement, pour *la Samaritaine* par exemple, étendre son influence en province, vendre par correspondance et contrôler des réseaux de distribution; concentration presque totale de la recherche scientifique et de la formation des cadres de l'industrie et du commerce; rôle politique, centre de diffusion de l'information moderne. Paris rassemble les énergies françaises, avant de les digérer à son profit. L'horizon du « désert français » se dessine sous la IIIe République, tandis que des régions passent sous contrôle étroit des intérêts parisiens[1]. Enfin, la ségrégation sociale s'accentue avec la croissance et le remodelage de la ville sous le second Empire. Aux banlieues d'agrément de l'ouest, de Neuilly à Chatou, avec leurs hôtels et leurs villas pour l'été, s'opposent le flot des banlieues ouvrières du nord et du sud, avec leurs ateliers et leurs grosses usines mécaniques, les constructions hâtives qui englobent les vieilles cités, Clichy, Saint-Denis, Aubervilliers, Montrouge, Boulogne, et bien d'autres. De 1861 à 1881, Ivry passe de 7000 à 18000 habitants, dont les trois quarts ont moins de quarante ans, entassés dans les baraquements ou les immeubles du centre[2]. La ville de Paris s'agrandit en 1860 aux dimensions actuelles de ses vingt arrondissements, annexant les communes qui s'étendaient entre les « barrières » et les fortifications élevées sous la monarchie de Juillet. Sous l'impulsion du préfet Haussmann, entouré d'une nuée de spéculateurs et d'entrepreneurs, le vieux centre est radicalement transformé. Les buts de l'opération sont multiples : résorber le chômage des ouvriers du bâtiment, assainir Paris, faciliter la circulation et rendre impossibles les émeutes par des artères larges et rectilignes, en faire la Rome de l'âge industriel. Cent kilomètres de voies modernes sont tracées, 25000 maisons détruites dans le centre, 70000 bâties, un ensemble de bâtiments utilitaires (les Halles, les gares) ou prestigieux (églises, Opéra)

1. Cf. J.-F. Gravier, *Paris et le Désert français*, Flammarion, 1947, chap. 1 et 2.
2. Cf. L. Chevalier, *La Formation de la population parisienne au XIXe siècle,* PUF, 1950.

édifiées avec une réussite parfois douteuse; la vie quotidienne est améliorée, avec l'eau, la lumière au gaz, l'égout, les espaces verts, y compris, quoi qu'en aient dit les détracteurs du préfet, dans les quartiers populaires et même quelques banlieues. Ces bouleversements, bénéfiques, aèrent la cité, mais révèlent les nouveaux rapports sociaux de la société industrielle. Le centre, soigneusement quadrillé, évacue ses artisans, la foule des petits métiers, laissant la place aux fonctionnaires et aux commerçants, aux rentiers et aux bourgeois. Les travailleurs, comme le révèle la carte 21, établie d'après le recensement de 1872, sont rejetés sur les périphéries, car le vieux Paris central, avec les spéculations sur les terrains, les hausses sensibles des loyers, les démolitions, n'est plus dans leurs moyens. Des hauteurs de Montmartre et de Belleville aux arrondissements nouveaux du sud, une ceinture ouvrière enserre la ville, interrompue seulement à l'ouest des Ternes à Auteuil. Un contemporain est frappé par « cette ville du luxe, entourée par la ville de la misère », avec ses immeubles aux logements exigus, ses cités étroites, ses ateliers et ses usines jetés pêle-mêle, ses estaminets – « ce sont toutes les séductions aux prises avec toutes les convoitises ». Le Paris des Champs-Elysées, du faubourg Saint-Germain, des Expositions universelles à la gloire du machinisme, du bois de Boulogne où l'équitation délasse, scrute parfois avec quelque angoisse Belleville et Vaugirard. Et la Commune de 1871 sera, pour une large part, avec sa prise de l'Hôtel de Ville et des vieux quartiers des barricades par ses insurgés, « la reconquête de la Ville par la Ville[1] ».

Bouleversée, grossie, hiérarchisée, la grande ville naît, directement ou indirectement, de la révolution industrielle et en maîtrise les développements futurs. Elle devient le centre attractif où la civilisation nouvelle s'élabore, face à la province « routinière » et rurale. Avec ses élégances, et ses tentations, ses distractions multiples et ses prestiges artistiques et intellectuels, ses fièvres et ses triomples, elle est dans sa sphère une « ville-lumière ». Mais après avoir

1. Cf. J. Rougerie, *Paris libre 1871*, Le Seuil, 1971, p. 19.

CARTE 21 : LES CLIVAGES SOCIAUX A PARIS EN 1871

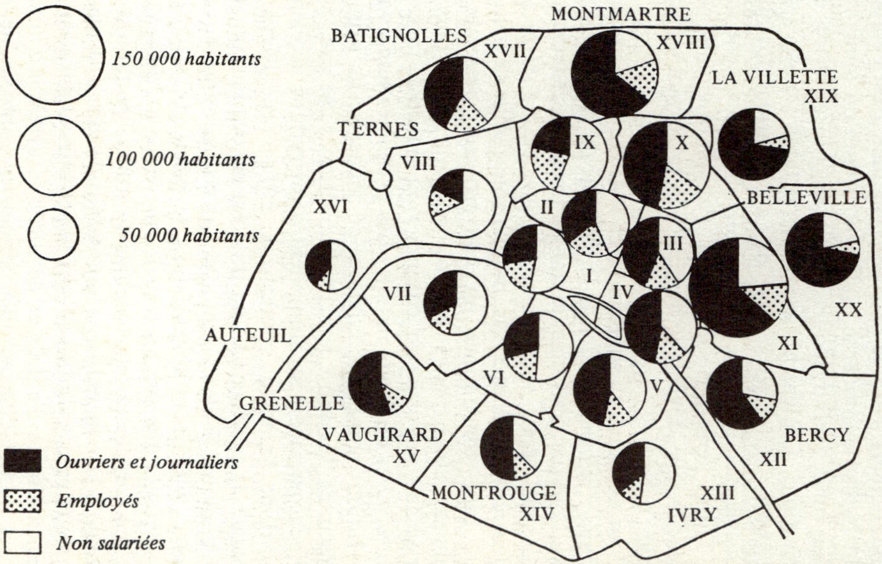

Source : J. Rougerie, *Paris libre 1871*, Le Seuil, 1971, p. 18.

transformé et souvent rejeté ceux qui ont permis par leur travail son épanouissement.

L'usine.

La ville peut garder longtemps son peuple d'artisans et de boutiquiers. Mais le pôle de croissance, c'est l'établissement industriel moderne, qu'il soit urbain ou implanté en milieu rural, autour duquel s'agglomèrent les services et les habitations. Lentement, avec d'importants freinages selon les régions et les pays, avec des accélérations lorsqu'une industrie métallurgique joue un rôle d'entraînement véritable, l'usine l'emporte sur l'atelier. Par son originalité et son efficacité, elle devient le symbole de la révolution industrielle.

Pour expliquer sa suprématie en marche, deux impératifs initiaux : la mécanisation et le contrôle de la rentabilité du travail ouvrier. Pris dans le flot du progrès des techniques, l'industriel doit, sous peine de succomber face à ses concurrents, s'adapter. Or, monter une chaîne de métiers à filer, faire fonctionner un convertisseur Bessemer qui engloutit 1 000 tonnes de fonte par jour, n'est plus à la portée de n'importe quel cotonnier ou maître de forge. Les faibles mises de fonds initiales des premières années de la révolution industrielle anglaise ou française ne sont plus suffisantes. En outre, le matériel coûteux s'use vite, car ses perfectionnements se multiplient à un rythme accéléré : il faut donc l'amortir rapidement, utiliser massivement sa capacité de production tant qu'il est encore à la pointe de la technique. Seule l'usine, avec ses « mécaniques » accouplées et facilement contrôlables, le permet. C'est par elle aussi que la division du travail ouvrier peut être rentabilisée : en déracinant le travailleur de son milieu familial, elle l'oblige à la ponctualité, à une servitude face à la machine soigneusement rythmée au son des cloches et des sonneries, avec pointages d'entrée et de sortie et système d'amendes en cas de défaillances. Elle permet un contrôle facile des cadences soutenues avec, sur la fin du siècle, chronométrages des étapes de la fabrication. Elle permet aussi de jouer sur les rivalités entre les équipes, de déplacer les ouvriers vers les secteurs de la production où leur habileté ou leur qualification leur permettent de meilleurs rendements, tout en livrant les besognes basses aux manœuvres. L'usine rentabilise, sélectionne, hiérarchise le travail pour un meilleur profit.

Cependant son triomphe est souvent difficile. Si bien que, pour garantir un bénéfice constant dans l'immédiat, elle est souvent précédée par la constitution de grandes sociétés. Dans un premier temps, il peut être plus profitable de drainer des capitaux de l'épargne privée, de rassembler les unités de production déjà existantes et de contrôler plus étroitement le marché par des ententes. Dans ce cas, la concentration financière et sociale des entreprises précède l'usine, tout en donnant les bases nécessaires à son triomphe futur. La révolution du crédit par les banques de dépôt et les sociétés d'investissement permet de mobiliser les épargnants. La législation s'adapte à ce bouleversement. Les vieilles sociétés en commandite, héritées du temps des marchands, évoluent pour faire partager les responsabilités en cas de faillite et éviter les expériences malheureuses à tous les César Birotteau. Les sociétés en noms collectifs, qui s'adaptent très bien à une structure familiale éventuelle pour la détention du capital, s'imposent dans les secteurs anciens où l'irruption du progrès technique peut être contrôlée, comme le textile en France : dans l'Est, Méquillet-Noblot ou Dreyfus-Lanz perpétuent jusqu'en pleine IIIe République une combinaison subtile de commandite et de nom collectif, qui réduit les risques, permet l'autofinancement systématique et ne détruit pas le caractère familial, dynastique de l'entreprise[1]. Mais la société anonyme triomphe, après s'être longtemps spécialisée dans les secteurs qui demandent des techniques et des capitaux renouvelés, comme la métallurgie. Ses actions et ses obligations lui fournissent le capital frais; la prédominance de ses gros actionnaires, industriels ou banquiers d'affaires, dans les conseils d'administration et les assem-

1. Cf. Cl. Fohlen [318], p. 100 s.

blées générales, permet de ne pas diluer le pouvoir dans la foule des épargnants-actionnaires auxquels on concède avec libéralité le rôle de rentier muet. Avec de grands décalages chronologiques : la Grande-Bretagne, malgré des résistances individualistes du patronat, constitue dans le second tiers du XIXe siècle de grandes sociétés métallurgiques comme *Ebbw Vale* ou *Stafford Wheels and Axles*; la France tarde davantage et la législation, qui ne donne toute liberté aux sociétés nouvelles qu'en 1867, traduit l'originalité rurale de l'industrialisation; en Allemagne, par contre, la concentration joue très vite, avec une aptitude étonnante des entreprises prussiennes puis allemandes à se déplacer, s'unir pour la chasse au profit, et de grosses sociétés dominent les secteurs nouveaux, comme *Phoenix* dans la sidérurgie dès 1852 ou *Badische Anilin* en chimie dès 1865. Dans le cadre de cette concentration financière se constituent, par le jeu des alliances familiales ou les sujétions de clientèles, des ensembles industriels puissants et organisés. Dès 1838, Lamartine parle de ces « monopoles », dont l'action sera coordonnée vers la fin du siècle par des « syndicats » patronaux comme le *Comité des forges* en France. *Trusts* des pays anglo-saxons, *konzern* ou cartels allemands, *zaïbatsus* japonais jouent le même rôle : contrôler le marché, répartir le travail entre les établissements industriels dispersés, afin de maintenir les marges bénéficiaires, distribuer des dividendes et des parts de fondateurs plus élevés. Mais le XIXe siècle ne connaît guère nos *holdings*, conglomérats ou autres participations-contrôle. La concentration financière est première, mais elle n'est pas encore une fin en soi fort lucrative. Toute concentration ne peut pas se perpétuer au simple niveau des capitaux, des investissements et de la distribution. Vient toujours l'instant où elle doit se traduire en termes de nouveautés techniques. Par le biais du machinisme, en ce siècle d'essor de la technologie appliquée plus que de la gestion, on passe à l'usine. Le capital, si concentré soit-il, ne peut fructifier sans des machines et un travail ouvrier rentabilisés. Parce qu'il est capitaliste, l'industriel, pour survivre, doit devenir patron d'usine.

La prépondérance de l'usine s'inscrit dans les faits. En

Grande-Bretagne, dans le démantèlement du *domestic system*, l'entreprise doit souvent chercher souplement la meilleure voie. Des maîtres de forge, à Backbarrow, installent à la fin du XVIIIe siècle des ateliers textiles près de leurs fours pour profiter du travail des femmes et des enfants de leurs ouvriers. A l'inverse, tel grand du textile, comme Oldknow ou Greg, donne, par l'achat de domaines agricoles, du travail aux hommes pour pouvoir utiliser au mieux une main-d'œuvre féminine et infantile. L'entreprise, avec ses intégrations verticales primitives, peut garder un aspect patriarcal et quasi colonial. Mais, à l'origine de cette politique, se trouve le plus souvent la fabrique mécanisée[1]. Dans la filature et le tissage du coton, secteur d'entraînement pour l'ensemble de l'industrie textile, les machines d'Arkwright, les *jennies*, les métiers ne s'accommodent plus du *cottage*; l'eau, la vapeur, l'espace leur sont nécessaires, donc l'usine. Dès 1816, à Glasgow, 41 usines emploient chacune plus de 240 ouvriers; à New Lanark, Dale et Owen ont plus de 1600 travailleurs; à Manchester, les 43 plus grosses entreprises emploient plus de 300 personnes, deux d'entre elles plus de 1000. Sous le contrôle du marchand-filateur, des milliers de tisserands à domicile sont contraints, par un système précis de sous-traitance, à suivre le rythme imposé par l'usine-mère pour les fournitures. Même tendance dans les mines : en 1814, les mines de Cornouailles ont plus de 170 mineurs de fond chacune; une des plus grosses firmes du monde, les forges de Carron, en Ecosse, rassemblent 2000 travailleurs. Certes, le secteur lainier, certains secteurs de la métallurgie de précision gardent une structure familiale ou artisanale, mais sont irrésistiblement intégrés, malgré de belles résistances des tisserands du Yorkshire. Puis entre 1820 et 1850, l'intrusion des mécaniques accélère le processus. L'industrie lainière, longtemps retardée, avait 3000 métiers mécaniques en 1835, 30000 en 1850. Les machines à vapeur et les perfectionnements des anciennes techniques permettent de multiplier les usines, indifféremment nommées *mills factories* ou *manufactures*. Certaines firmes mécaniques aug-

1. Cf. T.S. Ashton [1], p. 147.

mentent le nombre de leurs ouvriers de 40 % par an entre 1840 et 1850. L'entreprise de Dowlais préfigure l'avenir, avec ses 7000 travailleurs[1].

Même évolution, mais moins puissante et décalée dans le temps, en France. Le textile a misé sur l'atelier et la ferme; il garde jusqu'au second Empire une gestion familiale et les quelques grands patrons se soucient plus de bénéfices immédiats que d'investissements à long terme. Après 1850, avec des méthodes très lentement améliorées, la concentration progresse néanmoins dans la région de Mulhouse, à Rouen, à Lille-Roubaix-Tourcoing, surtout financière ou commerciale. Mais la très grande entreprise concentrée reste exceptionnelle, malgré l'exemple privilégié de Dollfus-Mieg et Cie qui, dès 1834, occupent 4200 employés et ouvriers sur 26000 broches, 3000 métiers mécaniques, 120 tables et 3 machines à imprimer[2]. Des sociétés importantes comme Méquillet-Noblot achètent des machines d'occasion jusqu'en 1880, limitent leurs activités, comme effrayées par les conséquences humaines de la poussée technique. Pourtant, à cette date, tous ceux qui, en Normandie par exemple, ont refusé l'appui des affairistes et des banquiers déclinent. Tenus par le capital financier, les survivants devront, de gré ou de force, passer à une production usinière. Dans la métallurgie, par contre, la concentration est plus nette : financière, technique, géographique. Les vieilles régions de métallurgie au bois disparaissent devant les zones bien approvisionnées en charbon, c'est-à-dire le Nord, le Bassin parisien et les bordures du Massif central. Les grosses firmes fixent les prix, absorbent les attardées. A Paris, une grosse maison comme Cail, avec ses trois usines quai de Billy, quai de Grenelle et rue de Chabrol, ces « bagnes » disent les ouvriers qui les détestent, ébranle les petites firmes[3], contrôle les salaires d'un secteur important du marché parisien avec ses 2700 travailleurs en 1867. Quelques géants se sont dressés; Schnei-

1. Cf. R. Marx [292], p. 123 s. et 231 s.

2. Cf. *Histoire de l'Alsace*, sous la direction de Ph. Dollinger, Privat, 1970, p. 406.

3. Voir J. Gaillard, « Les usines Cail et les ouvriers métallurgistes de Grenelle de 1848 à 1871 », *MS*, mars 1961.

der au Creusot, 230 ouvriers en 1812, 1850 en 1839, 3250 en 1850, 6000 en 1860, 12500 en 1870; Wendel en Lorraine, avec plus de 9000 salariés en 1870.

Dans chaque pays se définit donc le secteur dominant où l'usine est indispensable à la croissance. Ainsi, en Allemagne, le textile restera longtemps extrêmement dispersé : 5 ouvriers par « entreprise » à Barmen vers 1860, alors que la chimie et la métallurgie y naissent concentrées, avec à la même date 30 ouvriers en usine par firme. La croissance de la firme Krupp reflète cette vocation au gigantisme de la sidérurgie allemande : 142 ouvriers en 1847, 1500 en 1859, 8000 en 1865. Bien évidemment, ce monde de l'usine est encore limité aux foyers initiaux de la révolution industrielle vers 1870-1880 : l'Angleterre « noire », le nord de la France et la Belgique, la Ruhr et Berlin, l'Alsace et la région est du Massif central, la côte nord-est des Etats-Unis. Mais elle est toujours présente, d'entrée, dans les régions ou les pays en voie d'industrialisation. Partout, le travail artisanal, l'atelier sont appelés à une survie plus ou moins longue; ils produisent parfois plus de la moitié des articles dans certains secteurs traditionnels[1]. Les vieilles exploitations du travail manuel peuvent même être pour un temps jugées plus rentables : ainsi, les métiers ruraux reviennent en force en Russie entre 1840 et 1860; les fabricants lyonnais de soieries, après avoir concentré le travail sur leur ville jusqu'en 1830, projettent jusqu'à la fin du siècle leurs activités à 100 km à la ronde, par souci de rentabilité et pour éviter les insurrections ouvrières. Le *sweating system*, ce travail à façon effectué à domicile et distribué par un *contractor*, se répand aussi bien après 1850 à Londres qu'à New York. Mais, il ne peut se développer qu'en imposant des salaires médiocres et un chômage périodique. Surtout il n'existe que par référence à des firmes et à leurs usines qui, en abaissant brutalement les prix de revient et de vente, conduisent certains entrepreneurs à user de ces subterfuges. Il ne faudrait pas échafauder un monde de la révolution industrielle où l'usine absorbe tout. L'usine peut faire éclater le

1. Voir de nombreux exemples dans [234] et [235].

travail, l'« émietter » non seulement chez elle mais autour d'elle. Pourtant, qu'on l'accepte ou qu'on en retarde l'installation, qu'on préfère passer par la concentration financière avant de l'inscrire dans la réalité de la vie de l'entreprise et de ses techniques, qu'on multiplie ou non les sous-traitances d'ateliers extra-urbains, elle est au cœur du système nouveau; tout part d'elle et tout y revient; elle donne à l'utilisation des machines et des hommes sa respiration, son efficacité, sa rentabilité.

Naissance des mondes ouvriers.

De l'atelier à l'usine, du travailleur au prolétaire, le cheminement serait-il le même? Mais les hommes sont plus lents que les capitaux et les techniques : ils prendront très inégalement conscience de leur condition nouvelle, par le contact quotidien, par la lutte aussi. Avant cette identification du travailleur de la révolution industrielle avec lui-même et avec les autres, bien souvent une ou deux générations auront vécu une longue et difficile transition.

Pour amorcer la croissance, tous les facteurs de production étant employés à pleine capacité, l'investissement nécessaire ne peut se faire le plus souvent qu'au détriment de la consommation. Pour assurer l'avenir de l'industrialisation, le capitalisme ne peut pas jouer sur les deux termes et, en conséquence, choisit délibérément de privilégier l'investissement. Seuls une longue journée de travail et des bas salaires jetés à une main-d'œuvre abondante et inorganisée, avec un marché du travail solidement tenu de manière à n'offrir l'emploi qu'à ceux qui acceptent les nouvelles règles de la production, peuvent favoriser l'investissement. La misère ouvrière n'est donc pas, comme bien des contemporains l'ont cru en toute bonne foi, le fruit d'un coupable relâchement moral des employeurs, un mépris de la condition humaine et de la justice. Elle est une sorte de loi naturelle du capitalisme en expansion. Les économistes anglais du XIXe siècle, eux, ne s'y sont pas trompés, qui ont établi très vite le lien entre la production le profit et le salaire limité au niveau minimal de subsistance nécessaire au renouvellement de la force de travail du salarié. Au terme de l'adaptation, le travailleur qui vend sa force de travail, ne vit qu'à condition de trouver un emploi, et ne l'obtient que si son travail entre dans le nouveau système, encaissera du mieux-être à son tour. C'est en vertu de ces lois économiques et sans compassion moraliste déplacée qu'il faut donc décrire le monde ouvrier nouveau. Division du travail, productivité et accroissement du capital sont organiquement liés.

Certes, tout un monde du travail, divers, puissant, vit en marge de l'usine. Artisans du bâtiment, mobiles, organisés, souvent mieux payés, vindicatifs; ouvriers du livre, plus instruits, qui donneront, avec les ouvriers plus indépendants des métiers d'art, ferronniers, bronziers, les premiers militants du mouvement ouvrier; « canuts » lyonnais, fiers d'une indépendance familiale en voie de disparition; monde des « compagnons » des métiers, instruit par de puissantes associations de soutien, aristocratie ouvrière et artisanale issue de l'âge pré-industriel. Cette élite ouvrière, consciente et organisée, joue longtemps un rôle d'éducation et d'encadrement des autres travailleurs. Mais, passé 1840, elle est mal adaptée à la concurrence de l'usine, ne se perpétue longtemps que dans les pays plus lents à épanouir une industrie moderne, comme la France : les nouveaux venus dans ces professions doivent se plier à la règle de l'exploitation rationnelle. Pour eux, comme pour les entreprises, l'usine l'emporte à la longue.

L'exploité modèle est donc, dès l'origine, le travailleur de grande entreprise. Il vient dans une très forte proportion des campagnes voisines et la législation intervient pour faciliter la mobilité de la main-d'œuvre. En Grande-Bretagne, depuis le XVIIe siècle, la loi faisait obligation aux paroisses de parquer dans des *workhouses* pénitentiaires et moralisantes les pauvres sans travail rejetés du monde rural. La loi de 1795, qui établit la liberté de déplacement pour ces indigents, en retirant à leurs paroisses d'origine, le plus souvent rurales, l'obligation de les récupérer et de les héberger, les livre au libre jeu du marché et les précipitera vers les centres manufacturiers qui cherchent une main-d'œuvre. Même évolution en Allemagne, en Europe centrale, où les codes d'assistance sont eux aussi assouplis au début du XIXe siècle. Seule la France ralentira le processus, avec la création d'une classe de paysans moyens nombreux issus du partage, inégal mais réel, de la terre des privilégiés sous la Révolution. Dans le même esprit, les contrats de travail, qui pouvaient lier à vie les serfs ou les valets à leur employeur, non seulement dans l'agriculture mais dans les mines à réglementation médiévale, sont abrogés partout en Europe. Désormais le libre mouvement de la main-d'œuvre prend une amplitude sans cesse accrue : glissement de l'Angleterre « verte » du Sud vers l'Angleterre « noire » du Centre et de l'Ouest, concentrations allemandes vers la Ruhr, belges vers le Borinage, françaises vers le Nord, l'Est et Paris, sardes et « braccianti » du Sud italien vers Gênes, Turin et Milan. Bien vite aussi, des mouvements peuvent prendre l'allure d'émigrations massives, comme celle des Irlandais dès le dernier tiers du XVIIIe siècle, peuplant les foyers industriels d'Angleterre, d'Ecosse et du pays de Galles, manœuvres à tout faire, agités, parqués, avec, par villages entiers, des nouveaux venus à chaque famine ou chaque crise.

Ainsi régulièrement renouvelée, cette main-d'œuvre est utilisée dans les usines. L'ouvrier est attaché à sa machine, chargé de l'alimenter, la surveiller, la nettoyer, en vue de fabriquer un des éléments du produit fini. L'apprentissage est rapide : aucune technique ancestrale à transmettre, aucun souci d'achever l'objet avec patience et habileté. L'ouvrier est interchangeable, « sur » une machine interchangeable; des opérations très simples pour la plupart, effectuées à un rythme contrôlé, mais qui ne demandent pas, en dehors de la répétition du geste, une force physique considérable, surtout dans l'industrie textile. Le réglage des machines est fait par quelques spécialistes qui, très lentement, constitueront une élite de « professionnels » dominant les « manœuvres » à la fin du XIXe siècle. Souvent l'ouvrier sur machine peut, d'un jour à l'autre, devenir manutentionnaire, magasinier, emballeur, essayeur, « finisseur » : les spécialisations sont introduites tardivement. Une atmosphère de désordre, sans comparaison avec l'usine taylorisée du XXe siècle, un bruit permanent et varié, l'atelier parfois glacial l'hiver et torride l'été, l'huile des machines maculant les vêtements, peu d'aération, très rarement un vestiaire, une cantine et des « commodités », la cadence, la surveillance militaire des contremaîtres rendent le travail pénible et dégradant. A chaque instant, l'accident est possible, au milieu des volants, des roues et des courroies de transmission. Aucune protection, si bien que les enquêtes parlementaires anglaises de 1833 révèlent ces foules d'estropiés, le plus souvent ayant perdu un bras, renvoyés, sans assurance d'aucune sorte, et errant dans le comté de Derby. A Manchester, note Engels, on a l'impression de vivre « au milieu d'une armée qui revient de campagne ». Dans les mines, les descentes par échelles ou par chaînes au fond du puits, avant que les compagnies ne consentent à tolérer l'usage des bennes à charbon par leurs mineurs, les éboulements dans des galeries mal étayées, l'inondation, le grisou mal détecté, l'incendie, multiplient les risques pour les haveurs. La mécanisation intervient lentement, on l'a vu, car les prix de vente restent stables : les employeurs préfèrent accélérer la rotation des équipes, payer « à la berline » remplie, imposer des cadences plus fortes.

Partout, la journée de travail est étirée aux limites de la résistance physique des ouvriers. « Limitée » au XVIIIe siècle par la durée du jour, elle s'allonge jusqu'en 1850, avec l'éclairage au gaz qui permet de faire tourner certaines fabriques nuit et jour. Quelques patrons libéraux, comme Arkwright, qui désirent assurer la rentabilité du travail en évitant d'épuiser les ouvriers, limitent la journée à... 12 heures. En moyenne, jusqu'en 1860 environ elle oscille pourtant, dans toutes les branches de l'activité industrielle, de 12 à 15 heures. Ce n'est pas une nouveauté, comparé au vieux *domestic system* : jusqu'à la fin du second Empire, un canut lyonnais doit rester 16 heures par jour devant son métier pour survivre. Mais en usine, la nouveauté vient de la régularité : pauses et horaires des repas rognés par le patron, vigilance des gardiens, trucage variés sur les sonneries des cloches et des horloges au début du siècle, paiement à la pièce usinée substituée au tarif horaire.

Travail continu, sans congés ni jours fériés, où le repos dominical n'est même pas toujours respecté, où l'absentéisme est une soupape de sûreté. De la Pennsylvanie à l'Oural, de la Clyde au Pô, même souffance jusqu'en 1850. Et souvent en pure perte, car la fatigue accumulée, la maladie, la médiocre nourriture font, dans ces conditions terribles, baisser le rendement par ouvrier. Pour augmenter la production, il faut allonger encore le travail et employer de nouveaux travailleurs.

Si bien qu'aux premiers temps de la révolution industrielle, alors que le déplacement de main-d'œuvre n'est pas encore totalement libéré, que de nombreux hommes se détournent de ce travail humiliant de la caserne industrielle, une solution s'impose : utiliser les femmes et les enfants. Son avantage est triple : briser, par la concurrence, les résistances éventuelles des travailleurs mâles et abaisser les salaires; livrer des familles entières au travail industriel et ainsi accélérer la rupture avec le monde et les activités rurales; utiliser enfin la machine à plein rendement en appropriant une immense source de travail neuve. Dans le tissage, la filature, les verreries, les ateliers mécaniques, les mines, les femmes font un travail d'homme, sans privilège aucun. Les enfants, par leur souplesse et leur petite taille, sont employés à des travaux précis, ce qui dispense l'employeur d'accélérer le perfectionnement mécanique du matériel : tirer, souvent en rampant, les berlines dans les boyaux des mines, rattacher les fils brisés derrière les métiers, nettoyer les parties peu accessibles des machines. En 1796, William Pitt déclare : « Si quelqu'un prenait la peine de calculer la valeur totale de ce que gagnent dès à présent les enfants élevés selon cette méthode, il serait surpris... de l'appoint que leurs effors laborieux et les habitudes auxquelles ils sont formés viennent ajouter à la richesse nationale. » De fait, jusqu'en 1850 au moins, cette main-d'œuvre à bas prix semble avoir fourni près de la moitié des effectifs dans le textile anglais. A la même époque le digne révérend Davies propose qu'on refuse tout secours à un enfant de six ans qui ne saurait pas encore tricoter. Les paroisses, sans s'encombrer de charités évangéliques superflues, avec parfois quelques délicieux remords de conscience, fournissent le cheptel industriel, organisent, par maquignonnage et petites annonces de presse, la vente des enfants en surplus qu'elles ne désirent plus secourir, sans se soucier de l'avis des parents. A cette traite systématisée, s'ajoute la dureté du travail et les sévices. Les enquêtes anglaises fourmillent d'exemples de patrons sadiques, usant de la cravache et du poing; de contremaîtres experts en tortures et en appareillages des membres trop courts des enfants pour les adapter à la machine; d'« écoles d'industries » où les fillettes sont fouettées si la cadence du filage baisse[1]. De Foë, après une visite d'Halifax, s'émerveille, car « il n'est pour ainsi dire personne, au-dessus de l'âge de quatre ans, qui ne soit en état de gagner sa vie par le travail ». L'emploi d'enfants de quatre à six ans est courant et recherché, dès qu'ils savent marcher et sont capables d'être dressés au travail sur les machines. En 1834, les effectifs de l'industrie cotonnière anglaise comptent 13,3 % de moins de treize ans; le chiffre tombe autour de 5 % vers 1850, mais remonte, avec les crises à 14 % en 1874 et se stabilise à 9 % jusqu'en 1890. En Belgique, les moins de seize ans représentent encore en 1880 14 % de la main-d'œuvre industrielle, 17 % dans les charbonnages[2]. En France, dans les établissements industriels occupant plus de 10 ouvriers, on dénombre 670 000 hommes, 254 000 femmes et 130 000 enfants en 1874.

Travail épuisant, et imposé aux plus faibles, surexploités. En compensation, un salaire minimal. Sur ce sujet, on est encore loin d'avoir des certitudes précises et les historiens s'affrontent. D'énormes écarts entre les régions et les professions, les fluctuations longues et les cycles courts de la production, des prix et des profits influent sur le salaire nominal et sur le salaire « réel », c'est-à-dire sur le pouvoir d'achat des denrées alimentaires et des articles indispensables. Comme l'approche statistique du phénomène est encore expérimentale, on est conduit souvent à des approximations. Cependant, sans entrer dans les querelles

1. Cf. P. Mantoux [291], p. 432 s.
2. Cf. P. Bairoch, *op. cit.*, p. 124.

techniques, quelques traits marquants peuvent être dégagés. Le premier, c'est la stabilisation ou la baisse du salaire nominal dans les entreprises les plus modernes, et avec elles, dans une proportion plus variable et avec de très nombreuses exceptions, du salaire réel dans la première moitié du XIXe siècle. Aux salaires relativement élevés de la période du démarrage, au temps où la main-d'œuvre était rare, succèdent les compressions, dues aux baisses des marges bénéficiaires, à la concurrence ouvrière sur le marché du travail, particulièrement celle des femmes et des enfants, à l'application plus massive de techniques nouvelles dans quelques secteurs. Ainsi, en Angleterre, le prix de vente d'une livre de filés de coton était de 10 shillings 11 pences en 1784, le coût de la matière première 2 shillings, les frais de transformations et le bénéfice d'environ 8 shillings : l'entrepreneur peut encore verser un salaire décent, grâce à sa bonne marge de profit. En 1812, celle-ci descend à 1 shilling; en 1832, à 4 pences. Dans ces conditions, le bénéfice ne peut être maintenu qu'avec une production fortement accrue et une compression de salaires. C'est pourquoi, à Bolton, le salaire hebdomadaire du tisserand passe de 33 shillings en 1795 à 14 en 1815 et à 6 en 1834[1] Dans la même région, sur des machines plus perfectionnées, un fileur qui gagnait 24 shillings en 1815 reçoit 18 shillings en 1849. Pour éviter l'inanition et ne pas épuiser les secours des paroisses, les industriels de Manchester lancent de 1838 à 1846 l'*Anti-Corn Law League*, qui triomphe en obtenant l'importation libre du blé étranger à faible prix, contre les intérêts des propriétaires terriens anglais, afin de maintenir les salaires industriels très bas et diminuer le prix du pain : main-d'œuvre mieux nourrie, marges de profits respectées, ils peuvent espérer encore de beaux jours.

En France, la situation est semblable : stagnation ou léger fléchissement du salaire réel, forts écarts régionaux et professionnels. De 1810 à 1850, la chute pourrait être, semble-t-il, de 10 %, avec des poussées de misère de 1837 à 1841 et de 1846 à 1849, au fort de crises. Vers 1840, un

1. Cf. E. J. Hobsbawm [10], p. 58.

ouvrier de la soie à Lyon gagne environ 600 F par an, soit l'indispensable minimum vital, à base de pain et de féculents, sans viande. Mais en 1848, le salaire des tisserands d'Alsace plafonne à 200 F par an. Un mineur de charbon gagne 600 F, une blanchisseuse 300 F, un maçon 800 F. Mais, dans la métallurgie nivernaise encore primitive, un ouvrier encore semi-rural doit se contenter de 60 F. Dans l'ensemble, les grandes usines paient davantage, mais imposent des horaires et des cadences alourdis. En conséquence, le travail de toute la famille est fréquent : le salaire de la femme est inférieur d'au moins un tiers, à travail égal, à celui de l'homme, celui des enfants inférieur au mieux de moitié. Dans ce monde de la gêne, les travailleurs du bâtiment et de la métallurgie de précision, ceux de l'agglomération parisienne (voir tableau 22, p. 179) font figure de quasi-privilégiés[1]. Aux Etats-Unis, cependant, la rareté de la main-d'œuvre, l'éveil revendicatif précoce de certains émigrants, donne des conditions de travail et de salaire plus favorables.

Que, dans ces circonstances, intervienne le chômage, la maladie ou l'accident et la catastrophe est inévitable. Marqué par l'exploitation et le paiement de son travail, l'ouvrier l'est également par la déchéance qui le guette. Jusqu'à la fin du XIXe siècle, on dénombre un chômage « structurel » incompressible d'environ 15 %. Ceux qui sont concurrencés par la grande entreprise travaillent bientôt à mi-temps et succombent : tisserands de Norwich en Angleterre, ébénistes londoniens, « compagnons » sillonnant les routes d'Europe, artisans normands ou bretons en France, « métallurgistes » au bois, passent au sous-prolétariat itinérants des déclassés et des vagabonds suspects. Pour les ouvriers des grandes manufactures, le chômage guette à la moindre crise et les livre à l'indigence. En 1839, à Lille on compte 24 000 assistés réguliers sur 80 000 habitants. Même proportion à Cologne en 1848. En Angleterre, 1 400 000 indigents, 2 000 000 « détenus » dans

1. Cf. *MS* avril-juin 1968, articles de J. Lhomme et J. Rougerie.

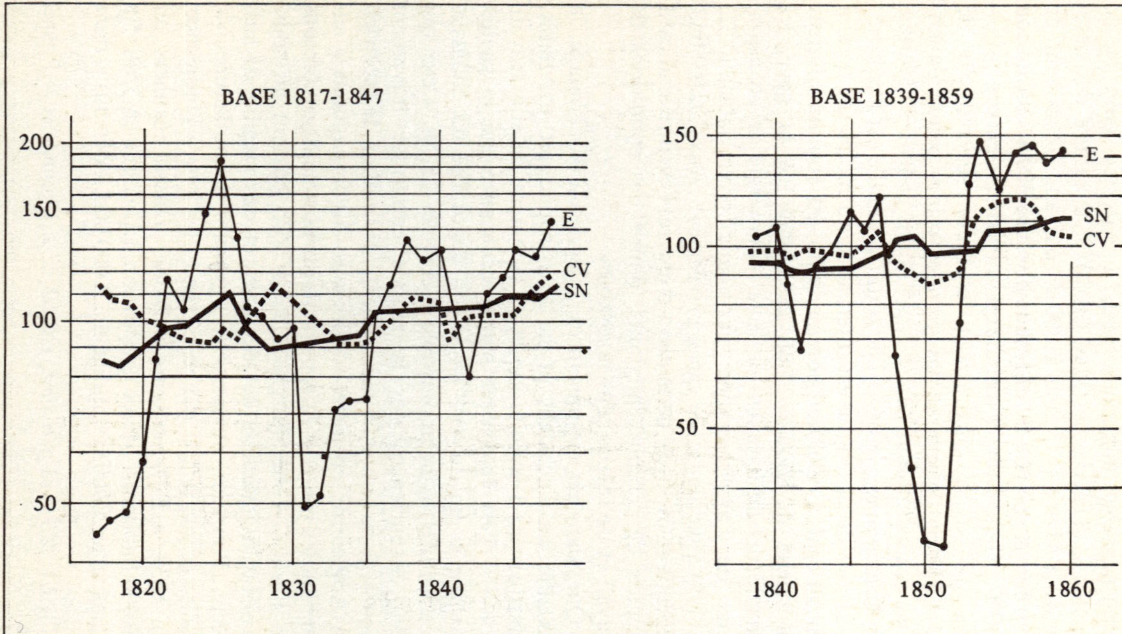

BASE 1817-1847
200
150
100
50
E
CV
SN
1820
1830
1840
BASE 1839-1859
150
100
50
E
SN
CV
1840
1850
1860

TABLEAU 22

ACTIVITÉ INDUSTRIELLE, SALAIRE NOMINAL ET COÛT DE LA VIE A PARIS (1817-1914)

Source : J. Rougerie, «Remarques sur l'histoire des salaires à Paris au XIXe siècle», *MS*, avril-juin 1968, p. 106-107.

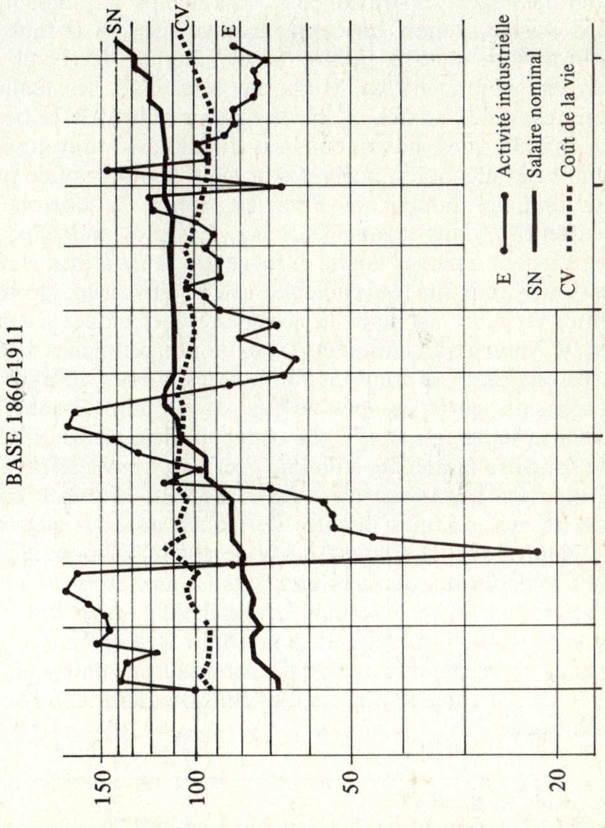

les *workhouses* à la même date[1]. Partout, la vie quotidienne s'accompagne de mendicités auprès des institutions charitables qui donnent parfois ce complément nécessaire (équipement ménager, paillasse) que le salaire de subsistance ne peut jamais fournir. Main tendue, secours municipaux ou privés, chapardages : comment s'étonner que, jeunes ou vieux, certains passent parfois à la criminalité ouverte?

Survie difficile, dans des conditions de vie pénibles. Le logement ouvrier surprend les observateurs les plus endurcis. Rien n'a été prévu dans l'entreprise ou dans la ville pour héberger les travailleurs. Longtemps ils gagnent à pied l'usine, depuis les campagnes voisines. « Il faut les voir arriver chaque matin, note Villermé décrivant les ouvriers cotonniers de Mulhouse vers 1840, les femmes maigres, pâles, marchant pieds nus au milieu de la boue; les enfants sales, hâves, couverts de haillons, tout gras de l'huile des machines, portant à la main le morceau de pain qui doit les nourrir. » Pour les autres, le dortoir de l'entreprise, dans les meilleurs cas. Les plus malchanceux se réfugient dans les taudis et les caves, loués à prix élevés. Partout, humidité ou canicule, saleté, obscurité, promiscuité, vermine, un mobilier sommaire et quelques ustensiles. A Manchester, jusqu'en 1860, quinze personnes vivant dans une pièce ne sont pas rares, sexes et âges mêlés, avec roulements entre équipes de jour et de nuit. Bidonvilles avant la lettre, ghettos, « lits chauds » déjà au cœur de la vie sous-prolétarienne. Villermé décrit en termes effrayants le quartier Saint-Sauveur à Lille. Partout la même complainte, des sentines puantes de Rouen aux bas-quartiers de Nantes et à la Croix-Rousse de Lyon. les pires taudis sont réservés aux derniers arrivants ou aux groupes minoritaires, comme les Irlandais à Manchester ou les Polonais dans la Ruhr. Cette situation pourtant sera améliorée peu à peu, en particulier quand le paternalisme patronal, au Creusot par exemple, lancera les cités ouvrières et les soins médicaux[2].

1. L'asile pour pauvres rend néanmoins d'incontestables services : voir R. Marx [293].
2. Cf. La mise au point d'E. J. Hobsbwam [172].

Souvent la ration alimentaire s'appauvrit qualitativement, sinon quantitativement avant 1850. En Angleterre et en France, où nous possédons des statistiques exploitables et des points de comparaisons, par les archives hospitalières notamment, avec la situation favorable du XVIIIe siècle, la nourriture ouvrière est à base de pain, de galettes, de pommes de terre, d'eau. Quelques œufs, un peu de poisson, surtout fumé. La nourriture animale, viande fraîche, lait, riche en protéines, fait presque toujours défaut, avec quelques progrès parfois dans les grandes villes. Les vieilles compensations rurales au déséquilibre, le fromage, les soupes, le beurre, régressent fortement elles aussi. Au total, une ration déséquilibrée à coup sûr. Il reste à démontrer avec plus de précision si, même en excluant le chômage et les crises, elle est suffisante en temps « normal[1] ». Dans ces conditions de malnutrition constante et de sous-nutrition périodique, aggravées par la fatigue et l'insuffisance du logement, le monde ouvrier est un monde très sensible aux maladies. Mortalité infantile énorme, si forte (jusqu'à 300 ‰) que souvent la statistique elle-même en est négligée; sensibilité extrême d'organismes affaiblis aux graves épidémies. Retours offensifs du choléra entre 1830 et 1855 sur toute l'Europe[2]. Maladies de travail, frappant particulièrement femmes et enfants : tuberculoses, surtout dans le textile, favorisées par la poussière et l'humidité (30 % meurent de maladies poitrinaires en 1844 à Derby); allergies et asthmes; scolioses des enfants et rachitisme; maladies intestinales; maladies de profession (avant la machine à vapeur et l'usine, la maladie des affûteurs est inconnue à Sheffield; en 1842, un affûteur sur deux a les poumons atteints à l'âge de trente ans, trois sur quatre à quarante ans et à cinquante ans tous les survivants sont atteints). En France, les conseils de révision sous la monarchie de Juillet écartent quatre conscrits sur dix dans les régions rurales, neuf sur dix dans les dix départements les plus industrialisés. En 1878, la *British Association* révèle par une enquête

1. Voir J. Lown [240] et G. Noiriel [242].
2. Voir P. Bourdelais et J.-Y. Raulot, *Une peur bleue. Histoire du choléra en France (1832-1854)*, Payot, 1987.

anthropométrique que les garçons de onze-douze ans en milieu ouvrier ont une taille inférieure de 12 cm à ceux des bourgeoises et aristocratiques *publics schools*. Livré à l'hôpital-mouroir, aux charlatans divers, parfois drogué [1], le monde ouvrier est souvent atteint dans sa chair par la révolution industrielle. « Vivre, pour lui, c'est ne pas mourir. »

Cette situation tragique d'un monde délibérément piétiné et mutilé émut les contemporains. Mais quelques industriels nièrent l'évidence. Ainsi, en 1836, Mimerel, de Lille écrit : « Le sort des ouvriers n'est pas mauvais : leur travail n'est pas excessif puisqu'il ne dépasse pas 13 heures... Celui qui est à plaindre, c'est le manufacturier dont les profits sont faibles [2]. » L'assistance, sous ses dehors humanitaires, n'allège guère l'exploitation. Les taxes pour les pauvres en Angleterre, les impôts municipaux en France, tous les dons aux œuvres religieuses de charité, d'éducation ou d'assistance, ne compensent pas les déséquilibres du marché du travail. Quelques manufacturiers autour d'Owen en Angleterre et des cotonniers mulhousiens en France tentèrent concrètement d'améliorer le sort de leurs ouvriers, en instituant une meilleure hygiène dans les ateliers, en développant un embryon de médecine du travail, en freinant l'exploitation des enfants et en construisant les premiers logements ouvriers décents. Mais la prise de conscience de la misère ouvrière fut plus souvent amorcée par les pouvoirs publics. En Angleterre, de multiples enquêtes parlementaires jusqu'en 1880 scrutent l'angoissant problème; quelques hauts personnages comme Disraëli, avec son roman *Sybil* paru en 1845, font part de leurs inquiétudes. En France, à l'initiative des Conseils généraux, des préfets ou de l'Académie des sciences morales, de grandes enquêtes sont menées sous la monarchie de Juillet, dont quelques-unes sont restées célèbres, comme celles de Villermé dans le Nord et l'Est et celle de Guépin à Nantes. Mais l'Etat, ainsi instruit, n'entend pas s'immiscer

1. Engels signale l'usage répandu du laudanum [214], p. 149.
2. Cité par E. Tersen, *Quarante-huit*, Club français du livre, 1957, p. 22.

dans le libre jeu du travail et de son exploitation. A la hâte, quelques lois, pas toujours appliquées, sont votées par les Parlements pour limiter les abus criants et éviter des explosions de colère ouvrière. En Grande-Bretagne, en 1819, limitation à neuf ans pour l'entrée dans les manufactures de coton, réduction de la journée de travail à 12 heures. En 1831, interdiction du travail de nuit jusqu'à dix-huit ans. En 1833, réduction à 48 heures par semaine du travail des enfants. Toutes furent peu appliquées. Un exemple révélateur : dès 1825, le principe de la fameuse « semaine anglaise » est adopté; il faut attendre 1890 pour qu'elle soit appliquée partout, grâce à la vigilance des *trade-unions*. En France, la loi Guizot de 1841 sur le travail des enfants n'est pas suivie et il faut attendre 1893 pour que la journée de 12 heures soit reconnue comme un maximum. Les réglementations, plus réfléchies, furent plus poussées et mieux appliquées aux Etats-Unis et en Prusse, tant que la main-d'œuvre manqua et que les crises ne sévirent guère. Partout, y compris en Russie et au Japon, réglementation généreuse et application douteuse. Il faut attendre les premières années du XXe siècle pour que l'Inspection du travail fonctionne tant bien que mal. L'Etat libéral, par-delà les régimes, libère le travail, contrôle l'agitation ouvrière et laisse le patronat agir très librement sur l'emploi et les salaires.

Cependant, une nette évolution est perceptible après 1850 dans la condition ouvrière. Les raisons en sont multiples : saturation du marché international, premières crises de surproduction, qui obligent à reconsidérer le problème de la consommation intérieure des masses, donc à augmenter les salaires pour maintenir productions et profits, avec passage progressif du capitalisme de l'investissement vers celui de la consommation; défense ouvrière, qui par son ampleur, peut résister victorieusement à la baisse des salaires; progrès tecnhique qui peut assouplir le régime intérieur de l'usine; progrès des communications, qui fait jouer à plein les « soupapes » de sûreté de l'émigration vers les pays neufs et décongestionne les centres ouvriers, tout en assurant une alimentation meilleure des villes. Il peut s'agir d'un sursaut de conscience de capitalistes convertis. L'amélioration est aussi surtout le résultat des conquêtes ouvrières et de la mise en place des mécanismes cumulatifs de croissance et de consommation. La paupérisation absolue prévue par Marx n'invervient pas. Amélioration lente, variable selon les métiers, sujette à des reculs avec les crises, toute relative eu égard au niveau très bas de départ. Sous le second Empire, les bastions de misère ouvrière sont solides, à Lyon, en Vendée, en Normandie, dans le Nord, surtout dans le textile : en 1870, à Lyon deux ouvrières ovalistes sur trois souffrent de maladie de poitrine; à Elbeuf, la journée de 14 heures est courante. Le profit industriel quadruple pendant la même période, tandis que le salaire ouvrier progresse à peine de 45 %. Mais l'horizon s'est éclairci.

Toujours relative, l'amélioration est cependant sensible. Salaires nominaux et réels progressent, les journées de 10 heures de travail sont moins rares, l'emploi des femmes et des enfants, en dehors du textile, moins répandu. La nourriture est plus variée, avec progrès de la viande et des produits maraîchers; le logement médiocre et cher des villes transformées n'est plus le taudis des années 1830. Le progrès général des dépôts de Caisses d'épargne témoigne d'une possibilité de prévoir l'avenir chez un bon nombre d'ouvriers. Mais les différenciations tendent à se mieux marquer : les salaires très bas croissent moins vite, avec le renouvellement de ces manœuvres assuré par le flot de ruraux déracinés qui arrivent en ville, que ceux des travailleurs plus qualifiés du haut de la hiérarchie. Le mouvement est double : progrès et diversification du monde ouvrier. Mais la prolétarisation guette : dans la masse hétérogène des débuts de la révolution industrielle, où se trouvent pêle-mêle ruraux ou semi-ruraux attirés par l'usine, artisans en crise, ouvriers, l'usine fait une sélection décisive. En France, le nombre de travailleurs de l'entreprise industrielle concentrée passe de 1 200 000 vers 1850 à 4 500 000 en 1910. Dans le même temps, les artisans ont décru en proportion exactement inverse, de 2 500 000 à 900 000.

Situation ultime, qui marque un achèvement de la révolution industrielle, avec un capitalisme qui a pu enfin s'intéresser à la consommation, hiérarchiser et gonfler l'emploi, jouir enfin de ses conquêtes techniques tout en maintenant ses inégalités sociales et en dédaignant les régions non industrialisées. La croissance est définitivement lancée. Mais ces progrès de la seconde moitié du siècle ne doivent pas faire oublier l'ampleur du sacrifice des années 1780-1850[1].

Elles ont eu une conséquence durable : la fermeture du monde ouvrier. Isolé dans la ville et le quartier industriel, isolé dans la société, les mentalités, la culture. Malgré quelques exemples, soigneusement exhibés par certaines associations anglaises, l'ascension sociale n'est pas encore pour lui. Les moyens de production restent solidement accrochés à quelques mains bourgeoises. Le secteur tertiaire en croissance recrute dans une masse de petite et moyenne bourgeoisie ou de paysannerie aisée ou ambitieuse, qui assimile à plein les possibilités qu'offre à la fin du siècle, en France et en Grande-Bretagne du moins, l'enseignement de masse. Les ouvriers, eux, se perpétuent, par « dynasties » renouvelées, plus que toute autre classe sociale. De plus, la révolution industrielle les a souvent dépouillés de leur ancienne originalité : loisirs inexistants, traditions de compagnonnage effacées, culture populaire urbaine menacée. Monde clos, en marge de la société, sans claire identité, le milieu ouvrier n'a d'autre ressource pour retrouver l'espoir et l'être que ses souffrances et, parfois, ses combats.

« Classes laborieuses, classes dangereuses ».

C'est ce lent cheminement qu'il nous faut décrire pour finir. Les nouveaux « Barbares » aux portes de la Cité passent à l'occasion de la rébellion à l'organisation, refusant un monde qui les exclut.

1. Dans l'euphorie des « sociétés de consommation » du XXe siècle, certains historiens ont cru devoir minimiser ce sacrifice et un vif débat a suivi, notamment, en Grande-Bretagne, entre R. M. Hartwell et E. J. Hobsbawm. Il est résumé par Cl. Fohlen [165], p. 122 s.

Ce milieu hétérogène, en voie de prolétarisation, enkysté dans la ville ancienne ou nouvelle, est très tôt perçu par les possédants comme un foyer de criminalité. La « classe laborieuse » devient « classe dangereuse »[1]. Masse des vagabonds, des nouveaux arrivés à la recherche d'un emploi, des indigents partiellement ou totalement secourus, des travailleurs « saisonniers » du bâtiment mal à l'aise dans ce milieu en mutation et facilement irritables; en temps normal, ils forment très probablement le tiers de la masse laborieuse et la proportion peut connaître une hausse soudaine avec le chômage de crise. Une vie familiale bousculée par les horaires de travail, la promiscuité, l'exemple malsain de l'atelier : enfants et femmes rudoyés, poussés à arrondir leur paye par un travail supplémentaire; hommes amers parfois contraints à rester au gîte, en reprisant les chaussettes, nous dit Engels, pendant que la femme et les enfants sont à la filature. La morale bourgeoise ne peut guère trouver son terrain d'élection dans la famille ouvrière. L'alcoolisme sévit, pour échapper aux paillasses nauséabondes et aux caves humides, pour retrouver euphoriquement quelques forces. Il est vraiment « le plus court chemin pour sortir de Manchester », de Mulhouse, de Krefeld ou de Pittsburgh. Il atteint indistinctement hommes et femmes et accélère la propagation des maladies. Aux émotions vertueuses des enquêteurs qui, comme Villermé, doivent s'affubler de vêtements ouvriers pour jeter un coup d'œil dans les « assommoirs » rougeoyants, Bernard Shaw répondra d'un mot, par un mot qui résume tout : « Le travail est la plaie des classes qui boivent. » La prostitution des filles et des femmes, souvent amorcée à l'atelier par quelque contremaître ou patron usant du droit du seigneur, devient une nécessité économique pour quelques familles. Occasionnelle ou régulière, elle est souvent présente dans la vie ouvrière avant 1860. Avec les maladies vénériennes, sa « traite des blanches » parfois organisée à la porte même de l'usine, sans compter ses « lorettes » qui réussissent à échapper à leur milieu, par des

1. Cf. L. Chevalier [177].

biais que la bourgeoisie, parce qu'elle y est mêlée, réprouve moins. Cet asservissement peut déboucher sur la révolte criminelle : enfants abandonnés, avortements douteux, assassinats de nouveau-nés qu'on ne veut pas livrer à la fabrique, suicides. S'organiser, avec des bandes, des vols et des agressions collectifs, avec des relents de justice sociale primitive qui ne dissimulent pas toujours les perversions caractérielles. Le Londres de Dickens et de Carlyle, le Paris de Balzac, d'Eugène Sue ou de Hugo secrètent ce monde ambivalent, terreur et fascination de la bourgeoisie qui scrute ses progrès et ses méfaits. Ville et ouvriers souvent malades, broyés, criminels à l'occasion.

Mais cette criminalité, si vigoureuse dans le Paris de la monarchie de Juillet, décline, change de caractère après 1850, car d'autres formes de révolte seront imposées. Révoltes primitives, pour desserrer le carcan ou se soustraire à l'inévitable. Révoltes plus dangereuses aussi pour l'ordre établi. Contre la « pègre », les Vidocq et leurs mouchards suffisaient. Désormais la répression sera militaire, une guerre de classe s'engage. Le « luddisme » en est l'expression la plus brutale. Dès 1780 les fileurs de coton du Lancashire avaient adressé des pétitions aux Communes pour obtenir l'interdiction des machines nouvelles et brisé certaines d'entre elles. Le mouvement s'était étendu au secteur lainier. La réplique gouvernementale fut vive et, dès 1795, Pitt a fait construire 155 casernes de cavalerie dans tous les centres industriels importants, tout en renouvelant les lois interdisant les « coalitions ». Car le bris de machine est souvent accompagné de grèves spontanées. Mais, disparate dans ses moyens, la protestation l'est aussi dans ses acteurs : ouvriers de manufactures se mêlent au gros des artisans privés de commandes accrochés à leur liberté apparente et appauvris. Avec les guerres, le Blocus et les difficultés, le mouvement prend son essor en 1811 : contre le manufacturier et le marchand, ouvriers et travailleurs à domicile s'unissent de nouveau. Dans le Nottinghamshire, les artisans-bonnetiers, obligés à louer un matériel nouveau coûteux, tenus par les manufacturiers, lancent une déclaration de guerre signée par le mythique « général

Ludd ». Ils brisent des centaines de métiers, saccagent les demeures des maîtres, gagnent des régions voisines. Il faut une intervention militaire vigoureuse pour les remettre à raison. Des membres de la *gentry*, des *farmers* eux aussi menacés avaient un moment sympathisé avec le mouvement. Le « luddisme », réflexe primitif, connaît des résurgences en période de difficulté, à Glasgow en 1816 en particulier, où il se combine avec une puissante grève contre les métiers nouveaux et le travail des femmes. Il perd toute efficacité à partir de 1825. Cette insurrection des pauvres a cependant durablement effrayé les possédants. Cette « conspiration » démontre que « le pays est miné sous nos pieds », affirme Walter Scott.

Dans le même temps, les mêmes irruptions de violences se sont produites en France, mais sans coordination ni extension comparables. Dès 1788 à Falaise, eurent lieu les premiers bris de machines. Ils se poursuivent pendant toute la Révolution et l'Empire, sporadiques, à Saint-Etienne, à Lille, à Roanne. Les manifestations les plus graves ont pour théâtre, entre 1819 et 1821, le Midi en crise : à Clermont-l'Hérault, à Mortagne, à Vienne, à Lyon, puis dans l'Aude et le Tarn, tous les centres lainiers refusent les « mécaniques ». Avant que quelques condamnations et des démonstrations de force ne rétablissent l'ordre.

Mais, plus souvent, la violence s'accompagne de la grève et même de la négociation entre le patron et des représentants ouvriers. Luddisme, sabotage (comme ce mouvement du « *plug got* » amorcé par les mineurs en grève du Staffordshire en 1842 qui arrachaient les fusibles des chaudières), grandes émeutes incontrôlées comme celle des tisserands silésiens qui en 1844 refusent eux aussi les métiers mécaniques, surgissent dans toutes les zones industrielles. Mal coordonnés, ces mouvements sont vite réprimés au prix de quelques concessions. Mais le premier mouvement insurrectionnel surgit en 1831 à Lyon. Ici, pas de violence sur les machines : c'est l'ensemble du système qui est attaqué. Réduits à la misère par la crise, les 9 000 compagnons-canuts, dominés par les maîtres-tisserands et les

750 « soyeux », ces industriels et commerçants qui distribuent le travail à façon et fixent les salaires, se sont regroupés en une association de secours, le *Devoir mutuel*. Par son intermédiaire, et sous l'œil bienveillant du préfet, ils négocient l'élaboration d'un tarif minimal avec leurs employeurs. Lorsque nombre de ces derniers refusèrent de l'appliquer, l'insurrection éclata et, drapeaux noirs au vent, la Croix-Rousse s'empara de Lyon. La reprise en main de la ville par le maréchal Soult et 26 000 hommes, les condamnations, les 10 000 expulsions consacrent la défaite des canuts. Mais l'exemple est formidable : par leur sacrifice, ils ont démontré l'éveil d'une masse ouvrière qui a choisi la négociation et l'organisation, prouvé la valeur de l'opposition de classe, force contre force. « Cette armée de spectres à demi consumés par la faim, courant sur la mitraille pour mourir au moins d'un seul coup », décrite par Blanqui, débouche sur un espoir.

Mais l'éveil de la conscience ouvrière est inégal et lent. En Grande-Bretagne et aux Etats-Unis, l'ardeur ouvrière peut nourrir un temps les déviations des sectes religieuses. Les « dissidents » l'emportent vers 1850 dans toutes les villes et régions industrielles, face à une Eglise anglicane à usage des classes moyennes et supérieures. Chaque période de crise économique et sociale amène de nouveaux convertis aux sectes, au moment où, parallèlement, les immigrés irlandais donnent au catholicisme un visage plus dynamique. Plus la population industrielle est récente, plus la piété individuelle peut avoir des chances de l'emporter. En revanche, dans les vieux milieux d'artisans aguerris, le radicalisme et le laïcisme l'emportent. Baptistes, wesleyens, méthodistes primitifs recrutent dans le monde nouveau et déraciné de l'usine : ce lieu infernal suscite des âmes ardentes, toutes tournées vers leur salut personnel, à l'aise dans une religion communautaire et rude d'où les patrons sont exclus. Souvent, des Primitifs donnent les premiers militants du syndicalisme : le salut passe par la justice collective, à grand renfort d'argumentations bibliques. Du non-conformisme religieux au non-conformisme social et politique, le chemin est difficile, mais beaucoup de travailleurs le suivront[1].

Imprégné de religiosité, le mouvement ouvrier des révoltes primitives est tout aussi mal à l'aise dans le cadre des anciennes associations issues du Moyen Age, Ainsi, en France, le compagnonnage s'affaiblit souvent devant les progrès de l'industrialisation. Ces sociétés secrètes, avec leurs rites et leur solidarité, leur organisation et leur encadrement quasi militaires des adhérents, ont fourni des militants, des idéaux et des méthodes : le boycott, la grève, la caisse de solidarité, le sens de la fidélité et la conscience collective. Mais le mouvement est divisé en sociétés rivales. Utile pour des artisans désireux de se perfectionner dans leur métier par un tour de France ou d'Europe, il s'adapte très mal au monde de l'usine; ses secrets, ses cérémonies désuètes ne sont plus admis. Face à l'usine, il fallait trouver autre chose que des « Mères », des « rouleurs » et de vieilles rivalités. Au long du XIXe siècle, les anciens qui ont réussi, c'est-à-dire les patrons, prennent les rênes du mouvement, qui, au nom du travail bien fait, se replie sur le culte des grandes heures passées.

Dernière tentation : l'action politique. En France, en présence d'une bourgeoisie vite maîtresse de ses destinées et d'un suffrage universel qui joue, après 1848, en faveur des paysans et des notables, elle est assez faible. Et les espoirs d'une république des ouvriers et des paysans sont ruinés en juin 1848. Aux Etats-Unis, l'égalitarisme de la société la rend moins indispensable. En Grande-Bretagne, par contre, où la bourgeoisie radicale doit disputer le pouvoir à la *gentry*, une action politique ouvrière rentable semble possible. Dès 1836, la *Working Men's Association* fondée par Lovett associe revendications politiques et professionnelles. Relayée par la *National Charter Association* du tonitruant Irlandais O'Connor et du pasteur méthodiste Steffens en 1842, l'agitation débouche sur la lutte pour la « Charte du peuple », le suffrage universel et l'indemnité parlementaire, avec des équivoques de plus en plus marquées chez les dirigeants du mouvement. Tout

1. Cf. E. J. Hobsbawm [196], chap. 8.

échoue en 1848, après une répression très vive. Premier mouvement de masse de l'histoire contemporaine, et en ce sens symbolique, le chartisme a pressenti l'indispensable autonomie d'action de la classe ouvrière sans savoir épouser le rythme de la vie industrielle ni comprendre le désarroi et les aspirations des travailleurs de la fabrique. Avec ses nostalgies rurales (O'Connor rêve d'un retour à l'égalitarisme agraire), ses souvenirs de la tradition babouviste de la France révolutionnaire, il peut séduire une masse d'artisans conscients de leur prolétarisation inévitable, troubler un moment le jeu parlementaire britannique par l'irruption de sa violence, sans apporter de solutions concrètes au problème ouvrier dans son ensemble.

L'avenir appartient désormais aux actions spécifiquement ouvrières, dont les Anglais donnent les modèles. La coopérative fut une des plus efficaces. Contre la pratique patronale du salaire payé en partie par des bons échangeables contre des denrées alimentaires ou des produits de première nécessité dans un magasin contrôlé par le patron, et qui souvent débite des marchandises médiocres ou frelatées à prix élevés, contre les intermédiaires qui spéculent sur la faim ouvrière, les premières coopératives apparaissent dès 1815. En 1833, elles sont 400 environ : le mouvement a son journal, ses congrès annuels. En 1844, les tisserands de Rochdale ouvrent un magasin coopératif qui non seulement distribue à bon compte l'indispensable, mais répartit les bénéfices effectués entre tous les membres de l'association, au prorata de leurs achats. La formule complète de la coopérative est découverte : achat, transport et vente, sous contrôle des coopérateurs, avec profit raisonnable équitablement réparti. En 1880, près de 1 000 magasins coopératifs rassemblent 550 000 membres. De Grande-Bretagne, le mouvement gagna timidement la France, où des coopératives ouvrières s'installèrent dans le Midi, non seulement pour la vente des produits mais aussi, comme à Orb dans l'Hérault, pour la production industrielle, sans jamais atteindre des secteurs clés de l'industrie et du commerce. En Allemagne, par contre, le mouvement recontre un vif succès chez les petits agriculteurs soucieux de modernisation, avec les banques coopératives lancées par Reiffeisen.

Autre force d'avenir : le syndicalisme. Le patronat et les pouvoirs publics ne s'y trompèrent pas, qui inquiétèrent systématiquement les membres de ces organisations ouvrières. Son berceau est encore en Grande-Bretagne. Par les grèves et dans leurs prolongements, les premiers syndicats naissent avec la loi de 1825 autorisant l'association. Fileurs du Lancashire, mineurs du Northumberland sont les plus actifs. Après des échecs nombreux, Robert Owen, ce patron philanthrope passé au combat ouvrier, tente d'organiser une représentation nationale des métiers avec, en 1834, sa *Grand National Consolidated Trades' Union*, regroupant 500000 membres, pour obtenir la journée de 8 heures et agir par la grève générale. Durement déchiré par les rivalités de métiers, subissant le contrecoup de l'échec du chartisme, le mouvement périclite. Mais, en profondeur, la trame se tisse de nouveau, avec des *trade-unions* bien organisés, à cotisations très élevées (un shilling par semaine), regroupant une aristocratie ouvrière du salaire et de la culture, mais soucieux d'étendre leur action à l'ensemble du monde du travail. En 1843, naît le syndicat de la céramique, en 1845 celui des typographes et des verriers, puis des mécaniciens, qui compte 7000 membres en 1848. Chez ces derniers les syndicats locaux se réunissent en 1851, avec l'*Amalgamated Society of Engineers*, dont les statuts servent de modèle aux *trade-unions* futurs. En 1870, 375000 syndiqués sont rassemblés, agissant par une centrale de liaison qui fixe les objectifs généraux et contrôle les initiatives locales, le *London Trades' Council*. Négociations sur le salaire, la durée du travail, vote de lois protégeant les travailleurs, voilà leurs buts. Il ne s'agit pas de renverser le système capitaliste, mais d'y faire vivre la classe ouvrière dans des conditions acceptables.

Après les habituelles violences primitives, un syndicalisme se développe également aux Etats-Unis, sur le modèle anglais, coordonné par l'*American Federation of Labor* en 1885.

Ce syndicalisme adulte, efficace moyen de défense, est typiquement anglo-saxon. Les pays touchés depuis peu par la révolution industrielle, comme l'Allemagne ou l'Italie, ou à tradition révolutionnaire comme la France, connaissent des détours et des difficultés dans la voie de l'organisation ouvrière. En France, par exemple, l'action ouvrière s'est longtemps, sous la monarchie de Juillet, mêlée aux sociétés secrètes républicaines, menées par des bourgeois. La grève n'est tolérée qu'en 1864. Les sociétés de secours mutuel se sont multipliées après 1830, souvent à l'origine des grèves (porcelainiers de Limoges en 1833, mineurs en 1840), mais affaiblies par les rivalités internes. Cependant, elles rassemblent 300000 ouvriers en 1853, 800000 en 1869. Mais elles sont tolérées et finalement contrôlées par le pouvoir bonapartiste qui veut mener une politique « sociale ». Néanmoins, elles sont le lieu de formation des premiers militants syndicaux, le centre d'éducation des ouvriers, la défense efficace contre le chômage, la maladie, l'accident[1]. Les chambres syndicales du second Empire naissent dans leur ombre. Le syndicalisme sera reconnu tardivement, en 1884.

Dans cette organisation corporative, soucieuse d'assurer le minimum de dignité et d'aisance aux ouvriers, la conscience politique peut frayer sa voie. Avec difficulté cependant, car l'avenir est mal défini, les pressions des bourgeoisies réformatrices ou républicaines très fortes. Les plus acharnés à défendre leurs conditions de travail, comme ces mineurs de Carmaux décrits par R. Trempé, peuvent jusqu'en 1870 combattre le directeur de l'usine sans mettre en cause le principe de l'exploitation et élire des députés légitimistes[2]. La traduction politique du mécontentement ouvrier est difficile. Il faut un lent travail d'éducation, des luttes et des échecs pour que l'action politique autonome des ouvriers passe dans la réalité.

Car le socialisme reste très encombré de souvenirs révolutionnaires français, d'utopie chez Fourier, de nostalgies agrariennes, de rêves de conspirations et de coups de main décisifs chez Blanqui, de religiosité égalitaire chez les

1. Leur histoire, toutefois, est encore trop peu étudiée. Voir [205].
2. R. Trempé [192].

ouvriers anglais comme chez les révolutionnaires de 1848. Epure d'intellectuels venus de la bourgeoisie, il s'adapte mal à la réalité du travail. Deux voies se dégagent cependant. Avec Proudhon, le socialisme des producteurs, par la coopération et le communalisme : il guide l'action ouvrière jusqu'en 1870, car il représente bien l'idéal d'un monde où demeurent vivaces l'artisanat et la nostalgie politique de 1793. Avec Marx, dont le *Manifeste du parti communiste* de 1847 trouve une lente audience, le socialisme plus dialectique d'une affirmation de la lutte des classes et de la mission du prolétariat industriel. Mais les idées se clarifient lentement. Les proudhoniens peuvent se gauchir, comme Varlin en France, faire des sociétés ouvrières « les éléments naturels de l'édification sociale de l'avenir [1] ». Les marxiens se cantonner dans des spéculations théoriques qui, à des moments de tension et de lutte, imposent leur véracité. Brouillant la vision, les nostalgies « sans-culottes », blanquistes, anarchistes, si vivaces chez les producteurs qui s'estiment indépendants. Un socialisme autre, seule l'action ouvrière, taillant dans le fatras des vieilles théories, peut le bâtir, avec tout l'acquis de la mutualité et du syndicalisme. La constitution en 1864 de l'*Association internationale des travailleurs,* dirigée depuis Londres, avec des sections locales dans chaque pays industriel, traduit cette volonté. Malgré les tiraillements internes, les heurts entre « marxiens », « proudhoniens » et « bakouniniens », elle témoigne d'une solidarité ouvrière et de ses espoirs. En 1871, la Commune de Paris, qui surprend tous les théoriciens du socialisme, rappelle de son côté, malgré son échec et l'épuisement momentané du mouvement ouvrier qu'elle entraînera en France, le rôle déterminant des vieux métiers dans l'action révolutionnaire, le souci des anciens comme des nouveaux travailleurs de trouver, armes à la main, dans leur lutte, les formes renouvelées de leur destin et les moyens originaux de bâtir la République des prolétaires.

1864, 1871 : le tournant est net. Jusqu'alors, la misère et

1. Citation d'E. Varlin, article de *La Marseillaise,* 11 mars 1870. Cf. J. Rougerie, « Les sections françaises de l'Internationale des travailleurs », dans [199], p. 127.

la crise ponctuent les éveils de la combativité ouvrière, et le chartisme moribond trouvera ainsi de beaux sursauts. Après 1860, la crise périodique déclenche parfois la grève mais en cette phase ascendante de la croissance, le carcan se desserre, l'organisation se donne les moyens matériels de sa survie et de son implantation. Désormais, dans les pays touchés par la révolution industrielle, une tradition de luttes peut être assimilée et l'action ouvrière s'organiser. Partout, le monde entier prendre conscience de son rôle original. La révolution industrielle s'achève désormais partout où un mouvement ouvrier, quel qu'il soit, est capable de juger et de contester la société nouvelle qu'elle a créée.

6
Triomphe bourgeois

Par son isolement, par ses luttes, le monde ouvrier a une place bien originale dans la société industrielle. Mais le choc de l'industrialisation porta aussi sur tous les groupes sociaux de vieilles sociétés, disloquant et remodelant les rapports humains. Avec souvent plus de lenteurs, de nuances, de résistances aussi, que pour le nouveau monde de l'usine : les paysans, les classes moyennes en plein épanouissement sont indirectement les héritiers de la révolution industrielle, sans en prendre toujours une claire conscience. En revanche, assurées et satisfaites, du haut de leur capital et de ses vertus, des bourgeoisies multiformes étendent leur puissance.

Ruraux en attente.

Par leur nombre, leur poids politique, leur travail, les populations rurales peuvent longtemps faire illusion dans les sociétés touchées par la révolution industrielle. Mais l'irruption de l'industrie dans l'ensemble de la production les condamne à long terme à des mutations si profondes que les plus faibles n'y résisteront pas. L'impératif de la croissance sélectionne les régions, les activités et les hommes.

Nous avons déjà souligné la vigueur de l'essor urbain. Dès 1840-1850, selon les régions, les citadins l'ont emporté en poids économique, sinon en nombre, au Royaume-Uni et, vers 1900, en France et en Allemagne. Les pays neufs comme les Etats-Unis ou la Russie doivent étaler dans

TABLEAU 23

POURCENTAGE DE LA POPULATION AGRICOLE DANS LA POPULATION ACTIVE (1820-1910)

Années	*Grande-Bretagne*	*France*	*Allemagne*	*États-Unis*
1820	46	75	80	75
1850	22	64	65	65
1870	15	49	49	50
1910	6	42	18	33

l'espace un peuplement rural très lâche mais important, si bien que les villes y stagnent longtemps. Néanmoins les campagnes sont partout déjà sur la défensive face à la ville, ses puissances et ses attraits. Parfois aussi la masse de population rurale ne doit pas abuser, car elle est gonflée par nombre d'artisans (charrons, tailleurs, bourreliers, etc.), de travailleurs agricoles sans emploi, en cours de reconversion et condamnés au départ vers la ville à plus ou moins longue échéance. En fait, la population active agricole diminue généralement plus vite que la population rurale totale – sauf en France – et sa part dans le produit national baisse elle aussi rapidement. Le tableau 23 souligne la massivité du phénomène : l'agriculture retient trois actifs sur quatre vers 1820 en France, en Allemagne et aux Etats-Unis, un sur deux vers 1870. En Grande-Bretagne, un décalage de près d'un demi-siècle dans l'évolution semble préfigurer l'avenir des autres pays industriels : un emploi sur sept seulement revient à l'agriculture en 1870. En déclin pour le nombre des hommes et l'emploi, le monde rural l'est aussi pour la production de la richesse nationale. Vers 1880, dans les deux pays à la pointe de la révolution industrielle, la Grande-Bretagne et les Etats-Unis, le pourcentage du revenu agricole par rapport au revenu national d'ensemble est respectivement de 15 et 25 %. La France, qui avait longtemps misé sur les campagnes, et même pour lancer l'industrialisation, suit le même mouvement : non seulement la proportion d'agriculteurs diminue dans la population active totale, tout comme le revenu agricole par rapport au revenu national, mais encore le revenu individuel d'origine agricole baisse par comparaison avec le revenu national par tête de travailleur actif, à la différence des pays anglo-saxons ou de l'Allemagne. Ainsi, même dans un monde rural où la productivité a reçu le choc de l'industrialisation de manière très atténuée, le poids de l'agriculture s'atténue : elle fournit la moitié du revenu national vers 1840, 35 % en 1890, 20 % en 1920. La période décisive a été, bien entendu, celle où l'industrialisation a démarré, le second Empire : de 1850 à 1870, la valeur de la production agricole s'élève fortement de 5 à 7,5 milliards de francs, mais celle de la production industrielle s'élance de 4 à 12 milliards.

Si la tendance générale est claire, l'application concrète l'est beaucoup moins dans les différents pays. Des zones entières où le grand domaine l'emporte encore, où la libération personnelle des paysans n'intervient qu'après 1850, restent immobiles, tournant le dos au monde industriel : Europe centrale, Russie, Orient, Afrique. Parfois des démocraties rurales précoces, comme dans les pays scandinaves, peuvent créer un équilibre original et durable. Mais dans les pays qui connaissent une révolution industrielle profonde, le contrecoup est très inégalement ressenti. Le processus pouvait être amorcé dès le XVIe siècle, comme en Angleterre, où la disparition du « paysan » au sens français du terme est en cours avant la révolution industrielle[1]. Sur un terrain ainsi préparé, la spécialisation régionale, la liquidation des *yeomen* interviennent avant 1800, avec des oppositions entre l'Angleterre « noire » et l'Angleterre « verte », des antagonismes sociaux entre propriétaires et prolétaires agricoles. La révolution industrielle n'a fait qu'accélérer une évolution amorcée avant son apparition. Aux Etats-Unis par contre, la production agricole est précocement liée aux nécessités du marché national et international : avec sa mécanisation indispensable pour lutter contre l'espace et le manque de main-d'œuvre, sa sensibilité au mouvement des prix internationaux puisqu'elle vend ses forts excédents, ses possibilités

1. Cf. H. J. Habakkuk [57].

quasi illimitées d'extension vers l'ouest, la jeune agriculture américaine est, dès l'origine, partie prenante dans l'édification de la puissance économique. Elle n'a guère à transformer une tradition, elle doit simplement se soumettre aux impératifs du marché. En Allemagne enfin, l'adaptation du monde rural à la vivace industrialisation se fait dans des conditions relativement favorables : l'exode rural massif ne crée pas de déserts humains, car les natalités restent fortes partout; à l'est de l'Elbe, les grands propriétaires fonciers vendeurs de céréales maintiennent leur domination et parviennent à ne pas se faire évincer par les bourgeoisies dans la vie politique du Reich bismarckien; à l'ouest, les riches terres des Börde passent à l'agriculture spéculative, tandis que la diffusion du crédit par les coopératives Reiffeisen et d'autres associations agricoles puissantes permet aux moyens propriétaires de répondre aux exigences du marché. L'agriculture allemande s'adapte précocement et sans drame humain trop grave aux nécessités de l'âge industriel.

Examinons plus attentivement l'exemple français. Il est significatif car il concerne une vieille société rurale, hiérarchisée, avec de grandes variantes régionales. Le poids de l'agriculture y reste longtemps plus lourd que dans d'autres pays industriels, ce qui rend la pénétration du capitalisme difficile et lente. L'héritage de la Révolution de 1789 hypothèque tout le siècle avec le développement par la vente des biens nationaux d'une classe de paysans-propriétaires petite et moyenne, une masse de prolétaires ruraux longtemps sauvée du désastre par quelque lopin minuscule qui fournit l'appoint indispensable, une grande propriété moins importante qu'en Angleterre ou en Allemagne. Politiquement, l'instauration du suffrage universel rend en outre les paysans arbitres de la vie politique parlementaire ou plébiscitaire : le bonapartisme et la IIIe République vivent les yeux fixés sur eux. A la fin du siècle, l'idéologie ruraliste imprègne, avec le protectionnisme et les prudences du « système » Méline, l'ensemble de la vie politique française. Malgré ces puissants facteurs de résistance, ce monde néanmoins s'insère peu à peu dans l'âge industriel sans que les populations rurales elles-mêmes en prennent toujours conscience.

Certes, vers 1890, les écarts dans les structures agricoles s'atténuent, la moyenne propriété l'emporte partout, les régions maintiennent leur autonomie de production en consentant à commercialiser une partie de leurs récoltes. Pourtant les disparités demeurent très fortes. La proximité des centres urbains et industriels, la présence d'un axe de circulation, voie ferrée particulièrement, l'action pionnière de quelques grands propriétaires, le manque de main-d'œuvre, ont souvent fait basculer une région vers l'agriculture modernisée. Dès 1852, le produit à l'hectare dépassait 300 F dans le Nord et la Seine-et-Oise, alors qu'il piétinait vers 50 F dans les Landes, la Lozère ou les Basses-Alpes[1]. Or, au début du XIXe siècle, les écarts étaient plus faibles et les départements du sud de la Loire avaient été vantés pour leur richesse par tous les voyageurs de l'époque révolutionnaire, comme A. Young. En même temps, ce sont les régions les plus rentables qui ont subi vers le milieu du siècle l'exode rural déjà le plus vif. Les vieilles sociétés autarciques se maintiennent, mais dans la stagnation. Puis, pendant la seconde moitié du siècle, même si l'intervention de l'Etat modifie les données du problème, l'évolution est claire. Le nombre des exploitations peut augmenter, par un phénomène exceptionnel dans un pays industriel, mais les écarts s'accroissent. Seule l'agriculture du nord du Bassin parisien et de la vallée du Rhône joue résolument sur l'échange. Elle bénéficie du réseau de voies ferrées le plus rapide et le plus cohérent; les capitaux bancaires venus de la ville ne lui font pas défaut; les associations paysannes de défense, bien qu'elles soient politiquement antagonistes parfois, favorisent les pressions sur le pouvoir et arrachent des tarifs qui permettent aux gros exploitants de choisir en toute sécurité les cultures les plus rentables; le manque de main-d'œuvre, un exode rural massif dans le Bassin parisien dès 1830, ont imposé la

1. Cf. M. Pautard, *Les Disparités régionales dans la croissance de l'agriculture française,* Gautier-Villard, 1965 et B. Lepetit dans [356] sur la situation vers 1830.

mécanisation; la baisse séculaire des prix est moins perceptible, car les producteurs se rattrapent sur les quantités produites et les interventions d'Etat. L'entreprise agricole nouvelle, celle qui rentabilise le travail, qui mise sur le capital d'exploitation plus que sur le capital foncier, qui approvisionne directement le marché urbain, s'est imposée dans les régions où l'acheminement des produits vers les villes était favorisé par la révolution ferroviaire, où la faible pression démographique réalisée par un exode rural précoce ou par une généralisation du travail de paysans-ouvriers permettait de laisser aux grandes propriétés mécanisées toute liberté, où enfin le réseau des banques modernes et les associations coopératives paysannes étaient le plus denses.

Ailleurs, c'est l'appauvrissement humain et économique, l'exode rural sans libération de capital foncier, l'allégement humain sans spécialisation économique des derniers survivants. Le dynamisme démographique s'est ralenti : en vendant quelques productions, en conservant jalousement le patrimoine familial, une exploitation en polyculture peut survivre, à condition de ne pas morceler l'héritage et de ne pas augmenter le nombre des bouches qu'elle doit nourrir. Mais le déclin est inévitable. Dans les Alpes, le Jura, le Midi viticole, l'Aquitaine, le Massif central, la Bretagne, la dépopulation « active », celle des personnes ayant déjà une activité professionnelle, le plus souvent artisanale ou agricole, se double d'une dépopulation autrement grave, celle des « non-actifs », des jeunes qui, qualifiés ou non, gagnent la ville. Or à la différence de régions comme la Picardie, où les départs massifs permettent une reconversion de l'activité entre quelques mains[1], ces zones du sud de la Loire ne restructurent pas la propriété du sol et son mode d'exploitation. Les émigrants laissent leurs terres en friche, l'exploitation familiale survivante n'a pas les moyens financiers de louer beaucoup de terres libres et d'envisager une spécialisation des productions. Ces campagnes s'enkystent dans une polyculture-élevage de subsis-

1. Cf. Ph. Pinchemel, *Structures sociales et Dépopulation rurale dans les campagnes picardes de 1836 à 1937*, A. Colin, 1957.

tance, faiblement entrouverte sur le marché urbain, protégée des attaques du monde industriel. Seules des régions à spécialisation nette, comme le Languedoc viticole, où la crise phylloxérique de la fin du siècle a accéléré le processus, se maintiennent, mais grâce à un puissant mouvement coopératif et à l'abandon du secteur le plus rentable, celui du vignoble de plaine côtière, aux sociétés industrielles ou au capital des rentiers urbains[1].

Il faut donc se garder de toute généralisation hâtive. La révolution industrielle ne conquiert pas les campagnes par les méthodes qu'on pourrait *a priori* imaginer : le facteur technique est nettement second, sauf aux Etats-Unis, puisque ce sont les régions déjà favorisées sur le marché qui ont le monopole de l'innovation dans le matériel et les méthodes, et que l'étalement de la révolution technique dans les campagnes n'interviendra, en plein XXe siècle seulement, qu'avec la motorisation légère. Par contre, la situation dans le marché, les moyens de circulation, l'alimentation en capitaux sont les phénomènes déterminants dès le départ, ce qui est logique dans une économie qui passe insensiblement sous la loi de l'offre et de la demande. Seules des régions qui ont sélectionné leurs produits, valorisé leur capital d'exploitation, répondu à un appel du marché, exploité rationnellement le travail pourront accroître ensuite leur avance et leurs capacités de production par le progrès technique qui, d'ailleurs, ne s'adapte bien qu'à elles. S'annonce alors un processus cumulatif qui accroît leur avance et, par contrecoup, appauvrit les régions délaissées.

Il serait hors de notre propos d'analyser en détail les conséquences sociales que cette sélection entraîne dans les campagnes. Celles-ci demeurent souvent peu conscientes des nouveautés, entretiennent de vieilles méfiances envers les villes dominatrices. Les sacrifiés des campagnes, ces artisans, ces manouvriers, ces petits propriétaires, ces jeunes, nous les retrouvons en ville, plus ou moins vite adaptés à leur nouveau travail et à leur vie urbaine, amers

1. Voir R. Pech, *Entreprise viticole et Capitalisme en Languedoc*, Publications de l'université de Toulouse-Le Mirail, 1975.

ou nostalgiques, happés par un monde industriel qu'ils connaissent mal et auquel leurs enfants n'échapperont guère. Touchés également, ceux qui tentent la grande aventure de l'exil vers un pays neuf, les Etats-Unis, l'Amérique du Sud ou les terres australes : Irlandais échappant à la famine de 1846, Allemands de Bavière ou de Saxe, Italiens du Sud, tous ces émigrants sont les victimes de la révolution industrielle. Longtemps hésitants enfin, les migrants saisonniers des campagnes françaises, venus à Paris ou à Lyon du fond de leur Limousin ou de leur Savoie, rapportant à la terre le produit de leur travail en ville : à la fin du siècle, les migrations se spécialisent dans quelques métiers du bâtiment, mais les départs définitifs l'emportent désormais. La migration saisonnière, cette longue forme de résistance à la misère rurale, dérive inexorablement vers l'exode rural le plus banal.

Parfois, des vaincus se rebellent. Les campagnes anglaises connaissent une vive agitation révolutionnaire vers 1830, dans les zones céréalières du Sud-Est où l'exode vers les centres industriels du Centre et de l'Ouest se fait encore malaisément. Ces campagnes surchargées, où les bas salaires des ouvriers agricoles subissent la crise et où l'introduction des « mécaniques » annonce de futurs chômages, s'enflamment : les pauvres secourus par les paroisses (40 % de la population totale dans certaines régions du Kent), artisans menacés, ouvriers agricoles, brisent et brûlent, avant d'être brutalement dispersés. Jusqu'en 1850, ces campagnes connaissent des sursauts de révolte[1]. Vers 1890, aux Etats-Unis, les *farmers* s'insurgent contre les baisses des prix agricoles, les tarifs de stockage trop élevés exigés par les compagnies ferroviaires, les crises. Ils demandent le retour à un gouvernement populaire qui abattrait la puissance de *Wall Street,* de ses banquiers et de ses industriels. Sans succès. Jamais ils ne parviennent à se joindre aux ouvriers, et l'agitation se résorbe après 1897 lorsque interviennent des relèvements de prix. Mais ces exemples sont révélateurs : des révoltes primitives, fréquentes encore dans les pays non industrialisés, certains paysans passent à une

1. Cf. E. J. Hobsbawm [58].

lutte plus organisée, plus consciente des liens qui unissent le capitalisme industriel et l'agriculture en difficulté[1].

Mais leur lutte collective ne prend jamais une grande ampleur, car l'échappatoire individuelle est toujours possible par l'exode rural. Le puissant attrait de la ville désamorce la prise de conscience collective. Le monde rural est livré pour longtemps au jeu des intérêts et des flatteries électorales moralisantes. La révolution agricole avait été une précondition au démarrage de la révolution industrielle. Des quelques régions pionnières du début, elle s'étend pendant le XIXe siècle aux limites du marché national. L'essor urbain, la diffusion des objets manufacturés, l'organisation du réseau de circulation et de crédit, tout part du capitalisme industriel et financier. Malgré des résistances profondes et durables, malgré tant d'isolements régionaux, les campagnes sont moins que jamais un milieu de vie homogène. Jetées dans le monde du capital et du travail, elles connaissent de profondes mutations qui y raffermissent les vieilles oppositions. Quelques aristocrates liés à la finance, quelques gros propriétaires, des paysans moyens devenus entrepreneurs, qui ont su s'adapter au marché et spécialiser leurs productions, tous ces agrariens triomphent. Les autres, plus nombreux, sont cantonnés dans leur misère ou leur gêne étouffées, parfois jetés vers la ville ou condamnés à l'exil. Sélection individuelle par la possession des capitaux et l'adaptation aux lois du marché, sans bouleversement de la propriété du sol, hiérarchie régionale qui concentre les activités rentables dans les zones où les coûts de production peuvent être abaissés et les profits renforcés, réorganisation de l'exploitation du travail salarié, élimination des faibles : ce processus est amorcé dans toutes les campagnes des pays qui ont connu une révolution industrielle, avec une infinité de résistances et de nuances régionales.

1. Pour la France, voir Ph. Gratton, *Les Luttes de classes dans les campagnes,* Ed. Anthropos, 1971. Mais ces mouvements ont peu d'avenir.

Essor des « tertiaires ».

L'essor des productions et la division du travail industriel rendent indispensables la croissance et la spécialisation des services. Il faut apprendre à répartir après avoir produit : tout un secteur, le « tertiaire » des économistes du XXe siècle, donne l'armature de services indispensables à l'écoulement et au renouvellement des produits industriels. Sa croissance est spectaculaire, dans le dernier tiers du XIXe siècle surtout, pour les commerçants, les transporteurs et les employés. En France, ces derniers passent de 770000 en 1876 à 1800000 en 1911 et représentent la catégorie socio-professionnelle à développement le plus vif. Secteur d'avenir, son démarrage est brutal dès que la révolution industrielle est bien installée. Socialement, ses membres s'insèrent dans ces « couches nouvelles » de la petite et moyenne bourgeoisie. Certains peuvent s'échapper et, au prix de beaux efforts, passer au rang de la haute bourgeoisie gestionnaire ou créatrice. Pour la majorité cependant, le statut de « cadres » ou « d'employés » est solidement fixé dans la hiérarchie sociale, sans grandes possibilités d'ascension. Cette classe moyenne de gestionnaires profite des miettes de la richesse. Le rentier modeste entre parfaitement dans son cadre. Sans contact direct avec le travail productif, sans contrôle sur les moyens de production, elle gonfle au gré des nécessités de la croissance et de la complexité de la vie des entreprises privées ou publiques. Mais son travail, salarié ou non, est de plus en plus nécessaire. Elle en prend conscience et joue vers 1900 un rôle fort important dans la vie politique des pays industriels[1].

Premiers intermédiaires, indispensables, les commerçants[2]. Pendant la première moitié du siècle, leur rôle

1. Voir G. Lavau, G. Grunberg, N. Mayer, *L'Univers politique des classes moyennes,* Presses de la FNSP, 1983, 1re partie.
2. Nous suivons Cl. Fohlen et F. Bédarida [166]. Sur leur histoire trop négligée, voir l'esquisse de M. Jullian et Ch. Meyer, *Histoire de France des commerçants,* R. Laffont, 1983.

n'évolue guère, car le commerce itinérant des colporteurs subsiste. « Gens de Manchester » écoulant au hasard des rencontres les textiles, la quincaillerie, sillonnant les routes du Royaume-Uni, « Ecossais » vendeurs de cheviotte, multiples vendeurs des campagnes françaises. L'approvisionnement se fait souvent au centre industriel, puis la vente, lente mais quasi assurée, se dilue au gré des tournées dans les semaines qui suivent. Le grand lieu de renouvellement des stocks est cependant encore la foire locale. Quelques-unes ont une audience internationale, à Beaucaire, à Leipzig, à Nijni-Novgorod. Mais, dès 1820, en Grande-Bretagne, ce type d'activité est ralenti. Le gonflement de la production par la révolution industrielle bouleverse toutes les habitudes commerciales. Les halles, comme celles des toiles et du coton à Rouen, où se négociait la vente des produits des manufactures voisines, ne suffisent plus : risques de vols, énormes manutentions. Pour réduire les coûts, l'habitude se crée de prendre directement livraison d'un produit à l'usine. Les dépôts locaux sont supprimés et les commandes se passent sur catalogue. Des bourses de marchandises, aux mécanismes empruntés aux jeunes bourses de valeurs, se développent : à Liverpool ou à La Nouvelle-Orléans pour le coton, à Winnipeg et à Melbourne pour le blé, à Londres et à Hambourg pour le café, à Amsterdam pour les « épices », dans toutes les grandes places internationales du marché des capitaux pour les produits industriels. Ces grands marchés, indifféremment situés sur le lieu de la production, de la consommation ou du crédit, donnent les cours mondiaux du produit, établis sur les indications de multiples courtiers. Puis l'acheminement de la marchandise est contrôlé par des « commissionnaires » ou « grossistes » qui revendent aux détaillants. Ainsi, du producteur au consommateur, un circuit de distribution hiérarchisé et complexe, destiné à répartir correctement le produit et à créer de nouveaux bénéfices, fixe le prix de vente et assure une ventilation de la production en fonction des impératifs internationaux du profit. Après 1850, la révolution ferroviaire permet d'étendre le système à l'ensemble du marché tout en réduisant les stocks de départ et en accélérant l'écoulement de la production, ce qui rentabilise le capital engagé et allège les amortissements en matériel. Parfois, pour s'adresser directement à sa clientèle, l'industriel engage des voyageurs et des représentants de commerce. Le client passe commande sur échantillon, ce qui diminue les risques latents de surproduction. La pratique naît en Angleterre dès la fin du XVIIIe siècle et se généralise avant 1850. Le commis-voyageur, volubile, acharné, sautant de diligence en coches d'eau, puis familier des chemins de fer, devient un personnage important de la vie provinciale, immortalisé par *L'Illustre Gaudissart* de Balzac. Mais après 1850, la tentative échoue. Le représentant triomphe, qui se contente d'harmoniser les rapports entre le producteur et les marchands en gros. Ces derniers peuvent d'ailleurs à leur tour faire visiter les détaillants par des voyageurs devenus des employés comme d'autres. Le circuit se perfectionne, mais jamais son bien-fondé ne peut être contesté. Entre la marchandise et son consommateur, un profit supplémentaire est perçu. Si bien que le client n'est guère en relation qu'avec le commerçant détaillant, lui aussi souvent concurrencé par les grosses maisons qui tiennent les prix. En dehors des artisans traditionnels, comme les boulangers, les bouchers, les horlogers, les boutiques de détail étaient peu nombreuses avant l'âge industriel. Elles se multiplient, en ville d'abord, puis dans les campagnes, répandant les marchandises les plus variées et achevant d'éliminer les derniers colporteurs. Pour l'habillement et les étoffes, leur suprématie est quasi absolue après 1860. Pour l'alimentation, les concurrences des marchés hebdomadaires ou bi-hebdomadaires dans les petites villes est très forte, avec vente directe des denrées par les paysans du voisinage. Seul l'épicier, au moment où la consommation de sucre et de café augmente partout, est vraiment individualisé et indispensable.

Ce secteur commercial en pleine mutation est souvent rentable. A preuve, la naissance du grand magasin, qui copie l'efficacité de la concentration industrielle, se soumet aux impératifs du rendement, et passe parfois sous contrôle des grandes banques. En groupant tous les produits dans des rayons spécialisés, en lançant des succursales, en profitant de rabais importants à l'achat chez le grossiste ou l'industriel, en abaissant les prix de détail, il porte une rude concurrence au commerce familial ou individuel de la boutique, dans une lutte dont les épisodes ont été décrits par Zola dans *Au Bonheur des Dames*. Mais le phénomène reste encore marginal vers 1880, ne touche guère que quelques très grandes villes de Grande-Bretagne et de France[1].

Gardons-nous d'appliquer au XIXe siècle nos difficultés du XXe. La révolution commerciale, liée à la révolution industrielle, consiste d'abord dans la création d'un circuit complexe entre le produit et son acheteur, dans la multiplication surtout en ville des points de vente par un commerce de détail dans l'ensemble très prospère. Mais après 1850 seulement, lorsque le capitalisme industriel peut miser davantage sur la consommation du marché intérieur. Jusqu'au dernier revendeur, jusqu'au panier de la ménagère, les mécanismes fondamentaux de la croissance et du profit peuvent avoir leur application. Désormais, les emplois commerciaux, ceux des patrons-détaillants comme des employés de boutique ou de grand magasin, sont en pleine expansion. Ainsi en France, vers 1880, les commerces d'alimentation emploient plus de 500000 personnes, les débits de boisson plus de 150000... : les chiffres ont triplé en vingt-cinq ans. Dans le domaine commercial, la révolution industrielle, incontestablement, crée des emplois nouveaux.

A ceux qui distribuent, s'ajoutent ceux qui gèrent ou qui offrent des services qualifiés, qui par leur culture universitaire ont acquis les capacités nécessaires. C'est ainsi que les vieilles professions libérales ou les emplois de fonctionnaires s'élargissent et s'insèrent plus activement dans la société nouvelle. Dans les professions judiciaires par exemple, les magistrats n'évoluent guère, et restent un peu effrayés par les nouveautés. Ils sont recrutés souvent dans les milieux de la noblesse en déclin qui trouve là un refuge honorable, plus rarement dans ceux de la grande bourgeoisie, quelquefois des classes moyennes. L'avenir appartient

1. Voir M.B. Millor [241] et F. Faraut [229].

aux conseillers juridiques des firmes industrielles, habiles à exploiter le maquis des procédures, et surtout aux avocats, techniciens de la parole, omniprésents, assurant les rencontres et les influences, peuplant tous les partis politiques et tous les parlements européens. Les plus influents, spécialisés dans les procès d'affaires, peuvent s'élever par le mariage, les relations ou la politique, jusqu'à la haute bourgeoisie qui les accueille volontiers. Moins tapageuse, mais plus profonde est l'influence des membres des professions médicales. Dans un monde où la santé devient un thème de préoccupations individuelles, où les mortalités baissent, la pratique médicale a un terrain de développement particulièrement favorable. Bien sûr, ouvriers et paysans échapperont longtemps au contrôle médical périodique, malgré de beaux dévouements individuels de médecins « sociaux » qui jouent modestement leur rôle dans la diffusion du progrès, comme le Bénassis du *Médecin de campagne* de Balzac. Mais, dans l'ensemble, le recours à l'homme de l'art est moins rare qu'auparavant, même si pour lui la vraie clientèle rentable reste la bourgeoisie et les classes moyennes urbaines. Face aux épidémies, comme le choléra qui ravage l'Europe de 1831 à 1848, il reste longtemps désarmé et livré aux expédients de l'hygiène élémentaire et de l'homéopathie, avant que les progrès de la microbiologie lancés par les découvertes de Pasteur ne lui donnent une gamme efficace de vaccins après 1870. Mais dans les tâches quotidiennes du « généraliste », les progrès sont évidents : l'auscultation est plus sûre depuis Laennec, l'étude des réflexes mieux menée, la gamme des médicaments s'étend. A la fin du siècle, le laboratoire et le microscope permettent de lancer une médecine expérimentale, fondée sur les examens scientifiques; la chimie, allemande surtout avec Bayer et Duisberg, lance une pharmacie industrielle des produits simples et efficaces, comme l'aspirine, découverte dès 1870. Pour le reste, une longue pratique, des remèdes simples et éprouvés, une hygiène honnête suffisent le plus souvent à guérir le malade. Dans la sphère médicale, les pharmaciens et les chirurgiens prospèrent eux aussi, avec des méthodes perfectionnées : les premiers passent de l'artisanat et l'herboristerie à une connaissance scientifique des remèdes chimiques, les seconds peuvent se lancer dans de spectaculaires opérations grâce à la morphine, les anesthésiques et la pratique de l'asepsie. Dans le domaine médical, la révolution industrielle permet de spectaculaires progrès pour tous. Mieux armé, le médecin devient un personnage aimé et respecté, toujours de bon conseil, qui peut éventuellement avoir une énorme influence sur le modelage des opinions publiques. Il est souvent l'organisateur de la vie politique, surtout en province[1].

Autre service essentiel, l'administration. Partout, elle gonfle ses effectifs, qui doublent entre 1840 et 1880 avec les progrès de la centralisation pour la France, la Grande-Bretagne ou l'Allemagne, avec ceux du fédéralisme aux Etats-Unis. Hauts fonctionnaires, ambassadeurs, conseillers, maîtres de requêtes, chefs des grands départements ministériels nommés par concours ou par « patronages » discrets, souvent très visiblement liés, par leur famille et leurs relations, au monde des affaires et de l'industrie, souvent actionnaires de grandes sociétés, ils sont intégrés à la haute bourgeoisie qu'ils servent sans défaillance, au travers des régimes et des équipes gouvernementales. Plus révélateur est le développement du personnel subalterne, receveurs, percepteurs, attachés de ministères, employés de bureaux, policiers, juges de paix, postiers souvent brocardés pour leur lenteur et leur goût de la paperasse, moins efficaces que les gestionnaires des firmes industrielles ou commerciales. Leur action n'est cependant pas négligeable. Leur persévérance, leur insertion dans tous les aspects de la vie quotidienne contribuent à modeler une société nouvelle, celle du contrôle, de la précision et de la hiérarchie, qui est fille de la révolution industrielle.

Mais la grande nouveauté consiste dans la diffusion du savoir. Des connaissances précises sont indispensables désormais pour maîtriser et faire progresser la technique, se mouvoir dans les procédures, postuler un emploi public ou privé, ou simplement connaître le maniement de l'ar-

1. Voir pour la France, J. Léonard, *La France médicale au XIXe siècle*, Gallimard-Julliard, 1978 et [333].

gent et des objets mécanisés. Pour connaître, gérer, prévoir, c'est-à-dire pour s'adapter au monde nouveau, l'enseignement est indispensable. Son prestige est grand en ce monde de la confiance dans le progrès et la science. Dans tous les pays industriels un enseignement primaire est mis en place après 1850. Il doit donner aux enfants du peuple une instruction de base solide : écriture, calcul arithmétique simple, quelques « leçons de choses », enseignement religieux ou déiste, sens des vertus civiques. Programmes ambitieux, qui combinent à la fois la morale traditionnelle de soumission sociale à l'autorité et celle, plus laïque, du scientisme sommaire et de la foi dans le progrès. Quel que soit le modèle, anglo-saxon, prussien ou français, les buts sont les mêmes : permettre aux futurs citoyens d'accomplir leur devoir civique et militaire, prêcher l'ascension sociale individuelle, donner la formation minimale à la main-d'œuvre agricole ou industrielle. En France, avec une excellente formation des maîtres dans les Ecoles normales, un progrès net dans l'enracinement de l'institution scolaire depuis la loi Guizot de 1833 jusqu'à celles de J. Ferry entre 1881 et 1886, permet de dépasser ce stade primitif et d'accélérer, grâce à l'école et ses maîtres, l'adhésion à la République, sans pour autant révéler les rouages de l'économie nouvelle. Fait plus grave, l'enseignement primaire débouche rarement sur une formation professionnelle efficace, sauf en Allemagne. L'industrie n'a guère besoin encore de techniciens moyens ou supérieurs : la formation sur le tas suffit.

Par contre, les enseignements secondaires et supérieurs doivent former les futurs cadres de l'administration et de l'économie. Réservés aux bourgeois, malgré l'entrée en force des boursiers en France (qui s'orientent souvent vers l'administration où leur savoir risque moins de contrebalancer l'influence des classes dominantes), ils délivrent un enseignement humaniste et scientifique aux méthodes renouvelées et rigoureuses. Ils sont à peu près coupés des sources populaires : lycées français et *publics schools* britanniques ont des effectifs étonnamment stables après 1860, destinés à pérenniser les dominations en place. Les enseignants, parfois issus du peuple ou des classes moyennes, s'installent dans leur statut ambigu de semi-bourgeois; souvent gagnés aux idées humanitaires, ils consolident néanmoins inconsciemment un système qui leur offre ascension sociale et considération. Pour l'enseignement supérieur, les nuances sont plus fortes. En France, en dehors des grandes écoles scientifiques comme Polytechnique, Centrale ou les Mines qui fournissent les ingénieurs indispensables, la recherche scientifique universitaire reste confidentielle et sans lien concret avec l'industrie : signe évident d'une timidité du capitalisme français, plus rentier que technicien. Dans les pays anglo-saxons et germaniques, en revanche, les universités délivrent un enseignement plus efficace, en symbiose avec les laboratoires des entreprises chimiques, électriques ou métallurgiques. Parfois même le patronat y crée ses propres écoles de formation. Surtout, en dehors des grands « campus » anglo-saxons ou des vieilles universités allemandes, une foule d'instituts techniques donne à l'industrie les cadres qualifiés que réclame déjà la poussée technologique. Un réseau mondial de publications, de colloques, d'échanges diffuse les résultats de la recherche fondamentale. Les Français y font bonne figure à la fin du siècle, mais sans trouver un relais assez sûr pour l'application technique de leurs découvertes. Cependant, en Russie, en Allemagne, en Grande-Bretagne, aux Etats-Unis, recherche et industrie vivent en symbiose fructueuse.

Dans ce domaine encore, gardons-nous des anachronismes. Le chercheur, le technicien, l'ingénieur[1] ne sont pas aussi indispensables que de nos jours à la croissance industrielle. L'invention peut être encore largement empirique, une élite restreinte suffit à en diriger les applications concrètes. Seuls les pays en développement accéléré comme les Etats-Unis, l'Allemagne ou le Japon ont adapté d'entrée leur enseignement supérieur aux impératifs de la production. Partout ailleurs, ce n'est pas encore nécessaire. Il faut attendre l'âge de l'électricité et du moteur à explosion, vers 1910, pour que cette obligation soit nettement perçue. En 1880, un pays aussi industrialisé que la

1. Voir A. Thépot dir [248], pour la France.

Belgique n'utilise, charbonnages compris, que 368 ingénieurs et sous-ingénieurs. Son industrie textile, qui emploie 100000 personnes environ, en compte 13. Néanmoins, les pays industrialisés ont le pouvoir d'accélérer en cas de besoin la formation de leurs techniciens. Dans ce domaine, leur domination sur les autres pays devient écrasante : en Afrique, en Amérique latine, en Extrême-Orient, les ingénieurs européens ou américains du Nord lancent les ponts, les voies ferrées, les ports, pour le plus grand profit des économies dominantes. Utilisé ou non à plein, le potentiel scientifique et technique est un aspect essentiel de la maîtrise du capitalisme occidental sur le monde.

Commerçants, avocats, médecins, administrateurs, enseignants, techniciens : ces personnages clés assurent l'originalité et la puissance du nouveau secteur tertiaire en expansion. Mais leur activité nécessaire et fructueuse, qui s'épanouira au XXe siècle, ne doit pas faire oublier un personnage tout aussi révélateur, à peu près disparu de nos jours : le rentier. Il témoigne de l'extraordinaire pouvoir d'attraction et de diffusion du capital, de sa solidité. 368 ingénieurs en Belgique, mais plus de 50000 rentiers! Certes, la rente foncière séduit encore. C'est l'attrait du profit sûr, du placement solide, des tranquillités familiales bâties avec obstination et flair. Mais le capitalisme financier a su assurer sa relève. Paternellement conseillés par le notaire de la famille ou l'agent local de la grande banque de crédit, occupés à déchiffrer la presse financière et à découper les coupons de leurs titres, sursautant à la moindre agitation sociale, aux plus minimes grèves de dockers de Chang-Haï ou aux attroupements de moujiks, les rentiers constituent un monde clos, retranché jusqu'aux derniers chefs-lieux de canton en France, jusqu'aux fermes aisées parfois. Habilement flattés par les conseils d'administration qui gèrent les sociétés sans leur rendre des comptes trop précis, ils misent sur les entreprises sûres, aux capitaux garantis par les grands noms de la finance et de la politique. La rente ou l'emprunt d'Etat, l'obligation ferroviaire, l'investissement étranger rentable ont leur préférence. Car quelques expériences malheureuses de spéculations et de faillites les rendent prudents. Parfois un patrimoine immobilier urbain complète leur fortune. Ils sont déjà 170000 en Grande-Bretagne vers 1860, recrutant aussi chez les femmes célibataires et les veuves. En France, vers 1890, ils dépassent 500000. Cette petite bourgeoisie parcimonieuse, confiante dans la stabilité monétaire, vivant sans gêne du travail des autres, est le témoignage le plus sûr du triomphe capitaliste. Sans être vraiment les détenteurs et les maîtres du capital, ils en vivent avec ostentation. La révolution industrielle leur a livré le monde. Elle a réussi à les détourner en partie des vieilles nostalgies foncières.

La grande bourgeoisie.

Avec elle, nous arrivons au terme de notre quête : cette grande bourgeoisie bancaire et industrielle crée et maîtrise des moyens de production de plus en plus massifs. Elle a provoqué avec hardiesse la révolution industrielle et en recueille les avantages. Mais nous sommes encore mal armés pour la définir et analyser les mécanismes de sa domination : les archives familiales et plus encore celles des successions sont peu accessibles, les fortunes bien disséminées, les liaisons discrètes et sûres. Tentons néanmoins de dégager quelques-uns de ses traits essentiels.

Ses origines sont multiples. Elle se renouvelle par osmose constante avec la moyenne, la petite bourgeoisie, ou l'aristocratie ancienne. Jusqu'en 1848, A. Daumard a montré avec précision l'extraordinaire mobilité de la bourgeoisie parisienne, renouvelée par toutes les provinces françaises, rajeunie, pleine d'appétits, qui étend sa domination sur l'ensemble de l'économie française. Rien de figé, mais toujours en sens ascendant : la déchéance est rare, si le piétinement se prolonge souvent[1]. Cependant, malgré cette souplesse constante qui interdit de généraliser, nous

1. A. Daumard [251]. Sur la définition et la variété des bourgeoisies, voir J.-P. Chaline, « Qu'est-ce qu'un bourgeois? » *L'Histoire*, avril 1989, p. 38-45.

pouvons suivre sur quelques exemples les origines les plus courantes des grands bourgeois. Aux premiers temps de la révolution industrielle, quelques individus décidés, issus de milieux ruraux pauvres ou de l'artisanat, peuvent risquer l'aventure et y réussir. Ainsi, en Russie, quelques paysans libres, des serfs, des commerçants modestes se lancent dans la fabrication textile dans la région d'Ivanovo vers 1830, formant une bourgeoisie industrielle fort originale[1]. En Grande-Bretagne, la biographie de Richard Arkwright est édifiante : né en 1732 dans une famille pauvre, apprenti barbier, rien ne le prédispose au monde industriel. Il vend des perruques, parcourt les campagnes de la région de Bolton. Puis, flairant le gain possible, avec une belle hardiesse et quelque indélicatesse (il aurait « emprunté » l'idée de sa mécanique à un tisserand), il construit sommairement, avec la dot de sa femme, en 1768, sa première machine, emprunte les premiers capitaux, s'agrandit à Cromford en 1771. En 1779, il emploie trois cents ouvriers sur ses *water-frame*. Mi-ingénieur, mi-marchand, Arkwright est le pionnier que l'appât de l'argent transforme en industriel[2]. Les exemples individuels pourraient être multipliés : les *self made men* américains les porteront au niveau de la légende satisfaite. Moins étonnante est l'ascension d'artisans qualifiés. Telle la famille Krupp, dont la saga fit rêver des générations d'écoliers du Reich. Au XVIe siècle, l'ancêtre, Arndt, est déjà forgeron; en 1816, après un long hiatus, Friedrich produit son premier acier, des baïonnettes et des outils, mais meurt précocement en 1826 sans avoir pu percer les secrets des maîtres de forge anglais. Le jeune Alfred Krupp, avec une belle hardiesse, lance l'affaire familiale : au départ, 5 fondeurs et 2 forgerons. Dix ans plus tard, 50 ouvriers. Il voyage beaucoup, s'instruit, flaire les bonnes affaires. En difficulté vers 1848, il est remis en situation favorable après 1850 par la fourniture de matériel ferroviaire : la fabrication des bandages de roues des locomotives et des wagons lui permet de se

1. R. Portal [258].
2. Cf. P. Mantoux [291], p. 220 s.

lancer dans la fourniture d'armes, canons et fusils, qui acquièrent une audience internationale. Avec ses 6000 ouvriers, la firme est désormais appelée à une prodigieuse carrière. Mais dans une atmosphère de méticulosité maniaque imposée par Alfred Krupp, de régime policier dans les ateliers où les ouvriers peuvent lire l'homélie patronale partout affichée : « Le Bien de l'usine sera le Bien de tous. Dans ces conditions, travailler est une Bénédiction. Travailler est une prière[1]. » Sur un registre plus discret, Jean-François Cail, fils d'un charron des Deux-Sèvres, chaudronnier lui-même, lance une entreprise à Chaillot en 1836, après avoir accompli son tour de France. En 1860, il pourra livrer 80 locomotives par an. Mais l'artisan réussit surtout dans le textile et la métallurgie. Pour les industries nouvelles, comme l'électricité et la chimie, les techniciens sont mieux armés pour lancer des entreprises rentables et s'agglomérer à la haute bourgeoisie. Des dix frères Siemens d'une famille paysanne du Hanovre, seul Ernst émerge d'abord : engagé volontaire dans l'artillerie, il reçoit une bonne formation technique à Berlin, se spécialise dans la galvanoplastie et l'étude des isolants pour les lignes électriques. Avec l'aide financière de ses frères, il fonde en 1847 une usine d'appareils télégraphiques. Tout en continuant ses recherches et en les appliquant immédiatement dans ses usines, il équipe l'Allemagne, une partie de la Russie, de l'Amérique du Sud, rivalise victorieusement avec les Anglais. Des lignes électriques la firme passe aux productions de dynamos, d'ascenseurs, de tramways, d'aciers électriques, de fours à gazogène. L'empire Siemens, appuyé sur la technique familiale, s'étend au monde entier. De même, pour la chimie : un jeune savant, Justus Liebig, fait fortune dans la conserverie et devient baron d'Empire.

Mais ces ascensions individuelles ou familiales ne doivent pas faire illusion. Outre qu'elles postulent l'élimination des rivaux les plus proches, elles restent exceptionnelles. Le moyen le plus sûr pour se hisser au rang de grand

1. Cf. W. Manchester, *Les Armes des Krupp*, R. Laffont, 1970.

capitaine d'industrie, c'est la possession initiale d'un capital. Gros négociants, armateurs, banquiers deviennent plus aisément industriels pour peu qu'ils aient quelque hardiesse et le sens de l'utilisation des compétences de leurs subordonnés. En Grande-Bretagne nombre de commerçants coordonnent le travail des artisans villageois avant de monter pour leur propre compte des usines à vapeur. Ainsi, John Marshall, commerçant à Leeds, devient vers 1815 le plus gros producteur de toiles de lin du Royaume-Uni. Un peu plus tard en France, les Pereire sont un bon exemple de ces financiers-promoteurs. Deux jeunes israélites d'origine portugaise, Emile et Isaac Pereire, arrivent à Paris en 1822, boursicotent, s'entichent de saint-simonisme, publient quelques articles. Dès 1835, ils sont sur toutes les affaires nouvelles et particulièrement les chemins de fer. Avant le second Empire, ils rêvent d'une banque moderne. Sous Napoléon III leurs affaires s'étendent aux transports urbains et maritimes, au gaz, aux constructions de matériel ferroviaire; leurs ambitions sont aux dimensions de l'Europe, de la Russie à l'Espagne. Mais en 1867 la faillite du *Crédit Mobilier* les élimine des grandes entreprises. Ils représentent cette fièvre d'industrialisation accélérée qui saisit les capitalistes français du second Empire. Autrement puissants sont les Rothschild, bien que l'industrie naissante les déconcerte un peu. L'ancêtre, Amschel-Meyer, est « juif de Cour » et banquier du landgrave de Hesse à la fin du XVIIIe siècle. Avec ses fils, établis à Londres, Paris, Vienne, Francfort et Naples, il devient banquier de la coalition contre Napoléon. La seconde génération étend l'emprise de la banque familiale, par ses circulations de fonds et d'effets, ses spéculations, ses souscriptions aux emprunts d'Etats. En 1825, à Paris, James de Rothschild possède 37 millions, alors que le capital de la Banque de France s'élève à 60 millions! Banquiers de la Sainte-Alliance, arbitres de la vie mondaine, puissances déterminantes de la vie politique, personnages littéraires (comme dans *la Maison Nucingen* de Balzac), ils représentent le type achevé de la Haute Banque spécialisée dans les transactions commerciales et le prêt aux gouvernements. L'industrialisation les effraie quelque peu. A Londres, Salomon préfère les spéculations sur l'étranger, en Autriche, à Trieste, aux placements dans l'industrie anglaise. James, en France, se taille un empire ferroviaire sur le réseau du Nord dès 1845, presque à contrecœur, poussé par les initiatives des Pereire et de Talabot. Mais par le chemin de fer, l'intégration s'accélère dans le Nord sous le second Empire : constructions mécaniques de la société des Batignolles, canaux, charbonnages belges, sidérurgie franco-belge. La chute des Pereire le fortifie dans sa prudence. Le capitalisme saint-simonien, trop « démocratique », trop appuyé sur la masse des petits dépôts, lui répugne. Lentement Rothschild passe aux affaires industrielles par la participation sûre. En 1872, la fondation par Alphonse de Rothschild d'un vaste consortium des banquiers d'affaires, la *Banque de Paris et des Pays-Bas*, achève l'évolution : la vieille banque familiale se lance dans les fructueux bénéfices de l'investissement industriel.

Ces quelques exemples montrent la variété des possibilités d'ascension vers la haute bourgeoisie. Mais quelques familles privilégiées dès l'origine ou particulièrement chanceuses s'y épanouissent pleinement. La mobilité sociale semble plus réservée à la petite et la moyenne bourgeoisie en pleine effervescence. Dès que des masses de capitaux sont en jeu, dès que la Banque intervient, les freinages sont plus efficaces. Vers 1840, alors qu'A. Daumard décrit la vivacité et l'efficacité de la bourgeoisie parisienne, A.-J. Tudesq souligne la stabilité des structures sociales des administrateurs de la Banque de France : leur capitalisme financier, lié encore au revenu foncier et aux privilèges du financement de l'Etat, observe avec réticence l'industrialisation[1]. Le revenu passe avant l'économie. Ils laissent aux francs-tireurs issus de la moyenne bourgeoisie, aux maîtres de forge et aux commerçants entreprenants, le soin de démontrer la rentabilité de l'économie manufacturière.

1. A.-J. Tudesq, « La Banque de France au milieu du XIXe siècle », *RH*, oct-déc. 1961. Voir aussi A. Plessis [143], [144] et [145].

Mais lorsque, sous le second Empire particulièrement, les possibilités de bénéfices sans dangers se révèlent, alors les Mallet, les Hottinger, les Moreau, les Dellessert se lancent avec appétit dans le brassage des affaires, avec une prédilection pour les sociétés industrielles prospères. Solidement retranché sur ses acquis de la terre, du commerce international, du financement d'Etat, le capital bancaire n'a pas pris les risques initiaux. Mais, par sa puissance, il a repris en main un mouvement qu'il n'avait pas lancé et lui a donné ce caractère fiévreux, désordonné, brutal dans la période d'épanouissement de la révolution industrielle.

Cette grande bourgeoisie s'installe et domine. Cependant il faudrait pouvoir analyser concrètement son pouvoir, ou ses pouvoirs dans la nouvelle société. Malheureusement, son histoire est à peine amorcée. Pourtant, quelques jalons peuvent être posés, à partir de l'exemple français, aujourd'hui mieux connu que d'autres. Suivons l'application de cette loi des « trois pouvoirs » qu'a formulée Jean Lhomme dans un livre pionnier dont il faudrait appliquer les principes à l'étude d'autres bourgeoisies nationales[1].

La bourgeoisie d'entreprise combine inégalement trois pouvoirs qui s'étayent et se renforcent mutuellement. D'abord elle maîtrise le pouvoir *économique* en possédant ou en contrôlant des moyens modernes de production. Puis, la concentration des entreprises et des capitaux ne peut que renforcer son autorité. Elle offre à la majorité des rentiers ou des petits porteurs une part des profits. Qu'ils pataugent dans leurs placements de « père de famille », à coup de confiance aveugle dans la rente d'Etat, l'emprunt étranger ou les maisons solides! Quelques-uns plus hardis font même fortune, comme ce propriétaire de l'Hérault qui en cinq ans triple son capital dès qu'il s'intéresse aux placements industriels entre 1875 et 1880. Les grands bourgeois, eux, dirigent les affaires rentables et en prennent la majorité des profits. Par leur « portefeuille » d'abord, jalousement surveillé, transmis, mais arrondi, aux enfants. A condition de bien choisir ses placements : vers

1. [254].

1880, le textile rapporte 15 % l'an environ, mais la métallurgie facilement 35 %, la chimie parfois plus. Le capital de départ peut dans le plus mauvais cas doubler en cinq ou six ans, en pleine période de stabilité monétaire. Les principaux actionnaires touchent des dividendes normaux de leurs actions auxquels s'ajoutent de confortables parts de fondateur : au *Comptoir de l'industrie linière* par exemple, les quatre gérants fondateurs se sont réservé 40 % des bénéfices. L'écart est grand entre le petit bourgeois boutiquier ou rentier à 10000 F de rentes annuelles, et le gros actionnaire de la métallurgie à 100000 F. Adolphe Thiers, gros actionnaire des Mines d'Anzin, touche 20000 F par mois vers 1870, et peut doubler ce revenu déjà estimable par ses autres placements. Des participations du portefeuille initial, le grand bourgeois étend son activité à d'autres placements bancaires ou industriels. Le capital grossit de lui-même, au prix de quelques reports périodiques ou de quelques spéculations boursières bien méditées.

Ce pouvoir économique peut s'étendre tout naturellement au domaine *politique*. Avec d'infinies nuances. Dans les pays parvenus tardivement à la révolution industrielle, la grande bourgeoisie doit longtemps composer avec les aristocraties et les masses paysannes, qui représentent la persistance du système pré-industriel dans l'ensemble de l'économie. En Allemagne, en Italie, en Russie, au Japon, se constitue un bloc hétérogène où voisinent les agrariens et les représentants de l'industrie qui assure le pouvoir, mais où la vocation hégémonique du grand capital n'est pas immédiatement reconnue. Vers 1880, ces blocs se façonnent lentement. Mais leurs failles sont encore très évidentes. Avec l'âge impérialiste du début du XXe siècle, elles pourront s'élargir. Le capitalisme connaît alors dans ces pays une instabilité politique grave : après 1918, ces pays seront en proie à la révolution ou au fascisme témoignant ainsi qu'ils étaient les maillons faibles de la chaîne capitaliste. Le contrôle du pouvoir politique est fort utile pour cette grande bourgeoisie, sous peine de crises sociales imprévisibles. Au XIXe siècle elle n'y parviendra, peu ou prou, que dans les pays industrialisés qui ont opté pour la démocratie parlementaire ou présidentielle, la Grande-Bretagne, la France et les Etats-Unis. La démocratie individuelle et représentative a l'avantage de séduire largement les masses populaires qui pourront, à travers elle, faire aboutir certaines de leurs revendications, comme le droit à l'instruction ou l'amorce d'une législation du travail, tout en s'adaptant sans peine à l'idéologie de l'individualisme et de l'ascension sociale. Aux Etats-Unis, les groupes de pression industriels et bancaires orientent la politique et financent le parti républicain au pouvoir depuis la guerre de Sécession. Les conservateurs britanniques sont très attentifs aux exigences de la City, tandis que les libéraux tout aussi soumis au capital proposent l'éventuelle solution de rechange. En France, le phénomène est moins évident mais aussi important. Les Droits de l'homme et le Code civil ont permis aux « dynasties bourgeoises » de traiter d'égal à égal avec l'aristocratie traditionnelle, qui se soumet après 1830, se retire sur ses terres ou accepte de siéger dans des conseils d'administration où la particule est une image de marque flatteuse. La monarchie de Juillet inaugure le règne des banquiers : les Laffitte, les Pereire, les Rothschild participent directement à la gestion du pays, avec une ostentation évidente, que les socialistes soulignent et que Stendhal décrit si pertinemment dans son *Lucien Leuwen*. La parabole de Saint-Simon s'accomplit. Lorsqu'en 1848 le suffrage universel et l'insurrection de juin brouillent l'horizon, la grande bourgeoisie inaugure un jeu de clientèles, d'alliances, de subventions discrètes qui l'agglomèrent à toutes les forces politiques nouvelles. Le bonapartisme « social » des *Idées napoléoniennes* compose avec les classes moyennes et le grand capital, dans un grand enthousiasme saint-simonien qui satisfait les intérêts des Morny comme des Pereire. S'il n'assure plus la paix intérieure et extérieure, la grande bourgeoisie peut l'assouplir ou le condamner. Face au danger, avec le désastre militaire de 1870 et la peur sociale de la Commune, elle compose avec les paysans et les notables agrariens qui se chargent de liquider la paix et l'insurrection. Puis, laissant les vieux notables s'engluer dans leur introuvable Restauration monarchique, elle accepte de bon gré la République parlementaire conservatrice et opportuniste, celle qui divise le moins et les Français et le capital détenu par une poignée d'entre eux. Depuis 1830, ses grandes familles, les Say, les Germain, les Méline, les Motte, les Schneider, les Solages, les De Broglie hantent le Palais-Bourbon, y fortifient leurs clientèles, arborant un orléanisme ondoyant qui modèle une droite française de bon ton. Symbole du système, Adolphe Thiers, ce parvenu ambitieux vite accepté dans le sérail, ministre de la monarchie de Juillet, républicain d'Empire, massacreur de communards, patriarche-fondateur de la République des honnêtes gens, souple, actif et intelligent agent politique de la grande bourgeoisie.

Mais ce groupe restreint, peu renouvelé après 1850, cimente son autorité par l'exercice d'un pouvoir *social* efficace. Nous ne le connaissons guère que par ses effets. Ses groupes de pression interviennent à bon escient. Ainsi, le *Comité des forges* formé en 1864 chez les grands sidérurgistes pousse son homme, Eugène Schneider, au fauteuil présidentiel du Corps législatif en 1870 et fait donner l'armée contre les premières grandes grève du Creusot. Au travers des régimes politiques, une presse moderne à grand tirage, bien faite, austère ou distrayante, est contrôlée par la haute bourgeoisie. Elle arrache ainsi le modelage de l'opinion publique aux monarchistes ou aux socialistes. Ses dons, ses bals de charité, ses réseaux mondains lui assurent bien des reconnaissances du côté des Eglises. Sa promotion mondaine, ses tapages expriment de façon ostensible la supériorité que lui reconnaît l'ensemble du corps social, à grand renfort de Légions d'honneur.

La grande bourgeoisie d'entreprise triomphe avec la révolution industrielle[1]. Elle fait fructifier le capital à vive allure, sait utiliser le génie humain et le travail. Ses vertus solides de prévoyance et de stabilité sont données en

1. Non sans résistances des anciennes élites. Voir sur ce point la démonstration, poussée à l'extrême, d'A. Mayer [21].

exemple à toute la société. Les banquiers d'affaires, les gros industriels, les grands négociants ont montré leur assurance. Leur pouvoir multiforme n'est pas sans effets désormais sur tous les groupes sociaux, leurs travaux et leurs mentalités.

Conclusion

Comment tirer quelques conclusions simples d'un phénomène aussi complexe que la révolution industrielle? Cet énorme accroissement des forces productives du travail humain bouscule les économies, les sociétés, les civilisations. Mais avec une force et un rythme variables.

Tentons néanmoins de dégager quelques évidences.

– Les économies pré-industrielles ont été jetées dans le monde de la croissance irréversible, sous l'effet conjugué de l'appel du marché, de l'initiative individuelle, de l'attrait du profit et des techniques nouvelles. Se façonne alors le mode complet de production capitaliste, par des transitions originales, du capitalisme marchand au capitalisme industriel d'entreprise. Les bourgeoisies guident fermement cette délicate mutation, faisant de toute activité humaine une valeur d'échange, bâtissant un monde libéral. Au demeurant sa contradiction majeure est déjà visible : une minorité dont l'argent est le privilège détient les moyens modernes de production, dont la mise en œuvre, sous l'effet des techniques, n'est désormais possible que par une socialisation accélérée du travail productif.

Chaque économie a choisi la voie la plus rentable. La révolution industrielle est sélection du processus national de croissance le mieux adapté au marché, à la main-d'œuvre, aux disponibilités en matières premières et aux techniques. Pragmatisme économique constant, dont les morales s'inspireront volontiers. Car la recherche du profit est à l'origine de maintes initiatives. Ces économies en transition n'ont pas encore découvert les subtilités de la gestion prévisionnelle et de la comptabilité mathématique : elles se contentent d'accumuler les bénéfices, au gré des occasions saisies. Elles pratiquent la sélection par le profit, qui crée des discriminations et des exploitations nouvelles entre les économies dominantes et dominées, les régions attractives ou répulsives dans un marché national, les acheteurs et les vendeurs de travail.

Ces inégalités perdurent, car la croissance est un impératif absolu, pour répondre aux besoins du marché de consommation que les croissances agricoles et démographiques ont subitement gonflé et rendu exigeant. Pour effacer aussi les accidents cycliques : les crises périodiques, avec leurs catastrophes sociales, doivent être résorbées dans le flot montant de la production. Jusqu'à ce que vers 1837-1880 les premières économies industrialisées n'affrontent leur première grande crise générale de surproduction. La révolution industrielle est alors terminée pour elles : d'autres problèmes surgiront à la fin du siècle. Elles doivent resserrer leur domination sur le monde et se tourner davantage vers le marché de consommation intérieure. A cette tâche, elles révèleront d'étonnantes capacités d'adaptation et d'innovation.

Cette évolution ne doit cependant pas dissimuler les aspects positifs de la révolution industrielle. Profusion des découvertes techniques, meilleure distribution des produits et des profits bouleversent les vies quotidiennes. Les rentiers et les « tertiaires » surgissent. Les emplois industriels sont multipliés. Dans un monde où la révolution démographique serait de toute évidence intervenue, la croissance nouvelle évite à jamais les catastrophes d'ancien style. En décuplant les possibilités du vieux *domestic system* et de l'agriculture routinière, la révolution industrielle a offert opportunément une formidable chance de survie aux nouveaux venus.

Survie, sans rien de plus? Jusqu'en 1850, le monde de l'usine a laissé une impression d'horreur justifiée. Seule la phase longue de croissance jusqu'en 1873 permet de desserrer le carcan et d'effacer lentement les abus les plus criants, comme le travail des femmes et des enfants. Mais sans que l'exploitation disparaisse.

– Un type de société nouveau s'est ainsi modelé, hiérarchisé par la possession des moyens de production, c'est-à-dire par l'argent gagné ou reçu en héritage : on passe d'une société d'ordres à une société de classes à la fois plus fluide et autrement hiérarchisée. Le privilège de l'argent se maintient : ainsi, en 1900 comme en 1850, 10 % des Français, mieux nantis, se partagent plus de 40 % du revenu national. Partout la grande bourgeoisie s'affiche, avec ou sans alliés, quel que soit le régime politique qui ait accueilli l'industrialisation. Avec cependant une nette préférence pour les institutions parlementaires, dans un cadre monarchique ou républicain, qui lui laissent toute latitude pour libérer l'activité nouvelle.

Face à elle, le monde clos des ouvriers, rejetés dans leurs périphéries urbaines, privés longtemps du nécessaire, soumis à une exploitation sans cesse variée de leur travail-marchandise, souvent coupés des traditions religieuses, culturelles et mentales de la société : avec les rejetés de l'artisanat et de l'agriculture, ils constituent longtemps une contre-société, avant de recueillir les bienfaits matériels et culturels de l'industrialisation.

– Enfin, à ces nouveautés économiques et sociales correspond une civilisation neuve. L'homme, imbu de ses droits plus que de ses devoirs, y devient la référence unique. Alors triomphe l'individualisme : les aspirations sociales ne peuvent être que la somme toujours constante des aspirations individuelles. L'individu est libre : porté par un enseignement qui prétend l'épanouir sans aucune discrimination sociale, il peut choisir la carrière où son talent s'épanouira. Jamais les idées reçues ne découvrent en lui un producteur exploité ou un héritier de la richesse et de la culture. Les références bourgeoises doivent – et parfois savent – s'adapter à tous. La famille, l'épargne, l'audace calculée, l'ambition bien dosée deviennent vertus sociales, sans danger pour l'ordre établi. Les religions en place, catholicisme ou protestantisme, cautionnent cette évolution, s'intériorisent, soulignent moins volontiers leur vocation première de rassemblement des énergies collectives et individuelles. L'art aussi transmet les valeurs nouvelles. Sur les toiles de Turner, les *steamers* trapus tirent vers quelque cimetière marin les voiliers de l'ancien monde et obscurcissent de leurs volutes noires la lumière dorée. L'art romantique du mouvement et de la couleur jette à bas l'architecture classique.

Mais morales et esthétiques peuvent témoigner des contradictions des temps nouveaux. La révolte individualiste des romantiques achoppe sur le problème social. Le positivisme, ce reflet de la domination technicienne du monde, ne répond pas mieux aux aspirations des hommes. Les morales utilitaires dérivent vers un bergsonnisme ondoyant ou les tentations anarchisantes et spiritualistes de la fin du siècle. Jusqu'aux maîtres de la couleur, les Impressionnistes, qui ne peuvent plus cerner l'individu et diluent leurs personnages dans les foules ou les paysages. La civilisation urbaine, libérale et scientifique, ne convient plus aux dernières générations du siècle.

Vers 1880, dans les pays pionniers de la révolution industrielle, une époque s'achève. L'industrie triomphe, mais la crise guette. Le brassage et l'exploitation des hommes font lever l'inquiétude et la lutte sociale. Esthétiques et morales sont en déroute. Mais le mieux-être est annoncé. La vie et l'esprit d'entreprise ont triomphé. De nouvelles solidarités sont affichées et le monde entier, bon gré mal gré, s'est mis à l'heure de la révolution industrielle. « La grande industrie, affirme Marx, fonde l'histoire mondiale, en rendant chaque nation, chaque individu, dépendants, pour la satisfaction de leurs besoins, du monde entier. » Et F. Braudel ajoute : « Il n'y a de véritable révolution industrielle que lorsque celle-ci est assez puissante non seulement pour briser un équilibre ancien, mais aussi pour ouvrir la porte à une dynamique de transformation[1]. »

1. *Une leçon d'histoire de Fernand Braudel*, Arthaud-Flammarion, 1986, p. 141.

Repères chronologiques

I. 1770-1815

1770 *The Deserted Village* de Goldsmith.

1771 Applications du *water-frame* d'Arkwright.

1773 Débuts de la construction du pont de fer de Coalbrookdale.
Monopoles des compagnies européennes confirmés aux Indes.

1774 Turgot, *Liberté du commerce des grains.*

1775 Disette à Paris.
J. Watt vend sa première machine à vapeur à Wilkinson.

1776 Abolition des corporations en France.
A. Smith, *De la richesse des nations.*
Premier syndicat anglais.
Premiers rails de fer.

1778 Caisse d'escompte de Paris.
Traité de commerce franco-américain.
Ouverture de l'Empire espagnol au commerce international.

1779 Suppression du servage dans le domaine royal en France.
La *mule-jenny* de S. Crompton.

1781 Fondation de l'usine du Creusot.

1782 Mise au point de la machine à vapeur à double effet de J. Watt.
Liberté du travail en Autriche.

1783 Ascensions de Montgolfier.

1784 Premières applications du puddlage du fer en Angleterre.
Fondation de la Banque de New York.

1785 Métier à tisser de Cartwright.
1786 Traité de commerce franco-anglais.
1787 Crise généralisée en France.
Constitution et « Charte de l'Ouest » aux Etats-Unis.
Les Anglais débarquent en Australie.
1788 Fondation du *Times*.
1789 Révolution en France.
1790 L'assignat papier-monnaie.
Interdiction des coalitions ouvrières en Angleterre.
1791 Loi Le Chapelier.
Procédé Leblanc pour fabriquer la soude.
1792 En France, la République et la guerre.
Emeutes dans le Lancashire.
1793 Maximum des prix en France.
Machine à égrener le coton de Whitney.
1794 Création de l'Ecole polytechnique et du Conservatoire national des Arts et Métiers en France.
1795 Agitation en Grande-Bretagne.
1796 Bonaparte en Italie.
La vaccination de Jenner.
1798 Reprise économique en France.
Ouverture de la succursale Rothschild à Londres.
Malthus, *Essai sur le principe de la population*.
1799 Coup d'Etat de Bonaparte.
Loi anti-grève en Angleterre.
1800 Création de la Banque de France.
1801 Gaz d'éclairage par Lebon.
Pile électrique de Volta.
Delessert extrait le sucre de betterave.
1802 Création des chambres de commerce en France.
Loi sur le travail des enfants en Angleterre.
1803 Le franc germinal.
Livret ouvrier obligatoire en France.
J.-B. Say, *Traité d'économie politique*.
1804 Le Code civil en France.
1805 Crise financière en France.
Métier à tisser la soie de Jacquard.
1806 Conseils de prud'hommes en France.
1807 Code de commerce et cadastre en France.
Bateau à vapeur de Fulton.

Réveil national en Prusse.

1810 Crise économique en Angleterre.
Blocus continental aggravé.

1811 James de Rothschild à Paris.
Luddisme en Angleterre.
Insurrection généralisée en Amérique espagnole.

1814 Abdication de Napoléon.
Locomotive de Stephenson.

1815 Interdiction de la Traite.

II. 1816-1846

1816 Reconversion difficile de l'économie de guerre anglaise.
Laennec découvre l'auscultation.

1817 Crise aux Etats-Unis – canal de l'Erié.
Les Anglais rétablissent l'ordre aux Indes.
Ricardo, *Principes d'économie politique*.

1818 Grève des fileurs de coton de Manchester.

1819 Peterloo.
Famine aux Indes.
Première traversée de l'Atlantique en bateau à vapeur.
Début du Zollverein.
Sismondi, *Principes d'économie politique*.

1820 Compromis du Missouri sur l'esclavage aux Etats-Unis.
Ampère découvre l'électrodynamique.
Découverte de la quinine.

1821 Insurrection grecque et début des indépendances d'Amérique latine.
Fondation du *Manchester Guardian*.
Fresnel, théorie ondulatoire de la lumière.
Seebeck, la thermoélectricité.
Saint-Simon, *Le système industriel*.

1822 Indépendance du Brésil.
Famine irlandaise.
Premières mesures économiques libérales en Angleterre.
Société générale pour le développement de l'industrie aux Pays-Bas.

1823 *Corn Laws*.
Niepce, principe de la photographie.

1824 Famine en Inde.
Droit de grève en Angleterre.
Mac Cormick invente la moissonneuse mécanique.

Saint-Simon, *Le Catéchisme des industriels.*

1825 Crise économique en Angleterre.
Ligne ferrée Stockton-Darlington.
Métier *self-acting* de Roberts pour le coton.

1826 Echec de l'unité politique de l'Amérique latine.
Découverte du brome et de l'aniline.

1827 Chaudière tubulaire de Seguin.
Loi d'Ohm sur la résistance électrique.

1828 Parti des Travailleurs à Philadelphie.
Extension du Zollverein.

1829 R. Owen fonde *New Harmony* et échoue.

1830 Insurrections en Europe.
La France en Algérie.
Réapparition du choléra en Europe.
Ligne Manchester-Liverpool.
Invention de la machine à coudre par Thimonnier.

1831 Famine en Irlande et en Russie.
Insurrection des canuts lyonnais.
Découvertes du chloroforme et de l'induction (Faraday).

1832 Réforme électorale en Angleterre.
Sauvage invente l'hélice.

1833 Famine aux Indes.
Suppression des privilèges de la Compagnie anglaise des Indes.
Loi Guizot sur l'enseignement en France.
Premiers *trade-unions* d'Owen.
Télégraphie électrique de Gauss.

1834 Emeutes en France.
Généralisation du Zollverein.
Abolition de l'esclavage dans les colonies anglaises.
Loi sur les pauvres en Angleterre.
Invention de la teinture d'aniline à partir de la houille.

1835 Fondation de l'agence Havas.
G. Bennett lance le *New York Herald.*
Télégraphie électrique de Morse.
Strauss, *Vie de Jésus.*
Tocqueville, *La Démocratie en Amérique.*

1836 *London Working Men Association.*
Extension de Schneider et Cie.
Lancement du *Siècle* et de *la Presse.*

1837 Famine en Inde.

Crise économique en Angleterre et aux Etats-Unis.
Ligne Paris-Saint-Germain.

1838 Premières agitations chartistes.
Débuts de l'*Anti-Corn-Law League*.
Le *Great Western* traverse l'Atlantique, fondation de la *Cunard*.

1839 Vulcanisation du caoutchouc par Goodyear.
L. Blanc, *De l'organisation du travail*.

1840 *Self-government* au Canada.
Agitation abolitionniste aux Etats-Unis.
Guerre de l'opium en Chine.
Création du timpre-poste.
Utilisation en Europe du guano chilien.
Liebig, *La Chimie appliquée à l'agriculture*.
Enquête ouvrière de Villermé en France.
Cabet, *Voyage en Icarie*.
Proudhon, *Qu'est-ce que la propriété?*

1841 Loi sur le travail des enfants en France.
Fondation du syndicat des mineurs en Angleterre.
Invention du marteau-pilon.

1842 Traité de Nankin.
Poussée britannique en Orient.
Loi sur les chemins de fer en France.

1843 Agitation en Irlande.
Les Anglais au Natal.
Loi de Joule sur l'équivalence des formes d'énergie.
S. Mill, *Logique*.

1844 Coopérative de Rochdale.
Réorganisation de la Banque d'Angleterre.
Insurrection des tisserands de Silésie.
Première ligne télégraphique de morse aux Etats-Unis.
Turner, *Pluie, Vitesse et Fumée*.

1845 Famine d'Irlande.
Les Français en Chine.
Premier *clipper* américain.
Disraeli, *Sybil*.
Engels, *La Situation de la classe laborieuse en Angleterre*.

1846 Crise économique sans précédent en Europe.
Abolition des *Corn Laws* en Angleterre.
Marx, *Misère de la philosophie*.
Michelet, *Le Peuple*.

Proudhon, *Philosophie de la misère.*

III. 1847-1873

1847 Crise persistante en Europe.
Loi sur le travail des femmes en Angleterre.
Invention du béton armé.
Fondation de la *Hambourg-Amerika Line.*
Nitroglycérine et premier canon d'acier de Krupp.
Découverte de l'or en Californie.
Marx et Engels, *Manifeste du parti communiste.*

1848 Révolutions en Europe.
En France, IIe République et suffrage universel.
Ateliers nationaux et massacre ouvrier de juin.
Suppression du servage en Europe centrale.
J.S. Mill, *Principes d'économie politique.*
Thackeray, *La Foire aux vanités.*

1849 Réaction en Europe.
Famine en Chine.
Découverte de l'or en Australie.
Suppression de l'Acte de navigation en Angleterre.
Dickens, *David Copperfield.*
Courbet, *Les Casseurs de pierres.*

1850 Reprise de l'activité économique.
Le Brésil doit accepter le droit de visite.
Fin du système Van den Bosch dans les colonies hollandaises.
Grands voyages de découverte en Afrique.
Câble sous-marin Douvres-Calais.
Marteau-piqueur dans les mines.
Fondation de l'agence Reuter.
Bastiat, *Harmonies économiques.*

1851 Disette en Russie.
Révolte des Taïpings en Chine.
Première exposition internationale au *Crystal Palace* de Londres.
Fondation de la Fédération anglaise des mécaniciens.
Loi sur la propriété indigène en Algérie.
Apparition des rotatives d'imprimerie.
Fondation des *Messageries maritimes* en France.
A. Comte, *Système de philosophie positive.*

1852 Installation du second Empire en France.
Tentative autrichienne pour constituer une union douanière en Allemagne du Sud.
A Paris, construction des Halles de Baltard et lancement du *Bon Marché*.
Fondation du *Crédit Foncier* et du *Crédit Mobilier*.
Le pendule de Foucault.
Beecher-Stowe, *La Case de l'oncle Tom*.

1853 Anglais et Américains au Japon.
Famines en Inde et projets ferroviaires.
Début des grands travaux d'Haussmann à Paris.
Fabrication de montres en série.

1854 Faidherbe au Sénégal.
Tunnel du Semmering.
Premier navire métallique de la *Cunard*.
Première filature de coton à Bombay.
Sainte-Claire Deville isole l'alumine.
Otis invente l'ascenseur.

1855 Exposition du palais de l'Industrie et loi sur la propriété industrielle en France.
Fin de la guerre de Crimée.
Les Rothschild fondent à Vienne la *Kreditanstalt*.
Le convertisseur Bessemer.
Premier cuirassé.
Fondation de la *Compagnie générale transatlantique*.
Synthèse de l'alcool par Berthelot.
Le Play, *Les Ouvriers européens*.

1856 Loi sur les sociétés commerciales en France et les sociétés anonymes en Angleterre.
Congrès de Paris.
Découverte de l'ammoniaque.

1857 Crise agricole et financière.
Aux Indes, révolte des cipayes et première filature de jute.
Lancement du thaler en Allemagne.
Tunnel du Mont-Cenis.
Première pâte à papier à partir du bois.
Analyse spectrale de la lumière par Kirchhoff et Bunsen.

1858 Loi sur les banques par actions en Angleterre.
Suppression de la Compagnie anglaise des Indes.
Libération des serfs du domaine impérial en Russie.
Constitution de la *Compagnie du canal de Suez*.

1859 Loi sur les chemins de fer en France.
Les Français à Saigon.
Fondation de la *Société générale*.
Premier puits de pétrole en Pennsylvanie.
Marx, *Critique de l'économie politique*.

1860 Traité de commerce libre-échangiste franco-anglais.
Traité de Tien-Tsin.
Junta des secrétaires de *trade-unions* en Angleterre.
Banque nationale en Russie.
Métropolitain de Londres.
Machine *compound* et moteur à explosion de Lenoir.

1861 Guerre de Sécession aux Etats-Unis.
S. Mill, *De l'utilitarisme*.

1862 Traité de commerce franco-prussien et élimination de l'Autriche du marché allemand.
Les Français au Mexique, à Obock et au Cambodge.
Exposition à Londres.
Loi sur le transcontinental aux Etats-Unis.
Synthèse de l'acétylène par Berthelot.
Mesure de la vitesse de la lumière par Foucault.
Spencer, *Premiers principes*.

1863 Loi sur les sociétés à responsabilité limitée en France.
Lassale fonde l'*Association générale des travailleurs allemands*.
Fondation du *Crédit Lyonnais*.
Procédé Solvay pour la fabrication de la soude.
Premier phare électrique.

1864 Fondation à Londres de *l'Internationale*.
En France loi sur les grèves, *Manifeste des Soixante*, et fondation du *Comité des forges*.
Invention du four Martin.

1865 Abolition de l'esclavage aux Etats-Unis et victoire du Nord.
Union télégraphique internationale.
Le chèque a valeur légale en France.
Brûleur de Bunsen.
Cl. Bernard, *Introduction à la médecine expérimentale*.

1866 Crise en Angleterre et en Europe.
Faillite du *Crédit Mobilier*.
La Prusse bat l'Autriche à Sadowa.
Famine en Inde.

Premier câble transatlantique.
Nobel découvre la dynamite.

1867 Exposition internationale à Paris.
Dominion du Canada.
Droit de grève et de coalition en Belgique.
Loi française sur les sociétés par actions.
Famine en Algérie.
Première filature de coton au Japon.
Inventions de la bicyclette, de la rotative Marinoni, du frein Westinghouse et de la machine à écrire.
Ouverture du chemin de fer du Brenner.
Travaux de Pasteur.
Marx, *Le Capital*, Livre I.

1868 Ere Meiji au Japon.
Dissolution de la section française de *l'Internationale*.
Caisse des accidents du travail et abolition de l'article 1781 du Code civil en France.
Premier congrès de *trade-unions* anglais.
Découverte de l'hélium.

1869 Ouverture du canal de Suez.
Premier transcontinental aux Etats-Unis.
Fondation du parti social-démocrate en Allemagne.
Les Chevaliers du travail aux Etats-Unis.
Invention du celluloïd.
Bergès produit de l'hydro-électricité dans les Alpes.
Dynamo de Gramme.
Théories de Maxwell sur l'électricité.
Classement des éléments chimiques par Mendeleïev.

1870 Conflit franco-allemand.
IIIe République en France.
Loi agraire en Irlande.
Loi sur les sociétés par action en Allemagne.
Rockfeller fonde la *Standard Oil*.
Le potassium en engrais.
Four électrique de Siemens.

1871 Défaite de la France et Commune de Paris.
Proclamation du Reich allemand.
Abolition de la féodalité au Japon.
Loi des « ventes libres » au Brésil.
Scandale de *Tammany Hall* à New York.
Révolte en Kabylie.

1872 Premier chemin de fer au Japon.
J. Verne, *Le Tour du monde en quatre-vingts jours*.

1873 Crise économique généralisée.
Monométallisme-or aux Etats-Unis et en Allemagne.
Famine en Inde.
Débuts de la croisade populiste en Russie.

IV. 1874-1896

1874 *Union postale universelle.*
Brazza et Stanley au Congo.
Factory Act sur la durée du travail en Angleterre.
Boutroux, *De la contingence des lois de la nature.*

1875 Disraeli rachète les actions du Khédive de la *Compagnie de Suez.*
Abolition de la loi « Maître et Serviteur » en Angleterre.
Congrès ouvrier de Gotha en Allemagne.
Fondation du *Petit Parisien.*

1876 Dissolution de *l'Internationale.*
Commission internationale des dettes en Egypte.
Mouvement *Terre et Liberté* en Russie.
Exposition de Philadelphie.
Crise du phylloxéra en France.
Téléphone de Bell.
Enseignement obligatoire en Grande-Bretagne.

1877 Famines généralisées en Inde, en Chine du Nord et au Brésil.
Grève générale de cheminots aux Etats-Unis.
Edison invente le microphone et le phonographe.
Premiers navires et wagons frigorifiques.
Convertisseur Thomas.
Zola, *L'Assommoir.*

1878 Législation complète sur le travail des femmes et des enfants en Grande-Bretagne.
Retour au bimétallisme aux Etats-Unis.
Lampe électrique d'Edison.
Procédé Thomas-Gilchrist sur la déphosphoration du minerai de fer. Nitrates chimiques.

1879 Protectionnisme en Allemagne.
Loi sur l'enseignement primaire en Belgique.
Pasteur découvre la vaccination.
Premier train électrique.

1880 Lois scolaires de J. Ferry en France.
Fondation de la *Compagnie de Panama.*

Percement du Saint-Gothard.
Organisation du trust Nobel.

1881 Commission de la dette internationale à Constantinople.
Construction du transandin et de la voie Pékin-Tien-Tsin.
Fondation de la *Société d'électricité* d'Edison.
H. Poincaré, *Sur la théorie des fonctions fuschiennes.*

1882 Les Anglais en Egypte.
Construction du canal de Corinthe.
Krach de l'*Union Générale* en France.
Eclairage électrique de rues à New York.
Koch isole le bacille de la tuberculose.

1883 Premières lois sociales en Allemagne sur initiative de Bismarck.
Les Français au Tonkin et à Madagascar.
Electrolyse de l'aluminium et soie artificielle.

1884 Conférence internationale sur les colonies à Berlin.
Krach boursier à New York.
Loi sur les syndicats en France.
Découverte de l'or au Transvaal.
Premier gratte-ciel à Chicago.
Disette en Russie et premiers groupes marxistes.
« Socialisme de la chaire » en Allemagne.

1885 Création du Congo « indépendant ».
Deuxième traité de Tien-Tsin.
Les Anglais en Birmanie.
Première réunion du Congrès indien.
Fondation du parti ouvrier belge.
Inventions de la moissonneuse-batteuse, du bec Auer, de la mitrailleuse Maxim et de la première automobile à essence.
Zola, *Germinal.*
Van Gogh, *Les Mangeurs de pommes de terre.*

1886 Vague de grèves en Belgique, en Grande-Bretagne, en Allemagne et aux Etats-Unis.
Manifestation du 1er Mai aux Etats-Unis et formation de la Fédération américaine du travail.
Achèvement du *Canadian Pacific.*
Fondation de la *Compagnie anglaise de la Nigéria.*
Première grande usine textile à Canton.
Invention de la souffleuse en verrerie.
Moteur à explosion de Daimler.
Bartholdi, *La Liberté éclairant le monde.*

1887 Première conférence impériale britannique.
Création de l'*Union indochinoise.*
Famine en Chine.
Invention de la linotype.

1888 Premier emprunt russe émis à la Bourse de Paris.
Abolition du servage au Brésil.
Dunlop invente le pneumatique.

1889 Exposition internationale à Paris; la tour Eiffel.
Fondation de la *Deuxième Internationale.*
Vague de grèves en Europe.
Fondation de *Général Electric.*

1890 Conférence de Berlin sur la protection du travail.
Faillite de Baring à Londres.
Loi Shermann anti-trust aux Etats-Unis et tarif de Mac Kinley.
W. James, *Principes de psychologie.*

1891 Encyclique *Rerum Novarum.*
Bureau international de la paix à Berne et renouvellement de la Triplice.
Grève de Fourmies en France.
Début de la construction du Transsibérien.
C. Monet, *Les Nymphéas.*

1892 Système protectionniste de J. Méline en France.
Lorentz découvre les électrons.
Début d'une législation complète du travail en Australie.
G. Hauptmann, *Les Tisserands.*

1893 Premier congrès du Labour Party.
Le socialisme, force électorale en France.
Abolition de la loi Shermann aux Etats-Unis.
Scandale de Panama en France.

1894 Guerre sino-japonaise.
Arbitrage obligatoire dans les conflits du travail en Nouvelle-Zélande.
Suite de la publication du *Capital.*

1895 Echec du *Home Rule* sur l'Irlande.
Fondation de la CGT en France.
Cinéma des frères Lumière.
Première automobile Peugeot.
Roentgen découvre les rayons X.
E. Verhaeren, *Les Villes tentaculaires.*

1896 Reprise économique.
Famine en Inde.
La Russie obtient la concession du chemin de fer de Mandchourie.
Travaux de Marconi sur la TSF.
Williams, *Made in Germany*.

Bibliographie

Cette bibliographie n'a aucune prétention à l'exhaustivité.

Nous avons privilégié des ouvrages et des articles en français et en anglais qui présentent une mise au point à jour et une bibliographie complémentaire. Sauf indication contraire, le lieu de leur édition est Paris.

Abréviations :

AESC	*Annales (Economies, Sociétés, Civilisations)* (A. Colin).
HES	*Histoire, Economie et Société* (CDU-SEDES).
MS	*Le Mouvement social* (Editions Ouvrières).
RH	*Revue Historique* (PUF).
RHMC	*Revue d'histoire moderne et contemporaine* (Société d'histoire moderne).

ÉTUDES GÉNÉRALES

La révolution industrielle

1. T. S. Ashton, *La Révolution industrielle (1760-1830)*, Plon, 1955.
[UN CLASSIQUE VIEILLI.]

2. F. Cochet et G. M. Henry, *Les Révolutions industrielles. Processus historiques, développements économiques*, A. Colin, 1995.
[« RÉVOLUTION INDUSTRIELLE » OU « INDUSTRIALISATION » ?]

3. Cl. Fohlen, *Qu'est-ce que la révolution industrielle?*, R. Laffont, 1971.
[BONNE QUESTION. RÉPONSE DÉJÀ UN PEU DATÉE.]

4. W. O. Henderson, *La Révolution industrielle (1780-1914)*, Flammarion, 1969.
[BELLE ILLUSTRATION ET AGRÉABLE À LIRE.]

5. P. Verley, *La Révolution industrielle*, Gallimard, 1997.
[UNE AMBITION SYNTHÉTIQUE.]

La révolution industrielle dans son contexte

6. J.-Ch. Asselain, *Histoire économique. De la révolution industrielle à la Première Guerre mondiale*, Presses de la FNSP et Dalloz, 1985.
[MANUEL CLAIR ET STIMULANT.]

7. C. M. Cipolla dir., *The Fontana Economic History of Europe*, t. 3, *The Industrial Revolution*, et t. 4, *The Emergence of Industrial Society*, Londres, Collins, Fontana Books, 1973.
[UNE SYNTHÈSE EN LIVRE DE POCHE.]

8. J.-M. Gaillard et A. Lespagnol, *Les Mutations économiques et sociales aux XIXe siècle (1780-1880)*, Nathan, 1984.
[TRÈS PÉDAGOGIQUE, AVEC DES DOCUMENTS.]

9. H. J. Habakkuk et M. M. Postan dir., *The Cambridge Economic History of Europe*, t. 6, *The Industrial Revolution and after*, 2 vol., Cambridge, Cambridge University Press, 1965.
[GRANDE SYNTHÈSE DATÉE.]

10. E. J. Hobsbawm, *L'Ere des révolutions (1789-1848)*, puis *L'Ere du capital (1848-1875)*, Fayard, 1969 et 1978.
[UNE VISION PROGRESSISTE.]

11. D. S. Landes, *L'Europe technicienne. Révolution technique et libre essor industriel en Europe occidentale de 1750 à nos jours*, Gallimard, 1975.
[CLASSIQUE.]

12. P. Léon dir., *Histoire économique et sociale du monde*, t. 3, *Inerties et révolutions (1730-1840)*, et t. 4, *La domination du capitalisme (1840-1914)*, A. Colin, 1978.
[LE GRAND MANUEL DE BASE.]

13. P. Léon, Fr. Crouzet, R. Gascon dir., *L'Industrialisation en Europe au XIXe siècle. Cartographie et typologie*, Ed. du CNRS, 1972.
[UN FORT COLLOQUE TENU À LYON EN 1970.]

14. P. Mathias et M. M. Postan dir., *The Cambridge Economic History of Europe*, t. 7, *The Industrial Economies. Capital.*

Labour and Enterprise, 2 vol., Cambridge, Cambridge University Press, 1978.
[TRÈS COMPLET.]

15. M. Niveau, *Histoire des faits économiques contemporains*, PUF, 1976.

La révolution industrielle en questions

16. P. Bairoch, *Révolution industrielle et sous-développement* Mouton, 1974.
[UNE RÉVOLUTION SANS PARTAGE.]

17. F. Braudel, *Civilisation matérielle, économie et capitalisme (XVe-XVIIIe)*, 3 vol., A. Colin, 1979.
[UN SOMPTUEUX PANORAMA MONDIAL.]
Voir le compte rendu de G. Jorland, « Fernand Braudel et la révolution industrielle », *Critique*, juin-juillet 1987, p. 506-530.

18. F. Caron, *Le Résistible déclin des sociétés industrielles*, Perrin, 1985.
[CONTRE LES RÉVOLUTIONS, UN PLAIDOYER POUR LES CONTINUITÉS.]

19. R. M. Hartwell dir., *The Industrial Revolution and Economic Growth*, Londres, 1971.
[VISION OPTIMISTE D'UN PROCESSUS COMPORTANT DES « VARIABLES INTERDÉPENDANTES ».]

20. A. O. Hirschman, *L'Economie comme science morale et politique*, Hautes Etudes-Gallimard-Le Seuil, 1984.
[MÉDITATION SUR LE MARCHÉ ET LE DÉVELOPPEMENT : L'INTRODUCTION À UNE ŒUVRE TRÈS FORTE.]

21. A. Mayer, *La persistance de l'Ancien Régime. L'Europe de 1848 à la Grande Guerre*, Flammarion, 1983.
[ANALYSE MARXISTE DES ÉLITES FIDÈLES À L'ORDRE ANCIEN.]

22. K. Polanyi, *La Grande Transformation. Aux origines politiques et économiques de notre temps*, Gallimard, 1983.
[UN CLASSIQUE : LA NAISSANCE D'UNE SOCIÉTÉ DE MARCHÉ A CHANGÉ LE MONDE.]

23. S. Pollard, *Peaceful Conquest. The Industrialization of Europe (1760-1970)*, Oxford, Oxford University Press, 1981.
[LA RÉVOLUTION INDUSTRIELLE COMME PHÉNOMÈNE RÉGIONAL. TRÈS NEUF.]

24. W. W. Rostow, *Les Etapes de la croissance économique*, Le Seuil, 1970.
[LE *TAKE-OFF* EST AVANCÉ.]
Critique marxiste par P. Vilar, « Développement historique

et progrès social. Les étapes et les critères », *La Pensée*, juillet-août 1961, p. 27-54.

25. W. W. Rostow, *Comment tout a commencé. Les origines de l'économie moderne,* Hachette, 1976.
[LE *TAKE-OFF* EST NUANCÉ.]

ÉTUDES THÉMATIQUES

L'art de compter

26. J. Bouvier, *Initiation au vocabulaire et aux mécanismes économiques contemporains (XIXe-Xe siècles),* CDU-SEDES, 1977.

27. F. Crouzet, « Cliométrie et révolution industrielle », *HES,* 1983-4, p. 607-624.
[PARTIELLEMENT REPRIS DANS (105). DISCUSSION DES TRAVAUX D'ÉCONOMÉTRIE.]

28. *Pour une histoire de la statistique,* vol. 1, *Contributions,* INSEE, 1978.
[COMMENT ON APPRIT À MESURER LA RÉVOLUTION INDUSTRIELLE.]

Economie et sociétés pré-industrielles Proto-industrialisation

29. F. F. Mendels, « Proto-Industrialization. The First Phase of the Industrialization Process », *The Journal of Economic History,* 32, 1972, p. 241-261.
[L'ARTICLE PIONNIER.]

30. F. Crouzet, « Quelques problèmes de l'histoire de l'industrialisation au XIXe siècle », *Revue d'histoire économique et sociale,* 1975-4, p. 526-540.
[UNE DES PREMIÈRES RÉFLEXIONS CRITIQUES.]

31. « Aux origines de la révolution industrielle. Industrie rurale et fabriques », *Revue du Nord,* 240 et 248, janvier-mars 1979 et janvier-mars 1981.
[RICHE DISCUSSION COLLECTIVE, AVEC DE NOMBREUX EXEMPLES FRANÇAIS ET EUROPÉENS DU NORD.]

32. P. Jeannin, « La proto-industrialisation : développement ou impasse? », *AESC,* janvier-février 1980, p. 52-65.
[EXAMEN DES PREMIERS TRAVAUX.]

33. F. Perlin, « Proto-Industrialization and pre-colonial South Asia », *Past and Present,* février 1983, p. 30-96.
[ET SI LE MODÈLE S'APPLIQUAIT AUSSI LÀ-BAS ?]

34. « Les formes proto-industrielles », *AESC*, septembre-octobre 1984, p. 868-1019.
[UN FORT DOSSIER, AVEC DE NOUVELLES MISES AU POINT DE F. F. MENDELS ET P. DEYON.]

35. A Dewerpe, *L'Industrie aux champs. Essai sur la proto-industrialisation en Italie du Nord (1800-1880)*, Rome, Ecole française de Rome, 1985.
[ENTRE GÊNES, TURIN ET MILAN, LE PREMIER MIRACLE ITALIEN, OÙ LA COMMUNAUTÉ FAMILIALE ASSURA LA RÉGULATION DU MARCHÉ. REMARQUABLE.]

36. L. A. Clarkson, *Proto-Industrialization. The First Phase of Industrialization?*, Londres, MacMillan, 1985.
[RÉSUMÉ TRÈS STIMULANT DES DÉBATS EN COURS.]

37. P. Laslett, *Un monde que nous avons perdu. Famille, communauté et structure sociale dans l'Angleterre pré-industrielle*, Flammarion, 1969.
[ÉMOUVANT ET IRRITANT : UN CLASSIQUE.]

38. J. Brasseul, *Histoire des faits économiques. De l'Antiquité à la révolution industrielle*, A. Colin, 1997.

Evolution démographique et structures familiales

39. A. Armengaud, *Démographie et société*, Stock, 1966.

40. P. Bairoch, « Structure de la population active mondiale de 1700 à 1970 », *AESC*, septembre-octobre 1971, p. 960-976.

41. G. Bouchard, « L'étude des structures familiales pré-industrielles : pour un renversement des perspectives », *RHMC*, octobre-décembre 1981, p. 545-571.

42. A. Burguière et al., *Histoire de la famille*, 2 vol., A. Colin, 1986.
[EXCELLENTE SYNTHÈSE.]

43. J.-B. Charrier, *Citadins et ruraux*, PUF, 1964.
[UN « QUE SAIS-JE ? » PIQUANT.]

44. P. Chaunu, « Malthusianisme démographique et malthusianisme économique. Réflexions sur l'échec industriel de la Normandie à l'époque du démarrage », *AESC*, janvier-février 1972, p. 1-19.

45. P. Guillaume, *Individus, familles, nations. Essai d'histoire démographique (XIXe-XXe siècle)*, CDU-SEDES, 1985.
[CLAIR ET AVEC BIBLIOGRAPHIE À JOUR.]

46. H. J. Habakkuk, *Population Growth and Economic Development since 1750*, Leicester, Leicester University Press, 1981.

47. M. Perrot dir., *Histoire de la vie privée,* t. 4, *De la Révolution à la Grande Guerre,* Le Seuil, 1987.
[TRÈS NEUF : L'ÂGE INDUSTRIEL INVENTE L'INTIMITÉ.]

48. J.-M. Poursin, *La Population mondiale,* Le Seuil, 1981.

49. M. Reinhard, M. Armengaud, J. Dupâquier, *Histoire générale de la population mondiale,* Montchrestien, 1968.

50. E. Shorter, *Naissance de la famille moderne (XVIIIe-XXe siècle),* Le Seuil, 1977.
[UN CLASSIQUE DISCUTÉ.]

51. E. A. Wrigley, *Société et population,* Hachette, 1969.

Mondes ruraux et révolution agricole

Généralités

52. M. Aymard, « Autoconsommation et marchés : Chayanov, Labrousse ou Le Roy Ladurie? », *AESC,* novembre-décembre 1983, p. 1392-1410.
[COMMENT UNE PRODUCTION AGRICOLE INERTE ENTRE DANS LE MARCHÉ. DISCUSSION DES THÈSES EN PRÉSENCE, AVEC BIBLIOGRAPHIE.]

53. M. Augé-Laribé, *La Révolution agricole,* A. Michel, 1955.
[VIEILLI, MAIS LE SEUL OUVRAGE D'ENSEMBLE EN FRANÇAIS.]

54. F. Crouzet, « Agriculture et révolution industrielle », *Cahiers d'histoire,* 1967-1.
[MISE AU POINT.]

55. M. Morineau, « Révolution agricole, révolution alimentaire, révolution démographique », *Annales de démographie historique,* 1974, p. 335-371.

Grande-Bretagne

56. J. D. Chambers et G. E. Mingay, *The Agricultural Revolution (1750-1880),* Londres, V. Batsford, 1966.

57. H.J. Habakkuk, « La disparition du paysan anglais », *AESC,* juillet-août 1965, p. 649-663.

58. E. J. Hobsbawm, « Les soulèvements de la campagne anglaise (1795-1850) », *AESC,* janvier-février 1968, p. 9-30.

59. M. Turner, *Enclosures in Britain (1750-1830),* Londres, McMillan, 1984.

France

60. A. Moulin, *Les Paysans dans la société française. De la Révolution à nos jours,* Le Seuil, 1988.
[CLAIRE MISE AU POINT, AVEC RICHE BIBLIOGRAPHIE.]

61. E. Juillard dir., *Apogée et Crise de la civilisation paysanne de 1789 à 1914,* t. 3 de l'*Histoire de la France rurale,* Le Seuil, 1976.
[SYNTHÈSE.]

62. M. Morineau, *Les Faux-semblants d'un démarrage économique. Agriculture et démographie en France au* XVIIIe *siècle,* A. Colin, 1971.
[LA RÉVOLUTION AGRICOLE VIENDRA PLUS TARD.]

63. D. H. Pinkney, *Decisive Years in France (1840-1847),* Princeton, Princeton University Press, 1986.
[LA RÉVOLUTION DES « BELLES ANNÉES » SOUS LOUIS-PHILIPPE.]

64. J. C. Toutain, *Le Produit de l'agriculture française de 1700 à 1958,* Cahiers de l'ISEA, 1961, AF 1-2.
[L'ART DE LA STATISTIQUE RÉTROSPECTIVE.]

65. A Soboul, *Problèmes paysans de la Révolution française (1789-1848),* Maspero, 1976.

66. G. Lefebvre, *Etudes sur la Révolution française,* PUF, 1963, 4e partie.
[UN CLASSIQUE.]

67. M. Bloch, *Les Caractères originaux de l'histoire rurale française,* A. Colin, 1988.
[RÉÉDITION D'UN AUTRE CLASSIQUE.]

68. J.-Cl. Farcy, « Le monde rural face au changement technique. Le cas de la Beauce au XIXe siècle », *HES,* 1983-1, p. 161-180.

69. M. Hau, « Pauvreté rurale et dynamisme économique. Le cas de l'Alsace au XIXe siècle », *HES*, 1987-1, p. 113-138.
[PAUVRETÉ ET ARDEUR AU TRAVAIL COMME RESSORTS DE LA CROISSANCE.]

70. J. Heffer, J. Mairesse, J.-M. Chanut, « La culture du blé au milieu du XIXe siècle : rendements, prix, salaires et autres coûts », *AESC,* novembre-décembre 1986, p. 1273-1302.
[UNE MODÉLISATION : IL Y A UN MARCHÉ DU BLÉ, MAIS PAS DE MARCHÉ DU TRAVAIL.]

71. F. Mendels, « La composition du ménage paysan en France au XIXe siècle. Une analyse économique du mode de production domestique », *AESC*, juillet-août 1978, p. 780-802.
[LA RECRUDESCENCE DES MÉNAGES À L'ANCIENNE EN PLEINE RÉVOLUTION AGRICOLE.]

72. J. Mulliez, « Du blé, mal nécessaire. Réflexions sur les progrès de l'agriculture de 1750 à 1850 », *RHMC,* janvier-mars 1979, p. 3-47.
[PAYS D'ÉLEVAGE CONTRE OPENFIELDS : DU PROGRÈS SANS RÉVOLUTION.]

73. Y. Rinaudo, « Un travail en plus. Les paysans d'un métier à

l'autre (vers 1830-vers 1950) », *AESC,* mars-avril 1987, p. 283-302.
[UNE RÉPONSE COLLECTIVE AUX DÉFIS DU MOMENT.]

Deux autres exemples

74. M. Laran, « Nobles et paysans en Russie (1762-1861) », *AESC,* janvier-février 1966, p. 110-140.

75. I. Wellmann, « Esquisse d'une histoire rurale de la Hongrie (début XVIIIe-milieu XIXe siècle) », *AESC,* novembre-décembre 1968, p. 1181-1210.

Techniques nouvelles et progrès scientifique

76. M. Daumas dir., *Histoire générale des techniques,* t. 3, *L'Expansion du machinisme,* PUF, 1968.

77. B. Gille dir., *Histoire des techniques,* Gallimard, « Encyclopédie de la Pléiade », 1978, p. 677-858.
[DEUX MANUELS COMPLETS.]

78. D. Furia et P. Serre, *Techniques et Sociétés. Liaisons et évolutions,* A. Colin, 1970.

79. L. Mumford, *Technique et civilisation,* Le Seuil, 1950.

80. D. S. Landes, *L'heure qu'il est. Les horloges, la mesure du temps et la formation du monde moderne,* Gallimard, 1987.

81. B. Gille, *Histoire de la métallurgie,* PUF, « Que sais-je? », 1969.

82. C. K. Hyde, *Technological Change and the British Iron Industry (1700-1870),* Princeton, Princeton University Press, 1977.

83. J. Payen, *Capital et Machine à vapeur au XVIIIe siècle. Les frères Périer et l'introduction en France de la machine à vapeur,* Mouton, 1969.

84. J. G. Smith, *The Origins and early Development of the Heavy Chemical Industry in France,* Oxford, Oxford University Press, 1980.

85. *Charbon et Sciences humaines,* Mouton, 1966.

Le révolution ferroviaire

86. F. Caron, *Histoire de l'exploitation d'un grand réseau. La Compagnie du Chemin de fer du Nord, des origines à la nationalisation (1846-1937),* Mouton, 1973.

87. R. Fremdling, « Railroads and German Economic Growth

A leading Sector Analysis with a Comparison to the United States and Great Britain », *The Journal of Economic History,* septembre 1977.

88. L. Girard, *La Politique des travaux publics sous le second Empire,* A. Colin, 1952.

89. G. R. Hawke, *Railways and Economic Growth in England and Wales (1840-1870),* Oxford, Oxford University Press, 1970.

90. L. M. Jouffroy, *L'Ere du rail,* A. Colin, 1953.

91. Y. Leclercq, *Le Réseau impossible. La résistance au système des grandes compagnies ferroviaires et la politique économique en France (1820-1852),* Genève, Droz, 1987.

92. B. Lepetit, *Les Villes dans la France moderne (1740-1840),* A. Michel, 1989.
[DES MARCHÉS, DES FOIRES ET DES ROUTES.]

93. M. Levy-Leboyer, « Chemins de fer et croissance économique. L'exemple américain », *AESC,* mai-juin 1966, p. 623-640.

94. M. Merger, « Chemins de fer et croissance économique en Italie au XIXe siècle et au début du XXe siècle. Etat de la question », *HES*, 1984-1, p. 123-144.

95. P. O'Brien dir., *Railways and the Economic Development of Western Europe (1830-1914),* Oxford, Oxford University Press, 1983.
[ESSENTIEL.]

96. J. Payen, B. Escudié, J.-M. Combe, *La Machine locomotive en France, des origines au milieu du XIXe siècle,* Lyon, Presses Universitaires de Lyon, 1988.

97. G. Ribeill, « Gestion et organisation du travail dans les compagnies de chemins de fer, des origines à 1860 », *AESC,* septembre-octobre 1987, p. 999-1029.

Le « take-off »

98. R. Devleeshouwer, « Le Consulat et l'Empire, période de *take-off* pour l'économie belge? », *RHMC*, juillet-septembre 1970, p. 610-619.

99. M. Gillet, « Révolution industrielle ou *take-off* ? », *L'Information historique,* mars-avril 1970, p. 65-75.

100. J. Marczewski, *Y a-t-il eu un « take-off » en France?,* Cahiers de l'ISEA, 1961, AD 1.

101. W. W. Rostow, *The Economic of Take-off into sustained Growth,* Londres, McMillan, 1963.

102. B. Supple, « Revisiting Rostow », *The Economic History Review,* février 1984.

Croissances comparées et processus d'industrialisation

103. P. Bairoch, « Niveaux de développement économique de 1810 à 1910 », *AESC,* novembre-décembre 1965, p. 1091-1117.

104. P. Bairoch et M. Lévy-Leboyer dir, *Disparities in Economic Development since the Industrial Revolution,* Londres, McMillan, 1981.

105. F. Crouzet, *De la supériorité de l'Angleterre sur la France. L'Économique et l'Imaginaire (XVIIe-XXe siècle),* Perrin, 1985.
[RECUEIL D'ARTICLES. UN LIVRE ESSENTIEL.]

106. Ph. Deane et W. A. Cole, *British Economic Growth (1688-1959),* Cambridge, Cambridge University Press, 1964.

107. M. Gillet, « Au XIXe siècle : industrialisation linéaire ou industrialisation par bonds? », *Revue économique,* septembre 1972, p. 723-752.

108. M. Lévy-Leboyer, « La croissance économique en France au XIXe siècle », *AESC,* juillet-août 1968, p. 788-807.

109. M. Lévy-Leboyer, « Les processus d'industrialisation : le cas de l'Angleterre et de la France », *RH,* avril-juin 1968, p. 281-298.

110. J. Marczewski, *Le Produit physique de l'économie française de 1789 à 1913,* Cahiers de l'ISEA, 163, 1965.

111. P. Mathias, « La révolution industrielle en Angleterre : un cas unique? » *AESC*, janvier-février 1972, p. 33-45.

112. P. O'Brien et C. Keyder, *Economic Growth in Britain and France, (1780-1914). Two Paths to the Twentieth Century,* Londres, Allen and Unwin, 1978.

113. P. O'Brien et C. Keyder, « Les voies de passage vers la société industrielle en Grande-Bretagne et en France (1780-1914) », *AESC,* novembre-décembre 1979, p. 1284-1303.
[IMPORTANT.]

114. M. Palairet, « Désindustrialisation à la périphérie. Etudes sur la région des Balkans au XIXe siècle », *HES*, 1985-2, p. 253-274.

115. E. A. Wrigley, « Le processus de modernisation et la révolution industrielle en Angleterre », *AESC*, mars-avril 1973, p. 519-540.

Fluctuations, cycles et crises

116. D. Aldcroft et P. Fearon dir., *British Economic Fluctuations (1790-1939)*, Londres, McMillan, 1972.

117. J. Bouvier et J.-Cl. Casanova, « Crises économiques » *Encyclopaedia Universalis*, vol. 5, 1985, p. 706-718.
[AVEC BIBLIOGRAPHIE.]

118. M. Flamant et J. Singer-Kérel, *Crises et Récessions économiques*, PUF, « Que sais-je? », 1968.

119. B. Gille, « Les crises vues par la presse économique et financière (1815-1848) », *RHMC*, janvier-mars 1964, p. 5-30.

120. E. Labrousse, *La Crise de l'économie française à la fin de l'Ancien Régime et au début de la Révolution*, PUF, 1943.

121. E. Labrousse dir., *Aspects de la crise de l'économie française au milieu du XIXe siècle (1846-1851)*, Bibliothèque de la Révolution de 1848, 1956.

122. T. J. Markovitch, « Les cycles industriels en France au XIXe siècle », *MS*, avril-juin 1968, p. 11-39.

Les capitaux et leurs mouvements

123. G. Y. Bertin, *L'Investissement international*, PUF, « Que sais-je? », 1967.

124. J. Bouvier, *Histoire économique et histoire sociale. Recherches sur le capitalisme contemporain*, Genève, Droz, 1968.
[SYSTÈME BANCAIRE ET EXPORTATIONS DE CAPITAUX : DES EXEMPLES CONCRETS.]

125. R. E. Cameron, *La France et le Développement économique de l'Europe (1800-1914)*, Le Seuil, 1971.
[UN CLASSIQUE.]

126. F. Crouzet, « La formation du capital en Grande-Bretagne pendant la révolution industrielle », dans [105], p. 120-167.

127. N. Dougui, « Les origines de la libération des sociétés de capitaux à responsabilité limitée (1856-1863) », *RHMC*, avril-juin 1981, p. 268-292.

128. P. Hudson, *The Genesis of Industrial Capital. A Study of the West Riding Wool Textile Industry (c.1750-1850)*, Cambridge, Cambridge University Press, 1986.

[DANS LE YORKSHIRE, LA TERRE ALIMENTE L'INDUSTRIE EN CAPITAL. TRÈS SÛR.]

129. A Michalet, *Les Placements des épargnants français de 1815 à nos jours,* PUF, 1968.
[PIONNIER SUR UN SUJET TROP NÉGLIGÉ.]

Banques et banquiers

130. L. Bergeron, *Banquiers, Négociants et Manufacturiers, du Directoire à l'Empire,* Mouton, 1978.

131. J. Bouvier, *Naissance d'une banque : le Crédit Lyonnais,* Flammarion, 1968.

132. J. Bouvier, *Le Krach de l'Union Générale (1878-1885),* PUF, 1960.

133. J. Bouvier, *Les Rothschild,* Fayard, 1967.

134. J. Bouvier, « Systèmes bancaires et entreprises industrielles dans la croissance européennes au XIXe siècle », *AESC*, janvier-février 1972, p. 46-70.

135. J. Bouvier et H. Germain-Martin, *Finances et Financiers de l'Ancien Régime,* PUF, « Que sais-je? », 1964.

136. G. Chaussinand-Nogaret, *Gens de finances au XVIIIe siècle,* Hachette, 1972.

137. J. H. Clapham, *The Bank of England, A History,* 2 vol. Cambridge, Cambridge University Press, 1964.

138. B. Gille, *La Banque et le Crédit en France (1815-1848),* PUF, 1959.

139. D. S. Landes, « Vieille banque et banque nouvelle. La révolution financière du XIXe siècle », *RHMC*, juillet-septembre 1956.

140. M. Lescure, *Les Banques, l'Etat et le Marché immobilier en France à l'époque contemporaine (1820-1940),* EHESS, 1982.

141. M. Lévy-Leboyer, *Les Banques européennes et l'industrialisation internationale dans la première moitié du XIXe siècle,* PUF, 1964.
[FONDAMENTAL.]

142. M. Lévy-Leboyer, « Le rôle historique de la monnaie de banque », *AESC*, janvier-février 1968, p. 1-8.

143. A. Plessis, *La Banque de France et ses deux cents actionnaires sous le second Empire,* Genève, Droz, 1982.

144. A. Plessis, *La Politique de la Banque de France de 1851 à 1870,* Genève, Droz, 1985.

145. A. Plessis, « Le retard français : la faute à la banque? », dans P. Fridenson et A. Straus dir., *Le Capitalisme français, XIXe-XXe siècle. Blocages et dynamismes d'une croissance,* Fayard, 1987, p. 199-210.
[RÉPONSE : NON. AVEC BIBLIOGRAPHIE.]

Les échanges, pratiques et théories

146. P. Bairoch, *Commerce extérieur et développement économique de l'Europe au XIXe siècle,* Mouton, 1976.

147. P. Bairoch, « Commerce international et genèse de la révolution industrielle anglaise », *AESC*, mars-avril 1973, p. 541-571.

148. H. Brunschwig, *Mythes et Réalités de l'impérialisme colonial français,* A. Colin, 1960.

149. F. Crouzet, « Commerce et Empire : du libre échange à la Première Guerre mondiale », dans [105], p. 353-375.
[LE CAS BRITANNIQUE.]

150. H. Denis, *Histoire de la pensée économique,* PUF, 1967.

151. P. Deyon, *Le Mercantilisme,* Flammarion, 1969.

152. S. Drescher, « Le déclin du système esclavagiste britannique et l'abolition de la traite », *AESC*, mars-avril 1976, p. 414-435.
[LA TRAITE EST RESTÉE LONGTEMPS RENTABLE.]

153. N. Etherington, *Theories of Imperialism. War, Conquest and Capitalism,* Londres, Croom Helm, 1984.

154. J. Hanson, *Trade in Transition. Exports from the Third World (1840-1900),* Londres, Academic Press, 1980.

155. A. Keenwood, A. Lougheed, *The Growth of International Economy (1820-1960),* Londres, Allen and Unwin, 1971.

156. V. Lénine, *L'Impérialisme, stade suprême du capitalisme,* Editions Sociales, 1952.
[1re ÉDITION EN 1917.]

157. L. Le Van-Lemesle, « La promotion de l'économie politique en France au XIXe siècle, jusqu'à son introduction dans les facultés (1815-1881) », *RHMC*, avril-juin 1980, p. 270-294.

158. P. Manent, *Les Libéraux. Textes choisis et présentés par,* 2 vol., Pluriel, 1986.

159. R. Schnerb, *Libre-échange et protectionnisme,* PUF, « Que sais-je? », 1965.

Mouvements de main-d'œuvre et essor urbain

160. Th. Bringley, *Migrations and Economic Growth. A study of Great Britain and the Atlantic Economy,* Cambridge, Cambridge University Press, 1954.

161. G. Duby dir., *Histoire de la France urbaine,* tomes 3 et 4, Le Seuil, 1981 et 1983.
[EXCELLENTE SYNTHÈSE, DE LA VILLE CLASSIQUE À LA CITÉ INDUSTRIELLE.]

162. E. A. Gutkind, *The International History of City Development,* 7 vol., Glencoe, Free Press, 1964-1972.
[ÉTUDE PAR PAYS.]

163. *Les Migrations internationales du* XVIII*e siècle à nos jours,* CNRS, 1980.
[GRANDE ENQUÊTE COLLECTIVE.]

164. L. Mumford, *La Cité à travers l'histoire,* Le Seuil, 1964.

L'évolution du travail

165. Cl. Fohlen, *Le Travail au* XIX*e siècle,* PUF, « Que sais-je? », 1967.

166. Cl. Fohlen et F. Bédarida, *L'Ère des révolutions (1765-1914),* t. 3 de l'*Histoire générale du travail,* Nouvelle Librairie de France, 1960.
[FONDAMENTAL.]

167. A. Cottereau dir., « L'usure au travail », *MS,* n° spécial, juillet-septembre 1983.

168. J.-P. de Gaudemar, *L'Ordre et la Production. Naissance et formes de la discipline d'usine,* Dunod, 1982.

169. L. Murad et P. Zylberman dir., *Le Petit travailleur infatigable,* Recherches, 1972.
[STIMULANT.]

170. M. Perrot dir., « Travaux de femmes dans la France du XIXe siècle », *MS,* n° spécial, octobre-décembre 1978.

171. E. P. Thompson, « Temps, travail et capitalisme industriel », *Libre,* 1979, n° 5, p. 3-63.
[L'INTÉRIORISATION DES RYTHMES INDUSTRIELS.]

Les ouvriers

Grande-Bretagne et Etats-unis

172. E. J. Hobsbawm, « En Angleterre : révolution industrielle et vie matérielle des classes populaires », *AESC*, novembre-décembre 1962, p. 1047-1061.

173. I. Katznelson et A. R. Zolberg dir., *Working Class Formation*, Princeton, Princeton University Press, 1986.
[COUVRE L'EUROPE ET LES ÉTATS-UNIS EN DONNANT LES THÈMES ACTUELS DE LA RECHERCHE.]

174. E. P. Thompson, *La Formation de la classe ouvrière anglaise*, EHESS-Gallimard-Le Seuil, 1988.
[UN GRAND CLASSIQUE.]

175. M. Debouzy dir., « Ouvriers aux Etats-Unis », *MS*, n° spécial, janvier-mars 1978.
[AVEC BIBLIOGRAPHIE.]

France

176. G. Noiriel, *Les Ouvriers dans la société française (XIXe-XXe siècle)*, Le Seuil, 1986.
[REMARQUABLE SYNTHÈSE, AVEC BIBLIOGRAPHIE À JOUR. INDISPENSABLE.]

177. L. Chevalier, *Classes laborieuses et classes dangereuses à Paris pendant la première moitié du XIXe siècle*, Plon, 1970.
[UN CLASSIQUE.]

178. A. Cottereau dir., « Les prud'hommes (XIXe-XXe siècle) », *MS*, n° spécial, octobre-décembre 1987.
[UNE JURIDICTION MÉCONNUE.]

179. A. Dewerpe, *Le Monde du travail en France (1800-1950)*, A. Colin, 1989.
[LES CHAPITRES 1 ET 2 COMPLÈTENT (176). BONNE BIBLIOGRAPHIE.]

180. P. Pierrard, *La Vie ouvrière à Lille sous le second Empire*, Bloud et Gay, 1965.

181. B. Plessy et L. Challet, *La Vie quotidienne des canuts, passementiers et moulinières au XIXe siècle*, Hachette, 1987.

182. F. Demier, « Les ouvriers de Rouen parlent à un économiste en juillet 1848 », *MS*, avril-juin 1982, p. 3-31.
[LA RÉPUBLIQUE DES FILATEURS.]

183. H. Hatzfeld, *Du paupérisme à la Sécurité sociale (1850-1940)*, A. Colin, 1971.

184. Y. Lequin, *Les Ouvriers de la région lyonnaise (1848-1914)*, 2 vol, Lyon, Presses Universitaires de Lyon, 1978.
[UNE GRANDE THÈSE.]

185. Y. Lequin dir., « Ouvriers dans la ville (XIXe et XXe siècles) », *MS*, n° spécial, janvier-mars 1982.
[VILLES INDUSTRIELLES ET SÉGRÉGATION SOCIALE.]

186. Y. Marec, *Le « Clou » rouennais, des origines à nos jours*, Rouen, Éditions du P'tit Normand, 1983.
[METTRE « AU CLOU » : UN BAROMÈTRE DE LA MISÈRE.]

187. L. Marty, *Chanter pour survivre. Culture ouvrière, travail et technique dans le textile. Roubaix, 1850-1914*, Lille, Fédération Léo-Lagrange, 1982.

188. P. Pierrard, *La vie ouvrière à Lille sous le second Empire*, Bloud et Gay, 1965.

189. P. Pierrard, *Enfants et Jeunes ouvriers en France (XIXe-XXe siècles)*, Éditions Ouvrières, 1987.

190. J. Rancière et A. Faure, *La Parole ouvrière*, UGE, « 10-18 », 1976.
[ANTHOLOGIE.]

191. J. Sandrin, *Enfants trouvés, enfants ouvriers (XVIIe-XIXe siècle)*, Aubier, 1982.

192. R. Trempé, *Les Mineurs de Carmaux (1848-1914)*, 2 vol., Editions Ouvrières, 1971.
[LA MINE EN MILIEU RURAL : REMARQUABLE THÈSE.]

193. R. Trempé dir., « Naissance de la classe ouvrière », *MS*, n° spécial, octobre-décembre 1976.

Mouvements ouvriers

Généralités

194. G. Bravo, *Les Socialistes avant Marx*, 3 vol., Maspero, 1970.

195. J. Droz dir., *Histoire générale du socialisme*, t. 1, PUF, 1972.
[TRÈS COMPLET.]

196. E. J. Hobsbawm, *Les Primitifs de la révolte dans l'Europe moderne*, Fayard, 1963.

197. G. Lefranc, *Histoire des doctrines sociales dans l'Europe contemporaine*, t. 1, Aubier, 1966.

198. G. Lefranc, *Le Syndicalisme dans le monde,* PUF, « que sais-je? », 1966.

199. *La Première Internationale,* CNRS, 1968.

Grande-Bretagne

200. F. Bédarida, *Will Thorne. La voie anglaise du socialisme,* Fayard, 1987.
[LA VIE D'UN MILITANT, AVEC BIBLIOGRAPHIE.]

201. E. Dolléans, *Le Chartisme (1831-1848),* Rivière, 1949.

202. J. Maitron dir., *Dictionnaire biographique du mouvement ouvrier international,* t. 1, *Grande-Bretagne,* Editions Ouvrières, 1979.

203. A. L. Morton et G. Tate, *Histoire du mouvement ouvrier anglais,* Maspero, 1963.

France

204. M. Agulhon, *Une ville ouvrière au temps du socialisme utopique. Toulon de 1815 à 1851,* Mouton, 1970.

205. *Autour du premier congrès des sociétés de secours mutuel (1883),* Prévenir, 1984.
[AMORCE D'UNE HISTOIRE TROP NÉGLIGÉE.]

206. J.-P. Bayard, *Le compagnonnage en France,* Payot, 1977.

207. E. Cornaert, *Les Compagnonnages en France,* Editions Ouvrières, 1966.

208. J. Maitron dir., *Dictionnaire biographique du mouvement ouvrier français (1789-1914),* 15 vol., Éditions Ouvrières, 1964-1977.

209. M. Perrot, *Jeunesse de la grève. France, 1871-1890,* Le Seuil, 1984.
[L'ESSENTIEL D'UNE GRANDE THÈSE.]

210. J. Rancière, *La Nuit des prolétaires,* Fayard, 1981.
[LES ARCHIVES DU RÊVE OUVRIER D'ÉMANCIPATION.]

211. J. Rougerie, *Paris libre, 1871,* Le Seuil, 1971.
[FONDAMENTAL.]

212. F. Rude, *C'est nous les canuts,* Maspero, 1977.

213. Ch. Tilly, *La France conteste, de 1600 à nos jours,* Fayard, 1986.
[L'ÉVOLUTION DES FORMES D'UNE PROTESTATION.]

Quelques témoignages

214. F. Engels, *La Situation de la classe laborieuse en Angleterre,* Editions Sociales, 1960.

215. J. Michelet, *Le Peuple,* Didier, 1946.

216. M. Nadaud, *Léonard, maçon de la Creuse,* Maspero, 1976.

217. *Ouvriers des Deux Mondes,* L'Arbre verdoyant, 1983.
[RÉÉDITION D'ENQUÊTES DIRIGÉES PAR LE PLAY À PARTIR DE 1856.]

218. A. Perdiguier, *Mémoires d'un compagnon,* Maspero, 1977.

219. D. Poulot, *Le Sublime,* Maspero, 1980.

220. L.-R. Villermé, *Tableau de l'état physique et moral des ouvriers,* UGE, « 10-18 », 1971.

Entreprises et entrepreneurs

221. J. Autin, *Les Pereire,* Perrin, 1984.

222. L. Bergeron, *Les Capitalistes en France,* Gallimard-Julliard, 1978.
[VIVANT ET PRÉCIS.]

223. G. de Bertier de Sauvigny, « Un grand capitaine d'industrie au début du XIXe siècle. Guillaume Ternaux, 1763-1833 », *RHMC,* avril-juin 1981, p. 335-343.
[UN INDUSTRIEL DE LA LAINE VICTIME DE LA CRISE APRÈS 1825.]

224. F. Caron dir., *Entreprises et Entrepreneurs (XIXe-XXe siècles),* Presses de l'Université Paris-Sorbonne, 1983.

225. P. Caspard, *La Fabrique-Neuve de Cortaillod. Entreprise et profit pendant la révolution industrielle (1752-1854),* Publications de la Sorbonne, 1979.
[REMARQUABLE ÉTUDE SUR L'INDIENNAGE DANS LA RÉGION DE NEUCHÂTEL.]

226. S. Chassagne, *Oberkampf. Un entrepreneur capitaliste au siècle des Lumières,* Aubier, 1980.
[EXCELLENT.]

227. J. Cornette, *Un Révolutionnaire ordinaire. Benoît Lacombe, négociant (1759-1819),* Seyssel, Champ Vallon, 1986.
[BIOGRAPHIE EXEMPLAIRE D'UN NÉGOCIANT GIRONDIN.]

228. L. Delpeuch, « Evolution d'une entreprise familiale. La Société des Houillères de Blanzy et Montcenis ». *L'Information historique,* mars-avril 1971.

229. F Faraut, *Histoire de la Belle-Jardinière,* Belin, 1987.
[LE PASSAGE À LA CONFECTION INDUSTRIELLE DES VÊTEMENTS.]

230. A. Faure, « Petit atelier et modernisation économique. La production en miettes au XIXe siècle », *HES*, 1986-4, p. 531-557.
[LA PETITE ENTREPRISE COMME ACTEUR ET NON COMME VICTIME.]

231. G. Gayot, « Le second Empire drapier des Neuflize à Sedan (1800-1830) », *HES*, 1986-1, p. 103-123.
[VICTIME, COMME TERNAUX, DE LA CRISE APRÈS 1825.]

232. M. Gillet, *Les Charbonnages du Nord de la France au XIXe siècle*, Mouton, 1973.
[UNE GRANDE THÈSE.]

233. P. Guillaume, *La Compagnie des mines de la Loire (1846-1954)*, PUF, 1966.

234. H.-G Haupt et Ph. Vigier dir., « L'atelier et la boutique », *MS*, n° spécial, juillet-septembre 1979.

235. H.-G. Haupt et Ph. Vigier dir., « Petite entreprise et politique », *MS*, n° spécial, janvier-mars 1981.
[DEUX ENQUÊTES COLLECTIVES.]

236. D. Henri, « Peugeot, une histoire de famille », *L'Histoire*, mars 1987, p. 19-29.

237. F. Jequier, *De la forge à la manufacture horlogère (XVIIIe-XIXe siècles)*, Lausanne, Bibliothèque historique vaudoise, 1983.
[MONOGRAPHIE D'ENTREPRISE SUISSE, LES LE COULTRE.]

238. J. Lambert-Dansette, *Quelques familles du patronat textile de Lille-Armentières (1789-1914)*, Lille, Raoust, 1954.

239. M. Lévy-Leboyer, « Le patronat français a-t-il été malthusien? » *MS*, juillet-septembre 1974, p. 3-49.
[TRÈS NEUF.]

240. J. Lown, « Père plutôt que maître. Le paternalisme à l'usine dans l'industrie de la soie à Halstead au XIXe siècle », *MS*, juillet-septembre 1988, p. 51-70.
[UN EXEMPLE ANGLAIS.]

241. M. B. Miller, *Au Bon Marché (1869-1920). Le consommateur apprivoisé*, A. Colin, 1987.
[LE MODÈLE DU *BONHEUR DES DAMES*.]

242. G. Noiriel, « Du patronage au paternalisme. La restructuration des formes de domination de la main-d'œuvre ouvrière dans l'industrie métallurgique française », *MS*, juillet-septembre 1988, p. 17-35.

243. « Dynasties patronales françaises », *MS*, dossier, juillet-septembre 1985.
[TRÈS NEUF. ARTICLES DE M. LÉVY-LEBOYER, M. HAU, J.-P. HIRSCH, J.-P. CHALINE.]

244. G. Palmade, *Capitalisme et Capitalistes français au* XIX*e siècle,* A. Colin, 1961.

245. J. Peret, « L'exemplaire histoire d'une famille bourgeoise poitevine. Les Monnet (1660-1880) », *RHMC,* janvier-mars 1979, p. 98-124.
[DES MARCHANDS QUI SE DÉTOURNENT DE L'INDUSTRIE.]

246. *Petite entreprise et croissance industrielle dans le monde aux* XIX*e et* XX*e siècles,* 2 vol., Éditions du CNRS, 1981.
[UNE ENQUÊTE INTERNATIONALE : LES PETITS ENTREPRENEURS FACE À LA CONCENTRATION.]

247. J.-P. Rioux, *Patrons et Ouvriers au* XIX*e siècle (1840-1914),* La Documentation photographique, 1973.
[DOSSIER PÉDAGOGIQUE.]

248. A. Thépot dir., *L'Ingénieur dans la société française,* Éditions Ouvrières, Cahiers du Mouvement Social, 1985.
[TRÈS NEUF.]

Bourgeoisies

249. J.-P. Chaline, *Les Bourgeois de Rouen. Une élite urbaine au* XIX*e siècle.* Presses de la FNSP, 1982.
[EXCELLENTE THÈSE.]

250. A. Daumard, *Les Bourgeois et la Bourgeoisie en France depuis 1815,* Fayard, 1987.

251. A. Daumard, *Les Bourgeois de Paris au* XIX*e siècle,* Flammarion, 1970.
[RÉSUMÉ D'UNE BELLE THÈSE.]

252. J. Droz dir., « La bourgeoisie allemande. Un siècle d'histoire (1830-1933) », *MS,* nº spécial, juillet-septembre 1986.
[ARTICLES DE P. AYCOBERRY ET J.-M. FLONNEAU.]

253. E. Labrousse, « Voies nouvelles vers une histoire de la bourgeoisie occidentale (1700-1850) », *X*e *Congrès des sciences historiques,* Rome, 1955.

254. J. Lhomme, *La Grande Bourgeoisie au pouvoir (1830-1880),* PUF, 1960.

255. M. Perrot, *Le Mode de vie des familles bourgeoises,* A. Colin, 1961.

256. F. Ponteil, *Les Classes bourgeoises et l'avènement de la démocratie (1815-1914)*, A. Michel, 1968.
[PANORAMA INTERNATIONAL.]

257. F. Ponteil, *Un type de grand bourgeois sous la monarchie parlementaire. Georges Humann (1780-1842)*, Strasbourg, Publications de l'Université de Strasbourg, 1977.

258. R. Portal, « Aux origines d'une bourgeoisie industrielle en Russie », *RHMC*, janvier-mars 1961, p. 35-60.

Salaires, prix et profits

259. J. Bouvier, F. Furet, M. Gillet, *Le Mouvement du profit en France au XIXe siècle*, Mouton, 1965.

260. E. Labrousse, *Esquisse du mouvement des prix et des revenus en France au XVIIIe siècle*, Éditions des Archives contemporaines, 1984.
[RÉÉDITION D'UN CLASSIQUE DE 1933.]

261. M. Lévy-Leboyer, « L'héritage de Simiand. Prix, profits et termes de l'échange au XIXe siècle », *RH*, janvier-mars 1970, p. 77-120.
[TRÈS NEUF, AVEC BIBLIOGRAPHIE.]

262. J. Lhomme, « Le pouvoir d'achat de l'ouvrier français au cours d'un siècle (1840-1940) », *MS*, avril-juin 1968, p. 41-69.

263. A. Marc, *L'Evolution des prix depuis cent ans*, PUF, « Que sais-je? », 1966.

264. J. Rougerie, « Remarques sur l'histoire des salaires à Paris au XIXe siècle », *MS*, avril-juin 1968, p. 71-108.

265. J. Singer-Kérel, *Le Coût de la vie à Paris (1840-1954)*, A. Colin, 1961.

Mentalités et sensibilités nouvelles

266. F. Bédarida et J. Maitron, *Christianisme et Monde ouvrier*, Éditions Ouvrières, Cahiers du Mouvement social, 1975.

267. L. Benevolo, *Histoire de l'architecture moderne*, t. 1, *La Révolution industrielle*, Dunod, 1979.
[UNE NOUVELLE CULTURE ARCHITECTURALE.]

268. Ph. Besnard, *Protestantisme et Capitalisme*, A. Colin, 1970.

269. A. Corbin, *Le Miasme et la Jonquille. L'odorat et l'imaginaire social (XVIIIe-XIXe siècles)*, Aubier, 1982.
[LA RÉVOLUTION INDUSTRIELLE DANS LE NEZ.]

270. A. Corbin, « L'opinion et la politique face aux nuisances industrielles dans la ville préhaussmannienne », *HES*, 1983-1, p. 111-118.
[L'ÉCOLOGIE AVANT LA LETTRE : UN THÈME DE RECHERCHE TROP NÉGLIGÉ.]

271. M. Crubellier, *Histoire culturelle de la France (XIXe-XXe siècles)*, A. Colin, 1974.

272. G. Duby et R. Mandrou, *Histoire de la civilisation française (XVIIe-XXe siècles)*, A. Colin, 1984.

273. L. Epsztein, *L'Economie et la Morale aux débuts du capitalisme industriel en France et en Grande-Bretagne*, A. Colin, 1966.

274. F. Furet et J. Ozouf, *Lire et écrire. L'alphabétisation des Français de Calvin à Jules Ferry*, 2 vol., Éditions de Minuit, 1977.
[ESSENTIEL.]

275. P. Gerbod, *L'Europe culturelle et religieuse de 1815 à nos jours*, PUF, 1977.

276. J. Laver, *Les Idées et les Mœurs au siècle de l'optimisme (1848-1914)*, Flammarion, 1969.

277. F. Loyer, *Le Siècle de l'industrie*, Skira, 1983.
[L'ART NOUVEAU.]

278. F. Loyer, *Paris XIXe siècle. L'immeuble et la rue*, Hazan, 1987.
[INVENTAIRE D'UNE RÉVOLUTION DU PAYSAGE URBAIN.]

279. G. Mialaret et J. Vial, *Histoire mondiale de l'éducation*, tomes 2 et 3, PUF, 1981.

280. F. K. Ringer, *Education and Society in Modern Europe*, Bloomington, Indiana University Press, 1979.
[COMPARAISON ENTRE FRANCE, ALLEMAGNE, GRANDE-BRETAGNE ET ÉTATS-UNIS.]

ÉTUDES COMPLÉMENTAIRES PAR CONTINENTS ET PAR PAYS

Grande-Bretagne

281. F. Bédarida, *L'Ère victorienne*, PUF, « Que sais-je? », 1974.

282. F. Bédarida, *L'Angleterre victorienne*, Hatier, 1978.
[DOCUMENTS.]

283. F. Bédarida, « Londres au milieu du XIXe siècle », *AESC,* mars-avril 1968, p. 268-295.

284. M. Berg, *The Age of Manufactures. Industry, Innovation and Work in Britain (1700-1820),* Londres, Fontana, 1985.

285. S. D. Chapman et S. Chassagne, *European Textile in the Eighteenth Century. A Study of Peel and Oberkampf,* Londres, 1981.

286. J. H. Clapham, *An Economic History of Modern Britain,* tomes 1 et 2, Cambridge, Cambridge University Press, 1967.

287. F. Crouzet, *L'Économie de la Grande-Bretagne victorienne,* CDU-SEDES, 1978.
[ESSENTIEL.]

288. F. Crouzet, *L'Économie britannique et le Blocus continental,* Économica, 1987.
[UN CLASSIQUE RÉÉDITÉ. LA NOUVELLE PRÉFACE RÉSUME L'HISTORIOGRAPHIE ET LES DÉBATS SUR LES CONSÉQUENCES EUROPÉENNES DES GUERRES DE NAPOLÉON.]

289. R. Floud et D. McCloskey, *The Economic History of Britain since 1700,* t. 1 (1700-1860), Cambridge, Cambridge University Press, 1981.

290. R. M. Hartwell, *The Cause of the Industrial Revolution in England,* Londres, Methuen, 1967.

291. P. Mantoux, *La Révolution industrielle au XVIIIe siècle. Essai sur les commencements de la grande industrie moderne en Angleterre,* Génin, 1959.
[TRÈS GRAND CLASSIQUE VIEILLI MAIS TOUJOURS LIMPIDE.]

292. R. Marx, *La Révolution industrielle en Grande-Bretagne,* A. Colin, 1970.
[CLAIR, AVEC BIBLIOGRAPHIE.]

293. R. Marx, « Angleterre : la légende noire des asiles pour pauvres », *L'Histoire,* juin 1982, p. 50-59.

294. P. Mathias, *The First Industrial Nation. An Economic History of Britain (1700-1914),* Londres, Methuen, 1983.

295. F.C. Mougel et F. Bédarida, *Histoire de l'Angleterre contemporaine,* tomes 1 et 2, Hatier, 1972 et 1974.

296. D. Redor et J.-P. Rioux, *La Révolution industrielle en Grande-Bretagne,* Hatier, 1980.
[DOCUMENTS.]

297. E. A. Wrigley et R. S. Schoefield, *The Population History of England (1541-1871). A Reconstruction,* Cambridge, Cambridge University Press, 1981.

Europe continentale

298. A. Milward et S. B. Saul, *The Economic Development of Continental Europe (1780-1870),* Londres, Allen and Unwin, 1973.

Allemagne

299. P. Aycoberry, *Cologne entre Napoléon et Bismarck. La croissance d'une ville allemande,* Aubier, 1981.
[TRÈS STIMULANT.]

300. P. Benaerts, *Les Origines de la grande industrie allemande,* Turot, 1933.

301. W. O. Henderson, *The State and the Industrial Revolution in Prussia (1740-1870),* Liverpool, Liverpool University Press, 1958.

302. N. Piétri, *Évolution économique de l'Allemagne du milieu du* XIXe *siècle à 1914,* CDU-SEDES, 1982.
[MANUEL À JOUR.]

303. G. Thuillier, « Les houillères de la Ruhr (1800-1830) », *AESC,* septembre-octobre 1960, p. 882-897.

304. R. Tilly, *The Zollverein,* Cambridge, Cambridge University Press, 1959.

305. R. Tilly, *Financial Institutions and Industrialization in the Rhineland (1815-1870),* Londres, 1966.

306. F. Tipton, *Regional Variations in the Economic Development of Germany during the 19th. Century,* Middleton, Wesleyan University Press, 1976.

Belgique et Europe du Nord

307. J.-J. Fol, *Les Pays nordiques aux* XIXe *et* XXe *siècles,* PUF, 1979.

308. *L'Industrie textile en Europe du Nord aux* XVIIIe *et* XIXe *siècles,* Tourcoing, Société historique, 1984.

309. P. Lebrun, M. Bruwier, J. Dhont, G. Hansotte, *Essai sur la révolution industrielle en Belgique (1770-1847)*, Bruxelles, Palais des Académies, 1979.
[DÉBUT D'UNE HISTOIRE QUANTITATIVE. LANCE L'IDÉE DE « MASSE CRITIQUE » FACE À *TAKE-OFF*.]

Suisse

310. J.-F. Bergier, *Histoire économique de la Suisse*, Lausanne, Payot, 1984.

France

Économie

311. J.-Ch. Asselain, *Histoire économique de la France du* XVIII*e siècle à nos jours*, t. 1, Le Seuil, 1984.
[CLAIR ET INDISPENSABLE.]

312. L. Bergeron, *L'Industrialisation de la France au* XIX*e siècle* Hatier, 1979.
[DOCUMENTS.]

313. F. Braudel et E. Labrousse dir., *Histoire économique et sociale de la France*, t. 2 et 3 (2 vol.), PUF, 1970 et 1976.
[UNE SOMME.]

314. F. Caron, *Histoire économique et sociale de la France (*XIX*e-*XX*e siècles)*, A. Colin, 1981.
[TRÈS SYNTHÉTIQUE.]

315. M. Daumas, *L'Archéologie industrielle en France*, Laffont, 1980.
[LA RÉVOLUTION INDUSTRIELLE COMME PATRIMOINE EXHUMÉ ET MENACÉ.]

316. M. Dreyfus, *Les Sources de l'histoire ouvrière, sociale et industrielle en France (*XIX*e-*XX*e siècles). Guide documentaire*, Éditions Ouvrières, 1987.

317. A. Dunham, *La Révolution industrielle en France*, Rivière, 1953.
[POUR MÉMOIRE.]

318. Cl. Fohlen, *L'Industrie textile sous le second Empire*, Plon, 1956.

319. B. Gille, *Recherches sur la formation de la grande entreprise capitaliste (1815-1848)*, SEVPEN, 1959.

320. B. Gille, *La sidérurgie française au* XIX*e siècle*, Genève, Droz, 1968.

321. « Industrialisation de la France. Aspects et problèmes (XVIIIe-XXe siècles) », *Revue du Nord,* n° spécial, avril-juin 1985.

322. M. Lescure, *Histoire d'une filière. Immobilier et bâtiment en France (1820-1980),* Hatier, 1983.
[INITIATION, AVEC BIBLIOGRAPHIE.]

323. M. Lévy-Leboyer, *L'Économie française au XIXe siècle,* Économica, 1986.
[LA MEILLEURE ANALYSE ÉCONOMÉTRIQUE.]

324. R. Roehl, « L'Industrialisation française. Une remise en cause », *Revue d'histoire économique et sociale,* 1976, p. 406-427.

325. A. Rowley, *Évolution économique de la France, du milieu du XIXe siècle à 1914,* CDU-SEDES.
[TRÈS CLAIR.]

326. J. Vial, *L'Industrialisation de la sidérurgie française (1814-1864),* 2 vol., Mouton, 1967.

327. D. Woronoff, *L'Industrie sidérurgique en France pendant la Révolution et l'Empire,* EHESS, 1984.
[REMARQUABLE THÈSE.]

328. D. Woronoff, *Histoire de l'industrie en France. Du XVIe siècle à nos jours,* Le Seuil, 1994.

Population et société

329. Ph. Ariès, *Histoire des populations françaises et de leurs attitudes devant la vie depuis le XVIIIe siècle,* Le Seuil, 1971.
[CLASSIQUE.]

330. A. Armengaud, *La Population française au XIXe siècle,* PUF, « Que sais-je? », 1971.

331. A. Chatelain, *Les Migrants temporaires en France de 1800 à 1914,* 2 vol., Lille, Presses de Lille-III, 1976.

332. J. Dupâquier dir., *Histoire de la population française,* tomes 2 et 3, PUF, 1988 et 1989.
[EXCELLENTE SYNTHÈSE.]

333. J. Léonard, *Archives du corps. La santé au XIXe siècle,* Rennes, Ouest-France, 1986.
[TRÈS NEUF.]

334. Y. Lequin dir., *Histoire des Français (XIXe-XXe siècles),* 3 vol., A. Colin, 1984.
[GRANDE SYNTHÈSE, AVEC BIBLIOGRAPHIE.]

335. H. Rioux, *L'Aventure démographique en France au XIXe siècle,* La Documentation photographique, 1976.
[DOCUMENTS.]

Études régionales

336. F. P. Codaccioni, *De l'inégalité sociale dans une grande ville industrielle. Le drame de Lille de 1850 à 1914,* Lille, Presses de Lille-III, 1976.

337. P. Cayez, *Métiers Jacquard et hauts fourneaux. Aux origines de l'industrie lyonnaise*, Lyon, Presses Universitaires de Lyon, 1978.

338. P. Cayez, *Crises et Croissance de l'industrie lyonnaise (1850-1900),* Éditions du CNRS, 1980.

339. R. Cazals, *La Révolution industrielle à Mazamet (1750-1900),* La Découverte et Privat, 1983.

340. A. Corbin, *Archaïsme et Modernité en Limousin au XIXe siècle (1845-1880),* 2 vol., Rivière, 1975.

341. A. Cosson, « L'industrie textile à Nîmes. La fin d'une hégémonie (1790-1850) », *MS*, octobre-décembre 1985, p. 5-24.

342. M. Darin, « Les grandes percées urbaines du XIXe siècle. Quatre villes de province », *AESC,* mars-avril 1988, p. 477-505.

343. P. Delsalle, *La Brouette et la Navette. Tisserands, paysans et fabricants dans la région de Roubaix-Tourcoing (1800-1848),* Dunkerque, Éditions des Beffrois, 1985.

344. L. Desgraves et G. Dupeux, *Bordeaux au XIXe siècle,* Bordeaux, Fédération historique du Sud-Ouest, 1969.

345. C. Devillers, B. Huet, *Le Creusot. Naissance et développement d'une ville industrielle (1782-1914),* Seyssel, Champ Vallon, 1981.

346. R. Fruit, *La Croissance économique du pays de Saint-Amand (Nord)*, A. Colin, 1963.

347. J. Gaillard, *Paris la Ville (1852-1870),* Champion, 1977.

348. M. Garden, *Lyon et les Lyonnais au XVIIIe siècle,* Flammarion, 1975.

349. G. Garrier, *Paysans du Beaujolais et du Lyonnais,* 2 vol., Grenoble, Presses Universitaires de Grenoble, 1973.

350. P. Guillaume, *La Population de Bordeaux au* XIXe *siècle. Essai d'histoire sociale,* A. Colin, 1972.

351. M. Hau, *L'Industrialisation de l'Alsace (1803-1939),* Strasbourg, Publications de l'Université de Strasbourg, 1987.

352. G. Jacquemet, *Belleville au* XIXe *siècle. Du faubourg à la ville,* EHESS et Touzot, 1984.

353. A. Leménorel, *L'Impossible révolution industrielle? Économie et sociologie minières en Basse-Normandie (1800-1914),* Caen, Cahiers des Annales de Normandie, 1988.

354. Y. Lamy, *Hommes de fer en Périgord au* XIXe *siècle,* Lyon, La Manufacture, 1987.

355. P. Léon, *La Naissance de la grande industrie en Dauphiné (fin* XVIIIe*-1869),* 2 vol., PUF, 1954.

356. B. Lepetit, « Sur les dénivellations de l'espace économique en France dans les années 1830 », *AESC,* novembre-décembre 1986, p. 1243-1272.

357. P. Lévêque, *Une société provinciale. La Bourgogne sous la monarchie de Juillet,* 2 vol., EHESS et Touzot, 1983.

358. M. Lévy-Leboyer, *Le Revenu agricole et la rente foncière en Basse-Normandie. Etude de croissance régionale,* Klincksieck, 1972.

359. J. Nicolas, *La Savoie au* XVIIIe *siècle*, Maloine, 1978.

360. J.-Cl. Perrot, *Genèse d'une ville moderne, Caen au* XVIIIe *siècle,* 2 vol., Mouton, 1975.

361. M. Raman, « Mesure de la croissance d'un centre textile. Roubaix de 1788 à 1913 », *Revue d'histoire économique et sociale,* 1973, p. 470-501.

362. W. S. Sewell, *Structure and Mobility. The Men and Women of Marseille (1820-1870),* Cambridge, Cambridge University Press, 1983.

363. G. Thuillier, *Aspects de l'économie nivernaise au* XIXe *siècle,* Mouton, 1966.

Italie

364. J. Godechot, *Histoire de l'Italie moderne,* t. 1, *1770-1870. Le Risorgimento,* Hachette, 1971.

365. G. Procacci, *Histoire des Italiens,* Fayard, 1970.

Espagne

366. B. Bennassar dir., *Histoire des Espagnols,* t. 2, *XVIIIe-XXe siècles,* A. Colin, 1985.
[SYNTHÉTIQUE, AVEC BIBLIOGRAPHIE.]

367. J. Nadal, *El Fracaso de la Revoluçion industrial en Espana (1814-1913),* Barcelone, Ariel-Historia, 1975 (compte rendu par G. Chastagnaret, *AESC,* novembre-décembre 1977, p. 1202-1205).

368. E. Temime, A. Broder, G. Chastagneret, *Histoire de l'Espagne contemporaine, de 1808 à nos jours,* Aubier, 1979.

369. P. Vilar, *La Catalogne dans l'Espagne moderne,* 3 vol., SEVPEN, 1962.
[GRANDEUR D'UN CAPITALISME RÉGIONAL.]

Europe centrale et Russie

370. C. Black dir., *The Modernization of Japan and Russia. A Comparative Study,* New York, Free Press, 1975.

371. W. Blackwell, *The Beginning of Russia Industrialization (1800-1860),* Princeton, Princeton University Press, 1968.

372. W. Balckwell, *The Industrialization of Russia. An Historical Perspective,* Arlington, Davidson, 1982.

373. M. Falkus, *The Industrialization of Russia (1700-1914),* Londres, MacMillan, 1972.

374. R. Girault, M. Ferro, *De la Russie à l'URSS. Histoire de la Russie de 1850 à nos jours,* Nathan, 1983.

375. B. Michel, « La révolution industrielle dans les pays tchèques au XIXe siècle », *AESC,* septembre-octobre 1965, p. 984-1005.

376. R. Portal, *Les Slaves. Peuples et nations,* A. Colin, 1965.

377. A. Rowley, *Evolution économique de la Russie du milieu du XIXe siècle à 1914,* CDU-SEDES, 1982.

378. V.-L Tapié, *Monarchies et Peuples du Danube,* Fayard, 1969.

Etats-Unis

378. D. Boorstin, *Histoire des Américains,* 3 vol., A. Colin, 1981.
[TRÈS STIMULANT.]

379. J. Brun, *America! America! Trois siècles d'immigration aux Etats-Unis (1620-1920)*, Gallimard-Julliard, 1980.

380. M. Debouzy, *Le Capitalisme sauvage aux Etats-Unis (1860-1900)*, Le Seuil, 1972.

381. H.U. Faulkner, *Histoire économique des Etats-Unis d'Amérique*, 2 vol., PUF, 1958.

382. Cl. Fohlen, *L'Amérique anglo-saxonne de 1815 à nos jours*, PUF, 1969.

383. J. Heffer, *Le Port de New York et le commerce extérieur américain (1860-1900)*, Publications de la Sorbonne, 1986.

384. A. Kaspi, *Les Américains. Les Etats-Unis de 1607 à nos jours*, Le Seuil, 1986.

385. M. Lévy-Leboyer, « La New Economic History », *AESC*, septembre-octobre 1969, p. 1035-1069.

386. Y.-H. Nouailhat, *Evolution économique des Etats-Unis du milieu du XIXe siècle à 1914*, CDU-SEDES, 1982.

387. Ph. Scranton, *Proprietary Capitalism. The Textile Manufacture of Philadelphia (1800-1885)*, Cambridge, Cambridge University Press, 1983.

388. R. Sennett, *La Famille contre la ville. Les classes moyennes de Chicago à l'ère industrielle (1872-1890)*, Recherches, 1980.

389. G. Trocmé, « La fortune de New York », *L'Histoire*, juillet-août 1986, p. 36-47.

390. F. Weil, « Lowell, le " paradis " capitaliste américain », *L'Histoire*, mars 1989, p. 96-104.

Amérique du Sud

391. F. Chevalier, *L'Amérique latine, de l'Indépendance à nos jours*, PUF, 1977.

392. P. Léon, *Economies et sociétés de l'Amérique latine (1815-1967)*, CDU-SEDES, 1969.

393. K.M. de Queiros Mattoso, *Etre esclave au Brésil (XVIe-XIXe siècles)*, Hachette, 1979.

394. J.-M. Martin, *Processus d'industrialisation et développement énergétique*, Institut des Hautes Études de l'Amérique latine, 1966.

Extrême-Orient

395. P. Akamatsu, *Mei-ji, 1868,* Calmann-Lévy, 1968.

396. J. Chesneaux, *L'Asie orientale aux XIXe et XXe siècles, PUF, 1966.*

397. J. Dupuis, *Histoire de l'Inde,* Payot, 1963.

398. A. Feuerwerker, *The Chinese Economy (ca. 1810-1911),* Ann Arbor, University of Michigan Press, 1969.

399. J. Hirschmeier, *The Origins of Entrepreneurship in Meiji Japan,* Cambridge, Cambridge University Press, 1964.

400. D. Kumar, M. Desai, *The Cambridge Economic History of India,* t. 2, Cambridge, Cambridge University Press, 1983.

401. F. Moulder, *Japan, China and the Modern World Economy. Toward a Reinterpretation of East Asian Development, ca. 1600 to ca. 1918,* Cambridge, Cambridge University Press, 1977.

402. J. Mutel, *Histoire du Japon,* t. 1, Hatier, 1970.

Tableaux, cartes et figures

Table

5. Villes, usines, ouvriers

6. Triomphe bourgeois

Du même auteur

Révolutionnaires du Front populaire
Choix de documents (1935-1938)
UGE, « 10-18 », 1973

Nationalisme et conservatisme
La ligue de la patrie française (1899-1904)
Beauchesne, 1977

La Révolution industrielle en Grande-Bretagne
(choix des textes et présentation, avec Dominique Redor)
Hatier, 1980

La France de la IVe République
1. L'ardeur et la nécessité (1944-1952)
2. L'expansion et l'impuissance (1952-1958)
Seuil, « Points Histoire » n° 115, 1980, n° 116, 1983

Les Bonaparte
Bruxelles, Complexe, 1982

Erckmann et Chatrian ou le trait d'union
Gallimard, 1989

Chronique d'une fin de siècle
France (1889-1900)
Seuil, 1991

La France de l'expansion
2. L'Apogée Pompidou, 1969-1974
(avec Serge Berstein)
Seuil, « Points Histoire » n° 118, 1995

Tombeaux pour la gauche
Presses de Sciences Po, 1996

Renault
Hazan, 1998

De Gaulle
La France à vif
Liana Levi, 2000
et Hachettes Littératures, 2005

Au bonheur de la France
Des impressionnistes à De Gaulle
Comment nous avons su être heureux
Perrin, 2004

Jean Jaurès
Perrin, 2005

La France perd la mémoire
Perrin, 2006

DIRECTION D'OUVRAGE

Jaurès et la classe ouvrière
(actes de colloque, avec Madeleine Rebérioux)
Éditions de l'Atelier, 1981

Pierre Mendès France et le Mendésisme
L'expérience gouvernementale (1954-1955)
(avec François Bédarida)
Fayard, 1985

Le Parti communiste français
des années sombres
(1938-1941)
(actes de colloque, avec Jean-Pierre Azéma et Antoine Prost)
Seuil, « L'Univers historique », 1986

Les Communistes français
De Munich à Châteaubriant (1938-1941)
(avec Jean-Pierre Azéma et Antoine Prost)
Presses de Sciences Po, 1987

La Guerre d'Algérie et les Intellectuels français
(table-ronde, avec Jean-François Sirinelli)
CNRS, 1988
Bruxelles, Complexe, 1991

Politiques et pratiques culturelles dans la France de Vichy
CNRS, 1988

La Guerre d'Algérie et les Français
(actes de colloque)
Fayard, 1990

Les Politiques culturelles municipales
Élément pour une approche historique
(avec Jean-François Sirinelli)
CNRS, 1990

La Vie culturelle sous Vichy
Bruxelles, Complexe, 1990

La France en guerre d'Algérie
(novembre 1954-juillet 1962)
(avec Laurent Gervereau et Benjamin Stora)
Musée d'histoire contemporaine-BDIC, 1992

Fins d'empires
Plon, 1992

Les Affaires culturelles au temps
de Jacques Duhamel
(1971-1973)
(avec Jean-François Sirinelli)
La Documentation française, 1995

L'Histoire du monde
De 1918 à nos jours
Afrique, Amériques, Extrême-Orient, Océanie
Larousse, 1996, 2004

Pour une histoire culturelle
(avec Jean-François Sirinelli)
Seuil, « L'Univers historique », 1997

Histoire culturelle de la France
1. Le Moyen Âge
2. De la Renaissance à l'aube des Lumières
3. Lumières et libertés. Les dix-huitième et dix-neuvième siècles
4. Le temps des masses. Le vingtième siècle
(avec Jean-François Sirinelli)
Seuil, 1997-1998
et « Points Histoire » n° 345, 346, 347, 348, 2005

La France d'un siècle à l'autre
Dictionnaire critique (1914-2000)
(avec Jean-François Sirinelli)
Hachette Littératures, 1999, 2002

Affaires culturelles et territoires
(1959-1999)
(avec Philippe Poirrier)
La Documentation française, 2000

Apprendre et enseigner la guerre d'Algérie
et le Maghreb contemporain
(avec Dominique Borne et Jean-Louis Nembrini)
CRDP, 2002

La Culture de masse en France
De la Belle Époque à aujourd'hui
(avec Jean-François Sirinelli)
Fayard, 2002
Hachette Littératures, « Pluriel », 2006

Deux cents ans d'Inspection générale
Mélanges historiques (1802-2002)
Fayard, 2002

Une histoire du monde contemporain
Larousse, 2005

NORMANDIE ROTO IMPRESSION S.A.S. À LONRAI
DÉPÔT LÉGAL : OCTOBRE 1989. N° 10871-5 (062690)
IMPRIMÉ EN FRANCE

Collection Points

SÉRIE HISTOIRE

DERNIERS TITRES PARUS

H308. Le Nettoyage ethnique.
Documents historiques sur une idéologie serbe
par Mirko D. Grmek, Marc Gjidara et Neven Simac
H309. Guerre sainte, jihad, croisade, *par Jean Flori*
H310. La Renaissance européenne, *par Peter Burke*
H311. L'Homme de la Renaissance
Collectif sous la direction d'Eugenio Garin
H312. Philosophie des sciences historiques,
textes réunis et présentés, *par Marcel Gauchet*
H313. L'Absolutisme en France, *par Fanny Cosandey et Robert Descimon*
H314. Le Monde d'Ulysse, *par Moses I. Finley*
H315. Histoire des juifs sépharades, *par Esther Benbassa et Aron Rodrigue*
H316. La Société et le Sacré dans l'Antiquité tardive
par Peter Brown
H317. Les Cultures politiques en France
sous la direction de Serge Berstein
H318. Géopolitique du XVIe siècle
par Jean-Michel Sallmann
H319. Les Relations internationales
2. De la guerre de Trente Ans ans à la guerre de succession d'Espagne, *par Claire Gantet*
H320. Des traités : de Rastadt à la chute de Napoléon
par Jean-Pierre Bois
H323. De Nuremberg à la fin du XXe siècle
(tome 6, Nouvelle histoire des relations internationales/inédit), *par Frank Attar*
H324. Histoire du visuel au XXe siècle, *par Laurent Gervereau*
H325. La Dérive fasciste. Doriot, Déat, Bergery. 1933-1945
par Philippe Burrin
H326. L'Origine des Aztèques, *par Christian Duverger*
H327. Histoire politique du monde hellénistique
par Edouard Will
H328. Le Saint Empire romain germanique, *par Francis Rapp*
H329. Sparte, histoire politique et sociale
jusqu'à la conquête romaine, *par Edmond Lévy*
H330. La Guerre censurée, *par Frédéric Rousseau*
H331. À la guerre, *par Paul Fussel*
H332. Les Français des années troubles, *par Pierre Laborie*
H333. Histoire de la papauté, *par Yves-Marie Hilaire*

H334. Pouvoir et Persuasion dans l'Antiquité tardive
par Peter Brown
H336. Penser la Grande Guerre, *par Antoine Prost et Jay Winter*
H337. Paris libre 1871, *par Jacques Rougerie*
H338. Napoléon. De la mythologie à l'histoire
par Nathalie Petiteau
H339. Histoire de l'enfance, tome 1
par Dominique Julia et Egle Becchi
H340. Histoire de l'enfance, tome 2
par Dominique Julia, Egle Becchi
H341. Une histoire de l'édition à l'époque contemporaine
XIXe-XXe siècle, *par Elisabeth Parinet*
H342. Les enjeux de l'histoire culturelle, *par Philippe Poirrier*
H343. Le Monde des révolutions en Amérique
et en Europe à la fin du XVIIIe siècle, *par Jacques Solé*
H345. Histoire culturelle de la France, tome 3,
par Antoine de Baecque et Françoise Mélonio
H346. Histoire culturelle de la France, tome 4,
par Jean-Pierre Rioux et Jean-François Sirinelli
H347. L'État chez lui, l'Église chez elle
par Jean-Paul Scot
H348. La Résistance française : une histoire périlleuse
par Laurent Douzou
H349. Histoire culturelle de la France, tome 2,
par Jean-Pierre Rioux & Jean-François Sirinelli
H350. La France et les Juifs de 1789 à nos jours
par Michel Winock
H351. Historiographie de la guerre d'Algérie,
par Raphaëlle Branche
H352. L'Armée de Vichy, *par Robert O. Paxton*
H353. La Guerre froide 1917-1991, *par André Fontaine*
H354. Le Modèle politique français, *par Pierre Rosanvallon*
H355. Les Origines religieuses de la Révolution française
par Dale Van Kley
H356. Une histoire du Chat, *par Laurence Bobis*
H357. À la recherche du Moyen Âge, *par Jacques Le Goff*
H358. Les Quatre Parties du monde, *par Serge Gruzinski*
H359. Histoire des peurs alimentaires
par Madeleine Ferrières
H360. Le Grand Voyage de l'Obélisque, *par Robert Solé*
H361. La Vie à en mourir. Lettres de fusillés 1941-1944
par Guy Krivopissko
H 362. Bleu. Histoire d'une couleur, *par Michel Pastoureau*
H 363. Mitterrand, une histoire de Français, *par Jean Lacouture*
H 364. Le Siècle des intellectuels, *par Michel Winock*
H 365. Histoire des paysans français
par Emmanuel Le Roy Ladurie
H 366. La Plus Vieille Cuisine du monde, *par Jean Bottéro*